2021

上海社会科学院政治与公共管理研究所

中国政治发展进程

CHINA 2021 年

时事出版社
北京

图书在版编目（CIP）数据

中国政治发展进程．2021 年/上海社会科学院政治与公共管理研究所著．—北京：时事出版社，2022.9

ISBN 978-7-5195-0428-1

Ⅰ．①中…　Ⅱ．①上…　Ⅲ．①政治制度—研究—中国—2021　Ⅳ．①D621

中国版本图书馆 CIP 数据核字（2022）第 134239 号

出版发行：时事出版社
地　　址：北京市海淀区彰化路 138 号西荣阁 B 座 G2 层
邮　　编：100097
发行热线：（010）88869831　88869832
传　　真：（010）88869875
电子邮箱：shishichubanshe@sina.com
网　　址：www.shishishe.com
印　　刷：北京良义印刷科技有限公司

开本：787×1092　1/16　印张：16.25　字数：226 千字
2022 年 9 月第 1 版　2022 年 9 月第 1 次印刷
定价：96.00 元
（如有印装质量问题，请与本社发行部联系调换）

主　　编：刘　杰
编写组成员：张树平：第一章
齐凌云：第二章
郭中军：第三章
李佳佳：第四章
王龙飞：第五章
李锦峰：第六章
石冬旭：第七章
朱雯霞：第八章

目　　录

第一章　事件、制度与能力：中国新发展格局的政治塑造

中国社会主义建设进入新发展阶段的历史方位切换、世界政治经济格局的深度调整、“新常态”与“非常态”交织的新经济形态、持续变化中的中国社会以及现代化进程中的系统性风险，共同塑造了2020年中国政治建设与政治发展的基本环境，并在特殊历史节点上提出了“新发展格局的政治塑造”这一重大政治议程。

根据这一政治议程，2020年中国政治建设聚焦于制度体系完善和政治能力建构，在多个领域系统展开：从构建新发展格局出发，全面推进国家经济治理体系与治理能力建设；从构造国家与社会相互支撑关系出发，持续推进政治社会建设；围绕党内法规体系建设与政党能力建构，深入推进执政党建设；以构造全面约束体系下的“有为政府”为核心，积极推进行政改革；围绕国家制度规则、体制的完善和政治功能的提升，进一步推进国家制度建设；围绕法律与政治、法治体系与政治能力的平衡，一体推进“法治中国”建设。国家治理的制度体系更趋成熟定型，国家政治能力显著增强，政治发展促进经济社会发展的作用机制更加顺畅，新阶段“新发展格局”的政治塑造呈现良好开局。

有效政治塑造有效发展，既是马克思主义政治经济学和马克思主义政治学的理论精髓，也是得之于中华人民共和国72年发展史特别是43年改革开放史的基本经验。包括现代中国在内的现代国家发展格局的政治塑造，依托于制度体系和国家政治能力（对经济社会

发展）的共同作用以及制度与能力之间的交互作用。（突发）公共事件构成有效政治塑造有效发展中不确定性的重要来源，但同时介入政治世界的公共事件所引发的制度反应与能力建构却构成政治发展的重要契机。随着中国在发展阶段上进入新时代，事件、制度与能力之间日趋频繁的互动将成为"新发展格局"之政治塑造的关键机制，亦将成为新时代中国政治发展的重要路径。

一、2020 年中国政治发展环境评估

对年度政治发展环境的评估和把握，是理解 2020 年中国政治建设和政治发展的逻辑起点。新冠肺炎疫情等突发公共事件的发生加剧了中国政治发展环境的复杂性和不确定性，2020 年中国政治发展环境既具有基于社会主义新时代的连续性特征，又呈现出若干与众不同的年度特征。

第一，历史方位。2020 年是"十三五"规划的收官之年，是全面建成小康社会的决胜之年。2020 年正处于"两个一百年"交汇期，百年大党的历史使命、社会主义现代化国家建设的历史任务相互交织。自党的十八大以来，中国社会主义建设和发展进入一个新时代，新的社会主要矛盾、新的时代特征、新的时代任务重构着当前中国政治建设和政治发展的基本环境。同时，随着"十三五"规划的顺利完成和"十四五"规划的启动，中国在全面建成小康社会、实现第一个百年奋斗目标之后，进入全面建设社会主义现代化国家新征程、向第二个百年奋斗目标进军的新阶段。新发展阶段的形成、新发展理念的提出、新发展格局的构建，内在地需要中国政治体系在职能与功能、规则与制度、结构与主体、行动与过程等方方面面做出相应调整，以适应于维护秩序、促进发展的新要求。对于中国发展时代特征和历史方位的这种深刻把握，与当前中国各种规划体系的建设——如五年规划、中长期规划、行业或领域规划、国土空

间规划、城市规划等有机结合起来，共同塑造着包括政治发展在内的中国整体发展的时机、节奏与议程。

第二，世界与中国。当代中国发展正处于世界百年未有之大变局与中华民族伟大复兴的两个全局之中。新冠肺炎疫情的暴发对包括国家关系和全球化进程在内的世界政治经济格局造成了深远影响，在这种全球格局中，中国发展的机遇、挑战、风险都有新的变化，这种变化不能不对中国改革与发展的战略、策略和政策取向产生深刻影响。作为2020年最为重要的全球性公共事件，新冠肺炎疫情对全球化进程产生的影响是复杂的、多面向的——一方面加剧了某些国家和经济体“逆全球化”“去全球化”的行为反应，世界因此进入一个需要修复的、“摇晃的全球化”时代；另一方面，对于坚持全球化取向的国家和经济体来说，新冠肺炎疫情等公共事件推动的是全球化的升级与转型，世界各国的深度调整将推动全球化进入一个更高水平、更高质量的发展阶段。对于中国来说，“构建以国内大循环为主体、国内国际双循环相互促进的新发展格局”这一战略的提出，正是出于对国际格局之变化的积极应对。

第三，“新常态”与“非常态”交织的经济形态。经济是政治的基础，发展是政治的目的。党的十八大以来，中国经济发展进入一个以高质量发展①为表征的新时代和新阶段，并在经济增长动力、速度、经济理念、经济业态、经济结构、制度环境等各方面呈现出经济新常态的若干特征。2020年，中国经济仍处于由新时代、新阶段决定的新常态约束之下，但同时，新冠肺炎疫情等突发公共事件却打乱了包括中国经济在内的世界经济发展周期，中国经济因而呈现一种新常态与非常态交织的独特景观。一方面，“新常态”作为长周期因素，对中国经济、社会和政治领域相关体制机制改革和制度建设——比如生产要素按贡献参与分配的收入分配改革、简政放权的行政体制改革，以及包括教育、医疗、住房等领域在内全面的社

① 高质量发展不仅仅是对经济的要求，而是所有领域；不仅是对发达地区的要求，而是所有地区；不只是一时一事的要求，而是必须长期坚持的要求。

会保障制度建设等——继续造成紧迫的现实需求；另一方面，“非常态”作为中国经济发展的“非常状态”不能不对中国经济、政治、社会、文化、生态等领域公共政策的制定与执行，对国家、政府之于中国经济的宏观调控能力和对中国社会的治理能力提出特殊要求。

第四，变化中的中国社会。中国社会正处于持续的变动之中，这种变动一方面是当代中国有意识、有规划的社会建设的结果；另一方面是包括互联网技术、数字技术在内的“新社会组织技术”突破性进展、中国经济社会累积性发展、人口老龄化等自然历史过程和长期发展的结果。变动的社会产生着作为社会和政治行动者的变动着的个体、群体与阶层，一方面，变动中的中国社会不断向政治体系提出政治诉求，形成持续的政治建设与政治发展议题；另一方面，为了维护社会作为一个整体的健康发展，为了实现社会发展与经济发展、社会发展与政治发展之间的协同发展，政治体系亦不能不对社会建设和社会发展提出诉求，不能不对其进行介入、规范与引导。

第五，风险与安全。新冠肺炎疫情的暴发，再次放大和凸显了现代社会作为“风险社会”的一面，前所未有地将“风险防控”、安全供给与政治发展联系起来。中共十九届五中全会审议通过的《中共中央关于制定国民经济和社会发展第十四个五年规划和二〇三五年远景目标的建议》（以下简称《规划与建议》）明确提出要“统筹发展与安全，建设更高水平的平安中国”，“把安全发展贯穿国家发展各领域和全过程”，有效防范和应对可能影响现代化进程的系统性风险，由此“加强国家安全体系和能力建设”就成为一项关系全局的政治议题，维护国家政权安全、制度安全、意识形态安全、网络安全成为维护和塑造国家安全的战略重点，确保新时代新形势下国家经济安全、人民生命安全和社会安全成为构建当下中国新发展格局的基本前提。

二、新发展格局的政治塑造：特殊历史节点的一项新议程

2020年中国囊括经济、社会、政治、文化、生态建设在内的整体发展，是在与新冠肺炎疫情的不期而遇中实现的。新冠肺炎疫情这一全球性公共卫生事件对中国乃至全球发展的影响仍在持续之中，其范围之广、影响至深，迄今尚难以准确估量或测算，因而仍有待于历史的总结。对中国来说，这一事件是改革开放以来中国所遭遇的若干连续性历史事件——如98年特大洪灾、2003年“非典”、2008年汶川地震等中的一环，但就其波及和卷入的人数之多、持续时间之久、对中国政治、经济、社会改革乃至国际关系和外交格局影响力之巨来说，这一历史事件可能是40多年来独一无二的。终其全年，中国的经济社会发展是在“统筹新冠疫情防控与经济社会发展”中进行的，正是在这一年，中国在新发展阶段、新发展理念的基础上提出了“新发展格局”的重要议程——这既是一种理论，更是一种实践；既是一种关乎中国经济发展的应对之策，也是中国整体发展的战略规划；既对当前中国在特定历史方位和国际政治经济环境下的经济社会发展具有指导意义，同时也对当代中国政治建设和政治发展具有重要现实意义。2020年4月，习近平总书记在中央财经委员会第七次会议上首次提出“新发展格局”这一重要概念：“国内循环越顺畅……越有利于构建以国内大循环为主体、国内国际双循环相互促进的新发展格局”。2021年1月，习近平在省部级主要领导干部学习贯彻党的十九届五中全会精神专题研讨班开班式上强调指出：“进入新发展阶段、贯彻新发展理念、构建新发展格局，是由我国经济社会发展的理论逻辑、历史逻辑、现实逻辑决定的。进入新发展阶段明确了我国发展的历史方位，贯彻新发展理念明确了我国现代化建设的指导原则，构建新发展格局明确了我国经济现

代化的路径选择。”

这里有两点需要加以说明：第一，所谓“格局”，乃是一种基于空间和结构的态势，是一种超越于变化的稳定性，是一种超脱于不确定性的确定性。“先立乎其大者，则其小者弗能夺也”，当代中国在建设社会主义现代化强国的征程中，客观上面对着国内与国外种种能够估计或不可预料的难题、困境、危机或挑战，如果中国的发展之路想要不被这些难题、困境、危机或挑战劫夺而误入歧路、打乱节奏，那就有必要先立其格局。新冠肺炎疫情这一历史事件，正是这种种难题、困境、危机或挑战的一个缩影或者表征，也正是这些难题、困境、危机或挑战的放大器。因而，在“统筹新冠疫情防控与经济社会发展”的背景下，新发展格局的提出从偶然性来说是对新冠肺炎疫情这一公共事件所造成之冲击的对冲，从本质性上说是中国立足新发展阶段、贯彻新发展理念，持续应对、吸纳现代化进程中危机与机遇的必然选择。第二，新发展格局始于经济领域，终于政治领域。当代中国的发展问题，从来都不是单纯的经济学议题，而始终是政治经济学议题。自改革开放以来，从中央到地方的各级政府一直是中国经济发展、经济循环中不可或缺的重要一环：一方面，国家与社会之间的权力关系、国家决策和政府公共政策，构成了制约中国经济发展的必需公共产品；另一方面，基于当代中国国家性质和由此决定的经济理论，中国各级政府始终在国内经济循环中扮演者直接的、重要的经济角色。因此，当代中国政治经济关系始终是决定中国经济社会发展最为关键的变量，而“政治有效性”原则始终是中国政治建设与政治发展的基本原则。这就决定了，当前中国提出的“新发展格局”必然同时呈现为经济学和政治学议题，在当前经济社会发展和政治建设中必然存在一个“新发展格局的政治塑造”的交叉议题——政治建设如何服务于新发展格局的构建，以及为了新发展格局之构建如何推进政治领域的全面深化改革与发展，正是这一议题的根本内容。

2020 年中国的政治建设与政治发展，不能脱离中国政治发展的连续性视野。2013 年中共十八届三中全会以全面深化改革为主题，提出“国家治理体系与治理能力现代化”的改革总目标；2019 年召开的中共十九届四中全会以制度和治理为主题，对当代中国社会主义制度建设和国家治理现代化问题进行了通盘谋划。十九届四中全会通过的《中共中央关于坚持和完善中国特色社会主义制度 推进国家治理体系和治理能力现代化若干重大问题的决定》明确指出“我国国家治理体系和治理能力是中国特色社会主义制度及其执行能力的集中体现”，从而明确将全面制度建设①作为中国现代化国家建设的时代主题和战略问题。作为“实现‘两个一百年’奋斗目标的重大任务”，制度建设和国家治理现代化“是把新时代改革开放推向前进的根本要求”，“是应对风险挑战、赢得主动的有力保证”②。2020 年，中国在政治建设和政治发展中继续推进全面制度建设和政治能力建构的实践和努力，构成新时代中国国家治理体系和治理能力现代化历程的重要组成部分；而在应对突发公共事件的背景下，将制度建设、能力建构与新发展格局的塑造深度关联起来，则是 2020 年中国政治发展最为明显的年度特征。正如习近平在省部级主要领导干部学习贯彻党的十九届五中全会精神专题研讨班上所强调的，各级领导干部要“不断提高政治判断力、政治领悟力、政治执行力，不断提高把握新发展阶段、贯彻新发展理念、构建新发展格局的政治能力、战略眼光、专业水平，敢于担当、善于作为”，国家制度建设以及制度建设基础上的政治能力构建正是当前中国新发展格局之政治塑造的两大关键。

---

① 根据《决定》，中国社会主义制度在内容上包括“党的领导和经济、政治、文化、社会、生态文明、军事、外事等各方面制度”，“是能够持续推动拥有近十四亿人口大国进步和发展、确保拥有五千多年文明史的中华民族实现‘两个一百年’奋斗目标进而实现伟大复兴的制度和治理体系”。

② 习近平：《关于<中共中央关于坚持和完善中国特色社会主义制度 推进国家治理体系和治理能力现代化若干重大问题的决定>的说明》，《中共中央关于坚持和完善中国特色社会主义制度 推进国家治理体系和治理能力现代化若干重大问题的决定》，北京：人民出版社，2019 年版，第 46－50 页。

三、2020 年中国政治发展的主要面相

围绕新发展格局之政治塑造这一关键议程，2020 年中国政治建设聚焦于制度体系完善和政治能力建构，在多个领域、多条战线系统展开，并取得了多方面的建设成就。

（一）从构建新发展格局出发，积极推进经济治理体系与治理能力建设

中国经济发展是依靠以制度体系为表征的长期的、稳定的经济治理结构，还是依靠中国政府提供的作为公共产品之一的公共政策集群？一方面，包括中央与地方各级政府在内的中国政府体系已经深度介入中国经济治理和经济发展的全过程，已经成为中国经济治理结构中最为重要的制度性设置和中国经济发展中最为重要的角色、主体和要素之一；另一方面，当下中国不断深入推进政府、市场、社会关系调整，不断推进政府职能转变、权力约束以及社会主义市场经济体制完善，不断推进创新型国家和创新型社会的建设、不断推进大众的创业和创新，以确保将中国经济发展的持续性建筑于中国社会的活力和以市场经济制度为代表的经济治理体系之优化上。如果说仅仅是在一年之前，中国社会对政府作用和市场作用的认知还可能存在偏重的话，那么 2020 年中国经济在新冠肺炎疫情冲击下的发展曲线则无可争辩地证明将“市场对资源的基础性配置作用”和“更好地发挥政府作用”有机结合起来确实是当下中国经济建设唯一正确的方向：中国经济建设既不能全盘委之于市场机制的自发调节和经济社会主体的自发活动，也不能全盘操之于政府指令性之手，这一得之于中国数十年来改革与发展的基本经验的“常识性认

知”，正是当代中国发展最为重要的政治经济学要义。

第一，进一步推进市场经济体制建设。2020 年中国经济建设始终处于新冠肺炎疫情这一公共事件的影响之下，因而在经济发展的节奏、在调控政策的取向上呈现出若干不同特征，但中国持续推进社会主义市场经济体制建设的努力却一以贯之。在当下中国全面深化改革进程中，作为市场经济体制之重要支撑的若干基础性经济制度得以确立或改进。2020 年，中共中央、国务院先后发布《关于构建更加完善的要素市场化配置体制机制的意见》《新时代加快完善社会主义市场经济体制的意见》，为中国社会主义市场经济体制在新时代的改革发展提供基本方向；新证券法、外商投资法、反垄断法、中国人民银行法等多部涉经济类法律的修订或实施为中国市场经济体制的完善提供了根本法律遵循。年内，自贸区、自由港建设再扩容，《外商投资准入特别管理措施》等负面清单管理模式进一步完善，对于平台经济领域的反垄断监管进一步加强，中国市场整体营商环境进一步优化。

第二，“有为政府”作用更加凸显，政府政策水平、战略水平进一步提高。2020 年经济政策的制定、出台、执行、调整，兼顾了政策连续性、稳定性和受新冠肺炎疫情事件影响的非常态经济形势对公共政策的特殊需求。有效公共政策集群特别是逆周期调节政策和结构性改革政策的有机结合，确保了中国经济在世界经济体系内率先恢复和发展。围绕着“六稳”“六保”，国务院就支持就业与创业、复工复产、市场主体纾困发展、优化政务服务、深化“放管服”改革、国企改革、民企转型升级、稳外贸稳外资、新型城镇化等经济议题频频出台政策。从国务院、中央部委到各地方政府采取切实措施加速推进重点投资项目，传统基建和新基建并向发力，交通基础设施建设、医疗新基建、体育新基建频频发力；大力推进扩内需促消费，多地发放消费券，扩大汽车消费、体育消费、农村消费、家具家电家装以旧换新等重点领域消费。在供给侧改革的基础上，需求侧改革的提出进一步提升了当下中国经济改革与经济治理的完整性和完成度，在此背景下各级政府行政过程与政策过程呈现出若干新特征：一是政策全过程水平有所提升，政策介入、政策执行、政策转向、政策退出体现了较高水平，展现了政策精准性和灵活性；二是政策协同和政策体系化水平有所提升，在单项政策兼顾经济效应、社会效应和政治效应的基础上，高度重视政策之间的协同与配合，形成政策集群效应；三是公共政策所传递的价值取向和改革取向连贯、一致，比如积极财政政策所传达的支持企业特别是小微企业和改善民生的价值取向，新型城镇化对县域经济、小城市培育、城乡消费融合发展的重视等；四是在区域一体化战略下政府间协作关系的提升，比如长三角产业链补链固链强链行动[①]、西部陆海新通道省际协商合作联席会议等。各级政府政策能力的提升，构成其战略能力的基础：2020 年，新时代西部大开发、黄河流域生态保护和高质量发展、新时期集成电路产业和软件产业高质量发展等国家战略的实施，均有赖于政府能力特别是政策能力的构建。

第三，从国家能力建构高度强化、优化金融监管。金融是经济的经络和血脉，是市场配置资源的关键机制，金融市场是市场经济最为重要的市场之一，金融风险是最为致命的风险，因此金融监管能力是最为重要的经济治理能力。特别是在经济运行的非常时期，金融监管政策牵一发而动全身，具有全局性的经济意义，金融监管能力因此已成为当前中国基础性国家能力的重要构成[②]。从政治经济学的视角来看，2020 年金融监管同时具有制度建构和能力建构的双重效应。所谓制度建构，是指金融监管的常态化、制度化有助于完善现代金融监管制度体系，因而对中国市场经济体制的完善具有重要建构功能。所谓能力建构，是指政治体系通过金融监管中的专项整治行动、通过金融政策的制定执行化解系统性金融风险，最大限度地实现金融市场助力中国经济社会发展的调控能力建构，这种调控能力既是一种经济治理能力，更是一种政治能力。

---

① 胥会云：《每省牵头一个产业链，长三角开展补链固链强链行动》，《第一财经日报》，2020 年 12 月 7 日。

② 关于金融体系与国家能力的关系，可参见刘长喜、桂勇、于沁：《金融化与国家能力——一个社会学的分析框架》，《社会学研究》，2020 年第 5 期。

首先，金融领域“常态化强监管”态势形成。国务院金融治理的政策定调体现了化解系统性金融风险、审慎包容监管金融创新、服务实体经济和创新领域及中小微企业、发展普惠金融、稳企业保就业、支持中小银行和保护投资者消费者权益的清晰价值取向，有力促进了中国经济在疫情冲击下的恢复发展。为适应加强金融领域监管的需要，多地成立了金融委办公室地方协调机构，金融监管央地协同格局成型。金融监管力度上趋严，金融监管机构与政法机关通力合作，对资本市场违法犯罪实施“零容忍”，加强行政处罚与刑事惩戒有机衔接。其次，在对金融机构的监管方面，引导国有金融机构聚焦主业、压缩层级，对中小银行坚持规范和支持相结合，各地中小银行频现合并重组潮；对传统金融机构和金融科技、互联网金融平台实施一体监管，既积极支持金融科技应用试点，又对其可能引起的金融风险保持警戒。再次，稳步推进金融业健康发展和金融市场制度建设。金融业是中国现代经济体系的重要行业，并且是现代经济体系中最具有关联性、能动性的关键行业，金融业本身的健康发展关乎整个经济体系的有序运行。2019 年底，为“更好服务现代化经济体系建设”，银保监会发布《关于推动银行业和保险业高质量发展的指导意见》[①]，进一步完善了银行业和保险业新时代行业发展的顶层设计。为规范金融业自身健康发展并打通金融业发展与现代化经济体系之间的传导机制，在《新证券法》实施背景下，证监会大力推进股市注册制改革和新一轮退市制度改革，完善金融市场基础制度体系，通过制度创新最大限度实现金融市场资源配置功能。最后，主动化解系统性金融风险，在金融领域统筹发展与安全。“打好防范化解重大风险攻坚战，重点是防控金融风险”。2020 年是化解金融风险攻坚战的收官之年，“经过持续努力，金融风险总体趋于收敛，金融体系韧性明显增强”[②]。新冠肺炎疫情发生后，金融领域出现重大挑战，金融治理在外部面临“海外国家宏观政策的溢出

① http：//www. gov. cn/zhengce/zhengceku/2020 – 03/26/content_5495757. htm.
② 郭树清：《坚定不移打好防范化解金融风险攻坚战》，《求是》，2020 年第 16 期。

风险”，在内部面临金融供给结构性失衡、金融体系压力上升、部分金融乱象回潮等风险[①]，需要监管部门进一步增强金融治理能力，确保金融市场健康发展，实现稳增长和防风险的长期均衡。

第四，平等保护市场主体，维护经济活力。经济发展的微观基础是企业，经济恢复发展的关键在企业。虽然在中国经济体系中企业有国有企业与非国有企业之分，但两者对于中国经济体系的健康运行来说却缺一不可。国企关乎国计民生和国家对经济的掌控能力，非公经济尤其是中小微企业直接关系民生事业和经济稳定，二者在现代化经济体系中各有其功能。

2020 年 5 月，国务院政府工作报告提出旨在“增强国有经济竞争力、创新力、控制力、影响力、抗风险能力”的国有企业改革三年行动计划；6 月，中央全面深化改革委员会（以下简称深改委）第十四次会议审议通过了《国企改革三年行动方案（2020—2022年）》，成为新阶段指导中国国企改革的纲领性文件；9 月召开的国务院国有企业改革领导小组第四次会议及全国国有企业改革三年行动动员部署电视电话会议强调，三年行动对于新发展格局之构建具有重要意义。在新一轮国企改革中，增强对国企自主创新的政策支持、国企民企战略合作、国企混改成为改革重点和亮点。2020 年，国企国资监管制度建设加速推进，财政部对 1991 年国务院发布的《国有资产评估管理办法》进行了近 30 年来首次修订，并于 10 月公布《国有资产评估管理办法（公开征求意见稿）》；国资监管体系进一步完善，山西等地率先在地方层面成立国资运营公司，从中央到地方归口统一管理的大国资监管格局初步形成。在统筹疫情防控和经济发展背景下，民航、钢铁等行业兼并重组提速，从中央到地方国企混合所有制改革提档扩面[②]。

在新冠肺炎疫情的冲击下，2020 年国务院和财政部、发改委、

---

① 杨志锦：《金融风险攻坚战要如期收官：郭树清开出四张“药方”》，《21 世纪经济报道》，2020 年 8 月 18 日。

② 王璐：《国企改革加速破局 混改提档扩面》，《经济参考报》，2020 年 5 月 13 日。

银保监会等多个部委出台一系列政策，通过减税降费、降成本、缓解中小微企业融资难等多种路径，加大保市场主体力度，为企业特别是中小企业生存发展纾困解难。在应对突发公共事件冲击和外部复杂环境的过程中，中国立足于新发展阶段、贯彻新发展理念、构造新发展格局，进一步明确了"为民营企业发展创造公平竞争环境"的战略必要性和经济价值理念。同时，在中国经济发展的特殊时刻，为了确保市场经济活力、重构经济新动能，中国加大了对经济新业态新模式的培育、支持和监管。从"互联网+"到"智能+"的经济新业态，从宅经济、银发经济、假日经济到大数据产业、无人机产业，从商务部牵头开发的家政服务信用信息系统、国家市场监督管理总局等部门召开的规范社区团购秩序行政指导会到国务院印发的《新时期促进集成电路产业和软件产业高质量发展的若干政策》，处处可见中国构建新发展格局的政治经济互动。

（二）从构造国家与社会相互支撑关系出发，持续推进政治社会建设

一个怎样的社会才构成发展与秩序的基础？这是当代中国社会建设必须首先考虑的问题。一个强大而充满活力的社会既来源于社会制度体系建设，也来源于社会政策介入与干预。中国作为社会主义国家，必须坚守社会本位，持之以恒推进社会建设，以实现"幼有所育、学有所教、劳有所得、病有所医、老有所养、住有所居、弱有所扶"的发展承诺。因此，中国的社会保障体系和社会保障制度既是全方位（保障人民生产生活）的，也是覆盖全民的。2020年中国社会建设在社会保障制度完善上，在促进社会建设与经济建设、政治建设的协同发展上做出了巨大努力。

第一，持续改革完善社会保障制度。社会保障制度的完善既是民生需求，也构成现代中国经济大循环的重要环节。在构建"新发展格局"的背景下，社会保障制度建设已成为国内大循环必须打通

的关键点和经济社会协调发展的重要交叉点。因此依据经济社会发展不同阶段性要求不断推进社会保障制度改革完善，就成为中国全面深化改革的重要的、常规性内容。同时，2020 年突如其来的新冠肺炎疫情又成为中国社会保障、医疗保障制度改革的重要催化剂。这一年内，中共中央、国务院印发《深化医疗保障制度改革的意见》，国务院常务会议通过《医保基金使用监督管理草案》，中办、国办印发《关于改革完善社会救助制度的意见》，民政部、财政部公布《中华人民共和国社会救助法（草案征求意见稿）》，极大地加快了中国保障制度体系建设的步伐。中国社会保障制度改革呈现出值得关注的若干新动向：一是社会保障体系覆盖范围进一步扩大，比如民政部等 11 个部门部署的流浪人员服务管理救助质量大提升专项行动将流浪人员纳入社会保障体系；《社会救助法（草案）》拟建立突发公共事件困难群众救助机制，江苏省发布《江苏省超过法定退休年龄人员和实习生参加工伤保险办法》等，都体现了拓展社会保障体系覆盖范围的改革取向。二是社会保障体系进一步多元化，社会保险产品进一步丰富。2020 年，国家医疗保障局、财政部联合印发《关于扩大长期护理保险制度试点的指导意见》；12 月召开的中央经济工作会议首次提出“规范发展第三支柱养老保险”；10 月，国家药监局就《疫苗责任强制保险管理办法》公开征求意见；在银保监会指导下，重大疾病保险保障范围进一步扩展；多地推出“普惠型健康险”，我国多元化医疗保障体系进一步完善[①]。三是社会保障制度建设与府际关系塑造的互动进一步加强。社会保障制度的改革、发展与完善，对政府间协作关系的构建形成内在需求。比如在划转部分国有资本充实社保基金的工作实施中，中央政府负责决策和顶层设计，各省出台国资划转社保方案，财政部牵头制定划转国资的运作管理办法；2020 年国家医保局、财政部印发的《关于推进

① 万文竹：《多个城市推出普惠险 完善多元化医疗保障体系》，《法治周末》，2020 年 8 月 13 日。

门诊费用跨省直接结算试点工作的通知》[①] 提出，“探索全国统一的门诊费用跨省直接结算制度体系、运行机制和实现路径”；在2020年全国各省养老金发放中，跨省调剂和中央财政专项补助起了关键作用[②]。此外，北京探索实施城乡统一的失业保险制度、长三角区域养老一体化试点，疫情防控中的健康码信息互认机制创新，都对区域内乃至全国各级政府间关系的塑造提出了新的要求。

第二，促进教育与经济社会发展深度融合。教育是人力资源开发和政治社会化的关键环节，关乎经济发展所必需的劳动者和人才资源的塑造，关乎作为经济发展新动能的科学技术创新，关乎社会主义建设者和接班人的培养。当前中国教育形势已发生深刻变化，义务教育有保障的目标已基本实现，中国教育整体上已从精英教育阶段迈向教育普及化发展新阶段，在此基础上进一步深化教育改革，更好打通教育与经济、社会发展之间的循环，推进教育资源均衡化、实现教育公平，成为新时期教育改革的根本需求。2020年中国教育领域的改革发展正是对这一根本需求的回应。首先，在教育改革发展顶层设计方面，2020年，两办先后印发《关于深化新时代教育督导体制机制改革的意见》[③]《关于全面加强和改进新时代学校体育工作的意见》《关于全面加强和改进新时代学校美育工作的意见》[④]，中共中央、国务院印发《关于全面加强新时代大中小学劳动教育的意见》[⑤]《深化新时代教育评价改革总体方案》[⑥]，教育部、发改委、财政部等印发《关于加快新时代研究生教育改革发展的意见》[⑦] 等重要文件，体现出回归教育育人初心，实现教育促进人的全面发展、为经济社会发展提供人力资源和人才支撑的基本功能的改革取向。

---

① http：//www.gov.cn/zhengce/zhengceku/2020－10/02/content_5548965.htm.

② 班娟娟：《减免社保费政策力度空前 已为企业减负超1.2万亿元》，《经济参考报》，2020年10月29日。

③ http：//www.gov.cn/zhengce/2020－02/19/content_5480977.htm.

④ http：//www.gov.cn/xinwen/2020－10/15/content_5551609.htm.

⑤ http：//www.gov.cn/zhengce/2020－03/26/content_5495977.htm.

⑥ http：//www.gov.cn/zhengce/2020－10/13/content_5551032.htm.

⑦ http：//www.gov.cn/zhengce/zhengceku/2020－09/22/content_5545939.htm.

其次，在畅通教育与经济社会发展大循环方面进行了重要探索。江苏、浙江、上海等地高考综合改革出台再选科目保障机制，强化了教育与社会需求的对接。职业教育越来越受到重视，高等职业院校扩招 100 万人，“新职业”教育获得政策支持，对职业教育高考制度、职业技能等级认定和专业技术职称评审贯通机制的探索积极推进。2020 年内举办了中华人民共和国第一届职业技能大赛，所有比赛项目均服务于实体经济，覆盖国民经济大类的 70%。高等教育改革与创新型国家建设之间的联系更加紧密，大学生教育、研究生教育和大学发展与经济社会发展、城市发展、区域发展深度融合。教育部基础学科拔尖人才 2. 0 版、高校“强基计划”、高校学位点动态调整继续推进，高校在基础学科发展、科技自主创新领域加速布局，高校哲学社会科学研究评价改革亦应时推进。

第三，建设有机团结的“社会共同体”。如何建设一个有机团结的社会，如何防止社会在现代化进程中断裂，是发展中国家面临的共同课题。中国作为最大的发展中国家，正处于世界百年未有之大变局与中华民族伟大复兴两个变局之中，社会变迁尤为剧烈，维护“社会共同体”任务尤为艰巨。扶贫是防止社会断裂的重要举措，2020 年中国扶贫攻坚取得新成就，“十三五”异地扶贫搬迁任务全面完成，所有贫困县全部“摘帽”，城乡居民收入差距持续缩小，乡村振兴接续脱贫攻坚成为当前中国经济社会建设的重要战略。通过相关制度改革确保社会有序流动是维护社会活力的重要前提，随着城镇化的深入发展，人才和劳动力成为城市竞争的关键要素，各地纷纷出台新的人才政策和户籍政策。中国 31 个省区市全部出台户籍制度改革实施意见，放宽落户条件、取消农业户口与非农户口之分成为大势所趋。数据显示，“十三五”期间青年人才在各大城市之间的自由流动更加通畅，人才流动的“中梗阻”被打通[①]。另外，中国人口流动出现新迹象，流动人口总数量自 2014 以来连续下降，人口输出大省的外出人口回流加速，将近 1 亿农民工选择省内就业。

---

① 胡春艳：《这五年，青年人才流动更通畅》，《中国青年报》，2020 年 11 月 2 日。

随着中国社会的“互联网化”，互联网技术越来越成为一种具有极强穿透力、渗透力的社会组织技术，因而充分发挥互联网技术弥合区域和阶层差距、穿透有形隔离和鸿沟的社会功能就成为当下中国社会建设的重要内容。比如随着网络扶贫工作的推进，2020 年中国贫困地区网络覆盖目标提前超额完成，电子商务进农村实现对 832 个贫困县全覆盖，网络扶贫信息服务体系基本建立，远程医疗实现国家级贫困县县级医院全覆盖，全国行政村基础金融服务覆盖率达 99.2%[①]。根据共青团中央维护青少年权益部、中国互联网络信息中心（CNNIC）联合发布的《2019 年全国未成年人互联网使用情况研究报告》，城乡未成年人的数字差距进一步弥合，城镇未成年人互联网普及率达到 93.9%，农村未成年人互联网普及率达到 90.3%，两群体的差异较 2018 年的 5.4 个百分点下降至 3.6 个百分点[②]。作为网民中的“弱势群体”，老年人触网不适的问题引起高度关注，国办印发《关于切实解决老年人运用智能技术困难的实施方案》，提出“让广大老年人更好地适应并融入智慧社会”的工作目标和多场景实施方案[③]。

第四，在社会与政治的相互需求中实现社会成长与政治发展的平衡。社会自身蕴藏着自我管理、自我组织的自治能力与自治需求，但在中国历史、社会、文化传统影响和现代中国政治架构下，中国社会的自我成长是与其对中国政治建设与政治发展的内在需求联系在一起的；另外，中国政治建设与政治发展也必须获得社会支持与社会认同，亦即获得其建设和发展的社会基础。因此在现代中国，国家与社会不是对立的关系，强国家与强社会是可以共存的，也是必须共同成长的，同时这种相互关系是动态平衡的。

中国社会互联网化带来的“数字鸿沟”问题，网络世界中诸如网络诈骗、互联网语言低俗化、网络暴力、流量逻辑侵袭影视行业专业性等种种网络乱象，以及与网络信息技术相关的中国社会“平

---

① 常钦：《电子商务进农村实现对贫困县全覆盖》，《人民日报》，2020 年 11 月 7 日。

② http：//www.cac.gov.cn/2020－05/13/c_1590919071365700.htm.

③ http：//www.gov.cn/zhengce/content/2020－11/24/content_5563804.htm.

台化”带来的一系列深层次问题表明，中国网络社会的成长需要政治与法治的护航。社会归根结底是由人组成的，当前中国社会总的生育率走低、人口老龄化加速等社会问题的化解，客观上需要国家及时调整公共政策并加强相关制度供给。“十四五”《建议》提出“增强生育政策包容性”，《国家积极应对人口老龄化中长期规划》提出 2022 年初步建立中国积极应对人口老龄化制度框架，就是对上述问题的积极回应。一方面中国在改革开放中必须充分尊重和激发社会自我成长的内在动力；另一方面经济、社会的自然发展又不可避免地带来“不充分”“不平衡”问题因而不能不要求政治的介入，这两个面向所带来的政治与社会之间的相互需求、相互支撑关系，是当前中国处理政治建设与社会建设关系的基本依据。

2020 年，新冠肺炎疫情的发生将作为中国社会自我组织和自我管理能力之体现的社会组织的重要性及其生存发展困境同时暴露出来。在疫情防控中，民间志愿者组织、网站平台在帮助困难群体、传播真实信息、与政府部门合作抗疫等方面起到了重要作用，显示出社会组织存在与发展的巨大潜力和勃勃生机。但同时，一项对北京市服务型社会组织的调研报告显示，超过九成的社会组织受到新冠肺炎疫情打击，近 14% 的社会组织面临倒闭风险，新冠肺炎疫情使当下中国社会组织发展中一些深层次问题，比如收入来源单一、对接社会需求定位不准等，暴露无遗，亟需政府出台纾困扶持政策[①]。此外，一些长期存在的困扰社会组织发展的体制机制问题（比如社会组织登记管理体制）仍需要进一步解决。

（三）围绕党内法规体系建设与政党能力建构，深入推进执政党建设

组织化与现代化融为一体，制度建设与能力建构融为一体。中

① 汪徐秋林：《14% 社会组织生存堪忧，面临倒闭“第三部门”疫后求生》，《南方周末》，2020 年 8 月 13 日。

国共产党的建设只有置之于中国现代化国家建设的整体之中才能得到理解，其布局、战略、路径与策略也不断刷新着世界对中国共产党的旧认知。中国共产党的性质决定了党没有自己的私利，因而也决定了党不是从政党本位出发而是从国家治理与发展对政党能力之需求出发去谋划党的建设，同时在客观功能上，党的建设不仅对政党本身至关重要，并且对国家治理与发展至关重要。因此在社会主义新时代，中国共产党一方面不能不基于国家与社会发展阶段的变化，亦即基于国家建设与发展内在需求的变化，大力推进包括党内法规在内的以制度体系为集中表现的国家治理体系建设，使国家发展牢牢树立于日趋成熟定型的国家治理制度体系的根基之上；另一方面不能不强化和巩固党作为特殊性质的政治组织的本质和宗旨，尤其是政党领导现代中国国家建设与国家发展的能力，在当下中国即中国共产党全面领导改革开放的能力建构，而这一能力的关键依托却在政党组织本身。于是，通过政党（再）组织化确保党领导国家治理与发展的能力，并以政党政治能力确保日益巩固、定型的制度体系不断完善、不断发展的开放空间，就成为执政党建设的基本战略。党的建设一方面使得包括党内法规在内的国家治理制度体系对包括党本身在内的一切政治组织和政治主体形成约束，另一方面又确保这一制度体系始终基于由中国共产党的组织力量来支撑的立国原则和制度价值不断发展。

第一，严字当头，推进中国共产党作为一个整体的组织优化。政党是特殊的政治组织，作为一个特殊类型的政党，中国共产党具有双重特殊的组织特性。全面从严治党的核心在于通过重整党的组织实现包括组织理念、组织结构、组织纪律、组织成员在内的政党组织全要素优化，进而形成强大组织力，而强大组织力是中国共产党充分发挥其政治功能的前提。2020 年 1 月，习近平总书记在“不忘初心、牢记使命”主题教育总结大会上强调，“以主题教育为新的起点，持续推动全党不忘初心、牢记使命”；年内中办印发《关于巩固深化“不忘初心、牢记使命”主题教育成果的意见》，要求各地区各部门结合实际认真贯彻落实[①]。由于形式主义、官僚主义严重损害党的组织力、耗散党的组织效能、破坏党的作风，新冠肺炎疫情等突发公共事件又放大了形式主义、官僚主义之害与治理之迫切程度，近年来中国共产党持之以恒地反对和整治形式主义与官僚主义，2019 年习近平主持召开的政治局常委会和中央政治局会议分别有 18 次、12 次议题涉及作风建设；2019 年 1 月至 11 月，全国共查处形式主义官僚主义问题 6. 28 万起，首次超过享乐主义、奢靡之风问题数量；2020 年，中办印发《持续解决困扰基层的形式主义问题为决胜全面建成小康社会提供作风保证的通知》，进一步推动破除形式主义工作向基层延伸。2020 年中国共产党的干部选任工作也呈现出若干新特征，全国省级党委、政府领导班子密集调整，“70 后”副省长密集履新、多省调整省级党委副书记，截至 2020 年 11 月已有 8 省省委书记换任，且均为政府一把手转任[②]；地方层面在干部选任机制创新方面亦有所突破[③]。2020 年中央巡视工作坚持政治巡视站位，十九届中央第五轮巡视全面完成，第六轮巡视全面展开。

第二，全面推进党内法规体系建设。2020 年，《中国共产党军队党的建设条例》《军队政治工作条例》（修订）、《中国共产党地方组织选举工作条例》（修订）、《中国共产党基层组织选举工作条例》《中国共产党党和国家机关基层工作条例》（修订）、《中国共产党统一战线工作条例》（修订）、《中国共产党党员权利保障条例》（修订）等一大批党内法规制定出台，中国共产党党内法规体系进一步完善，一方面对各级党组织行动和权力运行构织了越来越绵密的制度约束；另一方面对于各级党组织政治能力建构和政治功能发挥提供了坚实的制度支撑，党内法规制度建设与政党能力建构之间的互

---

① http：//www. gov. cn/zhengce/2020 – 09/14/content_5543377. htm.

② 张笛杨：《年内 8 省“换帅”：均为政府一把手转任，新书记最年长者 64 岁》，《南方周末》，2020 年 11 月 30 日，https：//static. nfapp. southcn. com/content/202011/30/c4367382. html.

③ 张笛杨、严胜男：《杭州“破界”选官：多名民企管理人员拟任处级干部》，《南方周末》，2020 年 9 月 10 日；王姝：《青岛批量选拔“80 后”副局级干部》，《新京报》2020 年 12 月 15 日。

动越来越深入。以中国共产党中央层面的会议制度为例，政治局常委会、政治局会议、中央委员会全体会议、作为党中央机构的若干专门委员会（如财经委员会、审计委员会、全面依法治国委员会、全面深化改革委员会等）会议、中央各领域（如中央全面依法治国工作会议、中央经济工作会议等）工作会议之间形成了高效的节制、传导关系，并且与国务院常务会议、中央政府各部委年度工作会议之间相互联系，有力提升了中国共产党制度化运作国家权力、全面领导中国发展进程的政治能力。由此，诸如《中国共产党中央委员会工作条例》等党内法规的制定实施，就对党的会议制度的完善进而对党的领导能力的提高具有特殊意义。

第三，以政治能力构建为核心，加强政党能力建设。2020 年中共十九届五中全会的召开和《中共中央关于制定国民经济和社会发展第十四个五年规划和二〇三五年远景目标的建议》的出台，是中国共产党在当代中国政治结构和政治过程中所承担的政治角色和政治功能的一个缩影。《建议》明确提出要“贯彻党把方向、谋大局、定政策、促改革的要求”，“不断提高贯彻新发展理念、构建新发展格局的能力和水平”，这实际上是对中国共产党政治功能的高度概括，为了实现上述政治功能就必须全面构建党的政治能力，在新时代尤其是构建党的学习能力和领导全面深化改革的能力。

2020 年中共中央政治局围绕中国改革与发展中的重大理论和实践问题开展了多次集体学习，第二十次至二十六次集体学习的主题分别是切实实施民法典、深入学习领会和贯彻落实新时代党的组织路线、加强国防和军队现代化建设、我国考古最新发现及其意义、量子科技研究和应用前景、加强我国知识产权保护工作、切实做好国家安全工作。从实践来看，中央政治局层面的集体学习往往成为全面深化改革的先导，因而对于当下中国的改革行动具有明确的指向性意义。2020 年中央全面深化改革委员会聚焦全面深化改革举行了多次会议，客观上发挥了凝聚改革共识、明确改革导向、提出改革战略、形成改革指导思想的政治功能。深改委会议围绕当下中国全面深化改革进程提出了一系列重大任务、重要观点和重要论断：

比如“完善重大疫情防控体制机制，健全国家公共卫生应急管理体系”（中央深改委第十二次会议）；“促进制度建设和治理效能更好转化融合，善于运用制度优势应对风险挑战冲击”（第十三次）；“发挥好改革的突破和先导作用，依靠改革应对变局，开拓新局”（第十四次）；“围绕坚持和完善中国特色社会主义制度、推进国家治理体系和治理能力现代化，为构建新发展格局提供强大动力”（第十五次）；“使改革更好对接发展所需、基层所盼、民心所向，推动改革和发展深度融合、高效联动”（第十六次）；“各领域基础性制度框架基本确立”，“推动新发展阶段改革取得更大突破、展现更大作为”（第十七次）。这些关于改革重大任务、重要原则的重要论断直接代表着党和国家意志并指引着当下中国改革行动。作为中国改革开放史上一个具有标志性的年份，2020 年是深圳等经济特区建立 40 周年，浦东开发开放 30 周年，中共中央从中国全面深化改革的总体布局出发，在新的历史起点上赋予深圳和广东、浦东和上海以新的历史使命，支持深圳实施综合授权改革试点，充分体现了中国共产党把控改革节奏、推动改革在新时代“再出发”的战略能力。

第四，围绕党和国家中心工作，深入推进反腐倡廉建设。当代中国的反腐倡廉建设是以政党为中心的破立结合的“建设型反腐”。所谓“以政党为中心”，是指反腐体系围绕政党—国家权力运行过程来构建，公共权力运行到哪里反腐体系就构筑到哪里；同时政党在反腐体系中居于枢纽地位，反腐体系由居于中心的政党来构建和运作。在当代中国，反腐常常与“党风”联系在一起；反腐的政治功能常常与政党能力的构建联系在一起。由于腐败现象直接损害党的领导能力和执政能力、危害国家公共权力的有效运作，因而反腐倡廉就与党的“自我净化”能力和政党—国家政治能力构建构成一体两面的关系。

2020 年，中国反腐继续强力推进并呈现出若干年度特征。第一，反腐从政治生态优化的立意和高度出发，将反腐扩展到非典型腐败、边缘地带腐败、级别较低人员和基层政治中的腐败现象等传统反腐工作比较不受重视的区域，净化和重建政治生态的意图明显。

第二，针对国企系统、金融领域、环保系统、医疗领域、政法系统、高校系统等重点区域推进集中、系统反腐，深挖条线或系统内腐败窝案，体现出在行业、领域或系统内重拳出击根治腐败的决心。同时，加大对民营企业、互联网企业的反腐力度，实现反腐倡廉建设从国家公职人员向非国家工作人员的扩围和覆盖，形成反腐的整体合力和全覆盖的闭环。第三，通过腐败案件办理明确传达反腐不设时间期限的政治理念。第四，强化反腐倡廉的正面建设效应和溢出功能，比如将反腐工作与扫黑除恶“打伞”、巩固基层政权有机结合起来；加强与反腐倡廉相关的制度探索，比如多地实行对“行贿人黑名单制度”的试点[①]，中共中央出台《纪检监察机关处理检举控告工作规则》，多个省级纪检监察机关制定查处诬告陷害行为的办法，中纪委、国家监委办公厅印发《中央纪委国家监委关于为受到失实检举控告纪检监察干部予以澄清正名的实施意见》等，进一步优化当下中国反腐倡廉的制度环境。

（四）积极推进行政改革，构建约束体系下的“有为政府”

政府行动和政府过程集中代表着公共权力的运行向度，将公共权力运行纳入法律与制度体系的约束之中是现代国家与现代政治的基本政治准则。但是基于国家性质、历史文化与发展阶段，不同国家的政府拥有不同的政治功能和政治定位，并在现实运作中呈现出不同的政治经济发展效应。中国作为后发现代化国家的发展阶段和社会主义性质的国家性质决定了中国政府体系在政治、经济、社会、文化、生态治理中居于一个能动者的地位和公共责任，因而中国政府必须是一个“有为政府”，这就提出了在国家治理现代化进程中的政府能力建构的课题。政府能力建构立基于政府—市场、政府—社会的基本架构，最终直接反映于行政改革的具体行动之中，这是理解近年来中国政府持续推进行政改革的重要背景。2020 年，新冠肺

① 杜茂林、徐雨婷：《行贿人进“黑名单”》，《南方周末》，2020 年 11 月 26 日。

炎疫情等突发公共事件在一定程度上改变了中国的行政环境，进一步强化了中国市场、中国社会对政府角色与功能的期待，同时也促成了公众对政府“初心和本意”的反思。

第一，积极应对突发公共事件，统筹疫情防控和经济社会发展。实现经济社会有效治理，促进经济社会持续发展，是当今世界各国政府的普遍职能。在新冠肺炎疫情这样的突发公共事件下统筹疫情防控和经济发展并非政府治理的常态，然而却是政府当然的职责。如何统筹疫情防控和经济发展，不同政府有着极具差异性的表现。自疫情发生以来，从政府层面来说成立了由国务院总理担任组长的“中央应对新型冠状病毒感染肺炎疫情工作领导小组”，建立了作为中央政府多部委协调工作机制平台的“国务院应对新型冠状病毒感染肺炎疫情联防联控工作机制”，中央政府向多地派出中央指导组，地方政府层面也相应成立了各级领导小组和联防联控机制，疫情防控一度成为各级政府面临的最为迫切的首要任务，这对各级政府应急处突能力、危机公关能力、统筹调度能力形成了全方位的考验。随着疫情形势变化，统筹常态化疫情防控和经济社会发展、继续推进全面深化改革的任务又对各级政府常态化管理能力、依法行政能力、统筹兼顾能力、公共决策能力和执行能力提出内在需求。2020年世界各国防疫表现和中国各地方政府抗疫表现都表明，政府能力的高下直接决定着疫情防控和经济社会发展效果。

第二，构建全方位的政府约束体系，将公共权力关进制度笼子里。政府在政治过程中的角色如此重要，政府行动对经济社会发展之影响在深度和广度上如此重大，那么如何有效监管政府行为、约束规范政府行动？构建针对政府行政过程的全方位约束体系是中国行政改革的重要内容，这种约束体系的构建一方面具有客观性，即由经济、社会发展阶段所生成的政府行政资源约束所决定；另一方面具有主动性，即政党或政府自身通过理性规划、系统改革、科学制度、完备法律来达成对行政过程的监督与制约。由于新发展阶段的历史方位、减税降费等政策因素，以及新冠肺炎疫情等突发公共事件等影响因素的叠加，政府财政收入呈中低速增长已成为常态，各级政府特别是地方政府财政运行不能不处于一种“紧平衡”状态。2020 年，国务院公布修订后的《中华人民共和国预算法实施条例》和《政府督察工作条例》，财政部上线运行地方政府债券信息公开平台，山西省出台全国首个政府专项债券管理暂行办法，中央全面依法治国委员会办公室对多个省区市启动法治督察，国务院围绕“六稳”“六保”和“放管服”改革等重点工作对十四个省区市和新疆建设兵团开展第七次大督查，各地行政诉讼案件迅速增长[①]，这些事件表明从中央政府到地方各级政府越来越被纳入日渐严密的约束体系之中。

第三，积极构建政府能力，提供高质量公共产品。一方面，各级政府在其行政过程中处于日渐严密的约束体系之中；另一方面，当下中国经济社会发展和全面深化改革对政府能力的要求却越来越高，新冠肺炎疫情等突发公共事件又放大了中国社会对政府能力的内在需求。从根本上说，政府能力的核心在于理性的行政决策能力和高效的政策执行能力，这种理性决策能力和高效执行能力必须通过包括政府结构、府际关系、行政技术之优化在内的行政改革来建构。从政府与市场、政府与社会关系来说，各级政府必须建设有效监管市场、敏锐回应社会诉求的“柔性政府”[②]；从政府间关系来说，中国行政改革必须致力于建构一个政府部门科学分层、合理分工、通力合作的“整体政府”；从行政技术的发展来说，各级政府有必要建构充分发挥信息技术、数据技术的“智能政府”。2020 年国务院印发《关于授权和委托用地审批权的决定》，赋予省级人民政府更大用地自主权；在统筹疫情防控和经济社会发展过程中，国务院阶段性提高地方政府财政资金留用比例，建立民生资金、财政资金直达市县基层的长效机制的探索，以及近年来从中央到地方多部委

① 胥大伟：《政府败诉案背后的北京“民告官”改革》，《中国新闻周刊》，2020 年第 25 期。

② 2020 年备受关注的公共政策、公共服务“适老化”变革，就是“柔性政府”建设的重要体现。

联合发文的高频化、常态化[①]，对于“整体政府”“效能政府”的构建因而对政府能力的构建将产生重要影响。同时，对于在某些地方行政过程中一定程度上客观存在的形式主义、政绩观扭曲和行政壁垒等直接损害政府能力的问题和现象的长期治理，也构成政府能力建构工程的重要组成部分。

第四，巩固基层，确保基层政府有效运转。正是在政府能力建构的意义上，基层政府有效运转才显得格外重要。基层是政府体系的末梢，没有高效的基层行政，作为整体的政府治理就缺乏根基。在统筹疫情防控和经济社会发展的大背景下，2020 年 4 月召开的中央政治局会议在“六稳”基础上首次提出“六保”任务，即“保居民就业、保基本民生、保市场主体、保粮食能源安全、保产业链供应链稳定、保基层运转”。基层政府有效运转是“保基层运转”的关键环节，但在现实中基层政治却受到各种因素——比如基层形式主义和考核形式主义[②]、基层超负荷运转、部分农村和城市社区行政组织涉黑涉腐等现象的制约而存在运行不畅的现象。因此，持之以恒地破除行政过程中的种种形式主义、为基层减负、通过扫黑除恶净化农村和城市基层干部队伍和政治生态、吸纳“名校生”等优秀人才充实基层政府等举措就成为 2020 年“保基层运转”的重要内容。而源于浙江等地并在全国农村地区推开的德治、法治、自治“三治合一”基层治理模式，城市治理中对大数据技术、智能技术的广泛应用及智慧城市建设，则代表着基层治理制度建设可能的发展方向。

---

① 如 2020 年国家发改委等 23 个部门联合印发《关于促进消费扩容提质加快形成强大国内市场的实施意见》，人社部等 15 个部门联合印发《关于做好当前农民工就业创业工作的意见》等。

② 比如基层考核中的“唯结果主义”“百分百达标”考核等形式主义的考核方式，极有可能导致形式主义的基层应对方式。参见刘良恒、梁晓飞：《“不管你怎么办”，我只要结果好看》，《半月谈》，2020 年第 18 期；杨文、梁晓飞：《事事百分百，基层包袱难背》，《半月谈》，2020 年第 19 期。

（五）进一步推进国家制度建设，从制度建构功能

当前中国国家制度体系的完善，并不主要表现为一种或数种新制度的创立，而是表现为制度功能的实现程度，以及在单项制度之功能实现或者增强基础上的整体制度功能的实现或者增强，比如协商民主、全过程民主在整个国家制度中的实现程度。在国家制度建设中，不能重制度而轻国家，不能只见制度不见国家，不能只重视制度规则而忽视制度功能。现代国家建设的目标是建构一种基于现代政治价值、政治结构、组织体系和制度体系的成熟定型的国家形态。在一种成熟稳定的国家形态中，国家制度体系从本质上来说就是对公共权力之行使的约束体系，因而一种国家形态就意味着一种在比较意义上独特的国家制度体系，制度体系往往成为国家形态的表征。但同时，国家还是一个整体意义上的政治主体和多领域、多场景下的行动者，作为一个政治主体和行动者，国家之间在政治能力上相互区分。而在国家政治能力的建构和生成中，制度体系虽然并不是唯一的但却是极为重要的影响因素。因此，国家制度的建设就同时存在两个向度：一是对国家权力的约束与规范；二是对国家政治能力的建构，前者体现为制度形式和制度本身，后者体现为制度功能和国家能力，二者缺一不可。这两个向度是理解 2020 年国家制度建设的重要线索。

第一，突发公共事件与国家制度的应急反应。人民代表大会制度作为中国根本政治制度，政治协商制度作为中国基本政治制度之一，在 2020 年统筹疫情防控和经济社会发展中起到了重要作用。面对突如其来的新冠肺炎疫情，全国人大常委会“强化野生动物保护法律制度，及时作出关于全面禁止野生动物非法交易和食用的决定”；“强化公共卫生法治保障，及时制定专项立法修法工作计划，成立专班分批推进 30 部法律的制定和修改工作”；全国政协及其常委会“深入协商履职，服务疫情防控和经济社会发展”，“在特殊年份书写了特殊的‘委员作业’”。作为中国最高权力机关，一方面，

全国人大对疫情防控的全面参与充分展现了中国国家制度在处理突发公共事件上的制度优势；另一方面，全国人大通过其法定职责的履行在客观上指出了当前中国国家治理体系和治理能力存在的短板和不足，比如，全国人大常委会通过执法检查报告清晰呈现了疫情防控中慈善应急协调机制短板，指出了相关制度改革的基本方向。

第二，人大制度运行的体制机制进一步完善。2020 年 10 月，第十三届全国人大常委会第二十二次会议通过关于修改《中华人民共和国全国人民代表大会和地方各级人民代表大会选举法》的决定，重新确定了不设区的市、市辖区，县、自治县，乡、民族乡、镇的人民代表大会代表名额，适当增加县乡两级人大代表名额的基数，进一步优化了县乡人大代表结构。2021 年 3 月，第十三届全国人民代表大会第四次会议通过关于修改《中华人民共和国全国人民代表大会组织法》的决定[①]、关于修改《中华人民共和国全国人民代表大会议事规则》的决定，再次确认全国人民代表大会最高国家权力机关地位，增加“全国人民代表大会及其常务委员会坚持全过程民主”等重要表述和有关全国人民代表大会会议公开的明确规定，进一步完善了全国人大及其常委会、工作委员会、专门委员会的组织规则、工作规则和议事规则，这种制度微调传达了明确的政治价值理念，有助于人大制度功能的发挥，并作为国家制度体系的一环撬动国家制度整体效能的提升。

第三，人大、政协制度政治功能进一步强化。全国“两会”与地方“两会”已经成为中国政治生活中最为重要的事件。“两会”实际上越来越呈现出多方面的政治功能：以 2020 年全国“两会”为例，全国人大表决通过的《民法典》和有关香港问题的决定，充分彰显了其作为最高权力机关的政治地位和在当下中国政治过程中不可替代的重要政治功能；由于网络技术的助力，“两会”期间代表委员、政府机构和公众之间的互动越来越频繁和直接，“两会”实际上已经成为中国政治生活中议题设定、政治沟通、共识凝集的重要平

---

① http：//www. gov. cn/xinwen/2021 –03/12/content_5592424. htm.

台；同样得益于信息技术的深入发展，全球化时代的中国“两会”日益获得全球关注，因而事实上也成为全方位展示中国政治过程、促进中外交流的重要窗口。更重要的是，随着相关制度规则的完善，人大代表、政协委员在常态化履职期间通过质询、建议、提案方式与政府部门之间建立起来的往复沟通——比如，教育部、自然资源部就职业教育、宅基地改革等主题对全国人大建议案的答复，科技部就科研管理改革对全国政协提案的答复等，一方面将人大、政协作为政治主体的行动有机融入政治过程，进而改变、优化当下中国政治过程以及作为其产出的公共产品；另一方面通过人大、政协以及人大代表、政协委员对政治过程、行政过程的介入，直接推动了中国全面深化改革的进程。

第四，通过国家监察体制改革进一步完善国家权力运行形态。随着国家监察体制改革的深入推进，监察制度作为一项国家制度的地位和功能日益凸显。作为深化国家监察体制改革的重要法律保障，2020 年 12 月，监察官法草案首次提请十三届全国人大常委会第二十四次会议审议。从草案内容来看，“坚持党管干部原则，坚持从严管理”，促进监察官依法履职，将监察官的履职要求具体化、制度化、法律化，促进国家监察权规范正确行使，成为监察官法制定的重要考量。监察权作为国家权力运行过程中相对独立的重要一极的崛起，将重塑当前中国国家权力运行形态，形成在全国人大有效监督下“行政权、监察权、审判权、检察权依法行使”的权力运行格局和权力约束体系，从而可望对政治生态优化、反腐倡廉新格局的构建产生深远影响。

（六）一体推进“法治中国”建设，促成法治体系与政治能力平衡发展

当代中国法治建设要解决两大问题：一是法律与政治的平衡；二是法治体系与政治能力的平衡。在 2020 年 2 月召开的中央全面依

法治国委员会第三次会议上，习近平指出，当前一些领导干部“还不善于运用法治思维和法治方式推进工作，领导干部心中无法、以言代法、以权压法是法治建设的大敌”。在 2020 年 11 月召开的中央全面依法治国工作会议上，习近平强调指出，“全面依法治国是一个系统工程”，要“更加注重系统性、整体性、协同性”；“法治政府建设是重点任务和主体工程，要率先突破，用法治给行政权力定规矩、划界限，规范行政决策程序，加快转变政府职能”；“要完善预防性法律制度”，“促进社会和谐稳定”；“要坚持党对全面依法治国的领导”，“运用法治思维和法治手段巩固执政地位、改善执政方式、提高执政能力”，“推进党的领导制度化、法治化，通过法治保障党的路线方针政策有效实施”；各级领导干部要“不断提高运用法治思维和法治方式深化改革、推动发展、化解矛盾、维护稳定、应对风险的能力”。从政治学角度说，在当下中国经济、社会、政治发展中如何发挥法治本身具有的稳定性、平衡性，同时防止其可能具有的僵硬性、滞后性，是当前中国法治建设功能发挥的关键，也是 2020 年中国法治建设的战略重点。

第一，积极构建应对突发公共事件的法治支撑。2020 年中国法治建设及时介入中国突发公共事件应对全过程，比如全国人大关于《中华人民共和国动物防疫法》（修订）、《中华人民共和国生物安全法》《中华人民共和国野生动物保护法》（拟修订）的相关立法、修法，中央政法委、最高法、最高检、公安部、司法部等部门出台的《关于依法惩治妨害新型冠状病毒感染肺炎疫情防控违法犯罪的意见》《关于政法机关依法保障疫情防控期间复工复产的意见》《关于在防控新型冠状病毒肺炎期间刑事案件办理有关问题的指导意见》等相关文件，为中国有效应对突发公共事件提供了有力法律支撑。最高检数据显示，截至 2020 年 3 月初，全国检察机关依法提起公诉的涉新冠肺炎疫情案件人数已经超过 1000 人，排名前三的罪名分别是诈骗罪、妨害公务罪和生产、销售不符合标准的医用器材罪。[①]

① 王俊：《逾千人涉新冠肺炎疫情案件被公诉》，《新京报》，2020 年 3 月 9 日。

第二，社会主义法律体系建设取得积极进展。经济、社会等重点领域立法修法加速推进，为经济发展、社会建设和全面深化改革的推进保驾护航，一些明显的法律短板得以补足。2020 年，全国人大表决通过《中华人民共和国民法典》，这是中国社会主义法律体系建设的重要里程碑，极大提升了中国民法体系的系统化、集成化水平；未成年人保护法、社会救助法、养老机构管理办法、保障农民工工资支付条例等法律法规的制定、修订或实施，极大推进了中国社会建设和相关群体权益保护的进程；新证券法、中国人民银行法、反垄断法、契税法等重要经济立法、修法活动的推进，为中国市场经济体制的进一步完善，为股市全面注册制改革、税收法定的财税制度改革提供了直接法律依据。同时，在立法活动中出现的一些新现象和新趋势，比如针对经济社会发展领域新问题的预防性立法、前瞻性立法，区域一体化中的区域协同立法，教育部、民政部、科技部等部委立法和地方立法活跃程度的提升表明，法律在构建和完善国家治理制度体系方面的优势进一步显现，全面依法治国推进全面深化改革的功能进一步增强。

第三，司法过程传递价值、构建共识、维护公平正义的法治功能进一步发挥。构建一个完备、详尽的法律体系是全面依法治国的前提，但是只有当法律运转起来才会真正发挥法治功能。因此在具体的司法过程中、在每一个司法案件的处置中确保公平正义等价值理念的实现，有助于改变和塑造社会共识、构建价值认同，进而规范和引导社会行动。比如 2020 年最高检法发布的“涉非公经济立案监督”主题指导性案例所传递的依法平等保护非公经济的改革取向、最高检工作报告公布的 2019 年涉正当防卫案件不起诉率同比上升 110% 等数据、新证券法所传递的更加公平公正公开的理念，多地破时间纪录的积案告破、法院系统对冤假错案的纠正等所传达的虽久必究、有错必究的司法态度，以及 2020 年一系列具有先导意义的“首案”、公众有争议的“疑案”的宣判，对于澄清公众认知、构建社会共识、维护核心价值、树立司法权威具有无可替代的重要意义。

第四，通过全面依法治国建设一个更加节制、平衡和稳定的政治经济社会共同体。法治“利长远、稳预期、固根本”的作用，从政治学的角度来说亦即从法治的根本政治功能来说，就是法治通过对经济、社会和政治主体的行为约束，使得主体的行动不得逾越法治的界限，从而达成一个更加节制、更加柔和、更加平衡、更具稳定性的共同体。首先是整个社会被纳入法治轨道、崇尚法治理念、遵守法治精神。其次是法治本身从立法品质到司法过程的公正性和规范性的提升，对于法治政治功能的发挥具有关键意义。2020年最高法发布的《在执行工作中进一步强化善意文明执行理念的意见》对被执行人权益保护，最高检最高法发布的《办理扫黑除恶案件的意见》对法治原则的强调，在一系列立法和司法活动中对个人信息的保护，最高法发布的《关于完善统一法律适用标准工作机制的意见》、“两高”建立全国执行与法律监督工作平台的探索，对司法队伍本身的严格约束（比如全国政法队伍教育整顿试点的推进），都表明新时代中国法治建设已经处在一个高质量发展的新阶段。中共中央2020年印发的《法治社会建设实施纲要2020－2025》，中央依法治国办对地方政府的法治督察等重要标志性事件，表明全面依法治国三位一体（法治国家、法治政府、法治社会一体）推进迈出实质性步伐。自中国将“依法治国”上升为治国方略以来，中国法律体系的完善和法治水平的提升正在从整体上改变国家、改变政府、改变社会。

四、事件、制度与能力：新发展格局的政治塑造

（一）政治与经济：有效政治塑造有效发展

发展是传统国家与现代国家最本质的区别，这并非意味着传统国家在客观上没有发展，而是说传统国家不以发展为导向，因此作为一个自然历史过程，传统国家在客观上的发展极其缓慢，正是在这个意义上，在作为首先出现的现代国家形式的资本主义国家，“资

产阶级在它的不到一百年的阶级统治中所创造的生产力，比过去一切世代创造的全部生产力还要多，还要大”。在马克思主义经典作家看来，发展的本质是政治与经济的关系：现代国家以经济为核心的发展与政治发展紧密联系在一起——伴随着资本主义国家生产力大发展的是“政治的集中”，亦即“各自独立的、几乎只有同盟关系的、各有不同利益、不同法律、不同政府、不同关税的各个地区，现在已经结合为一个拥有统一的政府、统一的法律、统一的民族阶级利益和统一的关税的统一的民族”①。

而在作为对资本主义国家形态之超越形式的社会主义国家，国家（通过政府）在发展中的地位和作用，亦即政治发展之于经济发展的作用由于国家形态和政治逻辑的改变，而更重于资本主义国家，在理论上亦更优于资本主义国家。马克思指出，在工人革命“使无产阶级上升为统治阶级，争得民主”之后，“无产阶级将利用自己的政治统治……把一切生产工具集中在国家即组织成为统治阶级的无产阶级手里，并且尽可能快地增加生产力的总量”②。作为现代中国的国家形态，中华人民共和国以社会主义作为立国基本原则；同时孱弱的发展基础和特殊的历史、社会、文化条件又加重了政治之于经济的影响力。尽管在现代中国不同历史阶段，发展的理念、内容、条件、效果各不相同，但如何通过有效的政治建构实现现代中国的有效发展，却成为贯穿中华人民共和国70多年历史的政治经济学主题。

从毛泽东在《论十大关系》中提出调动“党内党外、国内国外”一切可以调动的力量和各方积极性共同建设社会主义③，再到今日中国对全面制度、法治建设的强调以及对政党—国家政治能力的强调，中国政治建设自中华人民共和国成立以来已经从草创的政治经济初级阶段走向更为深入、细致的高质量发展与高水平政治阶段。发展问题是贯穿新中国成立以来不同历史时期的同一个政治经济学

① 《马克思恩格斯文集》第二卷，人民出版社，2009年版，第36页。

② 《马克思恩格斯文集》第二卷，人民出版社，2009年版，第52页。

③ 毛泽东在《论十大关系》指出，“要把国内外一切积极因素调动起来，为社会主义事业服务”，“调动一切直接和间接的力量，为把我国建设成为一个强大的社会主义国家而奋斗”。

主题，如何确立中国发展的国家形式与制度前提、如何通过改革开放将发展确立为党和国家的一切工作的中心、如何建设作为引领中国持续发展之领导力量的中国共产党、如何通过科学发展实现发展方式的转型、如何通过国家治理体系和治理能力的现代化实现中国发展的可持续性，围绕着中国发展问题的政治经济互动，新中国五代领导人依据身处的时代不断提出问题，亦不断解决问题。正是在这种不断设问和不断作答的过程中，中国发展在曲折中不断推向前进，政治经济互动所形成的发展格局（作为一种客观后果）亦因时代不同而呈现出不同面貌。

发展格局的政治塑造，主要依托于两大因素，即制度体系与国家能力，前者就是马克思在论及资本主义国家发展时所谈到的“统一的政府、统一的法律、统一的民族阶级利益和统一的关税”；后者就是马克思在论及超越资本主义的那种新国家形态，即集中一切生产工具并“尽可能快地增加生产力的总量”的作为一种具有更强行动能力的新国家。这种为了促进有效发展而建构起来的制度体系与国家能力之间，显然具有密切的内在关系。然而，在社会主义革命所建立的新国家的早期阶段，由于旧制度业已被摧毁，新制度尚未完全确立，故而在社会主义国家发展的早期阶段，不得不更多地依赖于国家政治能力实现对经济发展的规划、调度、动员和调控，而尚未能在制度体系与国家能力之间发生较为密切的互动关系。

（二）制度与能力：新发展格局的政治塑造

从政治学视角看，发展格局的塑造绝不仅仅是单纯的经济政策的结果，而是经济政策、社会政策和政治建设共同作用的结果。更进一步，由于政治体系决定着经济政策、社会政策的制定与执行，所以旨在优化政治体系的政治建设及其成效实际上成为发展格局之塑造的枢纽或决定性因素。显然，这种塑造发展格局的政治建设必须回应由每一个历史阶段经济系统向政治系统提出的发展要求，这种发展需求由每一历史阶段的发展内涵、发展条件、发展动力等构成。因此在不同历史阶段，为了促进有效发展而进行的政治建设有不同的重点和不同的逻辑，逻辑起点就在于对每一历史阶段发展需求的认知。在不同历史时期由发展内涵、发展条件、发展动力等构成的发展需求明显不同，作为对此种发展需求之主观认知和理论把握的发展观也明显不同，由此形成的政治经济互动模式亦因之不同。

在新中国成立之初，中国面临在新民主主义革命基础上完成社会主义革命，从而为发展确立作为其政治前提的社会主义国家形式和基本制度架构，并为巩固社会主义国家政权而重建其经济基础和阶级基础的历史任务。此阶段仍然延续了“解放型政治”的基本特征，一方面是实现以阶级解放为主要形式的政治解放；另一方面是为解放生产力开辟生产关系和上层建筑的政治空间，两者都指向“解放型国家”建设的时代议题。此阶段的政治经济互动，主要体现为破坏旧的生产关系和国家形式，确立社会主义国家形式和基本政治制度，以及在此前提下通过政党和国家对社会与经济的全面掌控，力图通过政治动员和政治运动实现生产力的飞跃和对西方国家的“赶超”。这一国家形式和国家制度新旧变迁的历史进程，对作为革命和建国之领导者的中国共产党的政治能力提出了极大的要求，同时新国家制度体系的不完善又加剧了对中国共产党政治能力——特别是政党组织能力、对社会基础的控制能力、对经济发展的主导能力、政治动员能力等的依赖。

改革开放以来，中国政治经济互动进入一个“向发展寻求解放”的新历史时期，此阶段呈现出明显的“发展型政治”特征。经济发展成为党和国家的中心工作，中国共产党总结前三十年社会主义革命与建设的经验教训，在“立国制度”的基础上重新重视“制度和法律”在中国政治经济发展中的重要作用，尤其是在经济领域逐步探索建立社会主义市场经济体制，并以此为国家制度建设的增量撬动政治体制改革。作为政治体制改革的结果，国家向市场和社会的放权，不仅催生了一个相对自主的市场经济，而且培育了一个相对自主的社会领域，从而催生了社会领域的制度及法律建设。此阶段改革是中国共产党主动识别经济社会发展需求、主动调整经济社会发展战略，主动推进政党向国家（政府）、国家向市场和社会放权，主动推进制度与法律建设的结果。因此，改革开放对中国共产党在新形势下的领导能力与执政能力、主导和推进改革的能力、维持改革发展稳定相互协调的能力、改革开放条件下政党自身建设能力提出了内在要求。随着改革开放的进程，中国发展的内涵逐渐从经济发展拓展为政治发展和社会发展，因而保证和塑造中国发展的制度需求也随之拓展到市场经济体制、政治体制和社会管理体制。正如邓小平指出的，改革在本质上也是一场革命，虽然不像新旧国家形态的更替那样激烈，但这一制度变迁过程也对中国共产党政治能力的优化与调整形成了巨大需求。此外，由改革所形成的国家、政党与社会的相对分离与互动，政治、经济与社会的相对分离与互动，以及逐渐成长的国家制度体系与政党政治能力的互动开始出现并逐步改变着中国作为现代国家的政治结构。

在作为中国全面发展之领导力量的中国共产党的政治话语中，中共十八大以来中国社会主义建设进入一个“新时代”，主要的判断标准之一就是中共十九大正式提出的社会主要矛盾——从“人民日益增长的物质文化需要与落后的社会生产之间的矛盾”到“人民日益增长的美好生活需要与不平衡不充分的发展之间的矛盾”的转变。由于“人民美好生活需要日益广泛，不仅对物质文化生活提出了更高要求，而且在民主、法治、公平、正义、安全、环境等方面的要求日益增长”，为了“推动人的全面发展、社会全面进步”，中共十八大以来中国在发展形态上就进入到一个以“统筹推进‘五位一体’总体布局、协调推进‘四个全面’战略布局”为基本特征的“全面建设”和“全面发展”新时代。从经济学视角看，这一“全面发展”新时代体现为新发展阶段①、新发展理念②和新发展格局的

① 2020 年 8 月，习近平在主持召开经济社会领域专家座谈会时指出：“十四五”时期是我国全面建成小康社会、实现第一个百年奋斗目标之后，乘势而上开启全面建设社会主义现代化国家新征程、向第二个百年奋斗目标进军的第一个五年，我国将进入新发展阶段。

② 2015 年，习近平在主持起草“十三五”规划建议时，创造性提出创新、协调、绿色、开放、共享的新发展理念。

有机统一。虽然在官方政治话语中将“十四五”作为新发展阶段的开启阶段，但是如果将中共十八大以来关于“新时代”“新常态”以及“新发展理念”“新发展格局”的论述联系起来看，毋宁说，“新发展阶段”是一个关于时代变化的客观分析和主观确认的有机统一。因此在一般意义上，“新发展阶段”可以视为自中共十八大以来在国际格局、国内社会主要矛盾和发展环境出现深刻变迁的背景下，追求更为全面、更为整体、更高水平发展的一个新历史时期。换言之，新时代、新阶段中国经济发展，不能不依托于政治、社会、文化、生态发展，不能不以政治、社会、文化、生态发展为前提和条件，不能不呈现为一种全面发展——历史已经发展到这样一个关口，中国经济发展只有以全面发展的形式才能维持和继续。政治建设在这种全面发展中居于掌控者、发起者、协调者、平衡者的枢纽位置，因而“五位一体”的总体布局，不能不以“四个全面”战略布局作为依托和抓手。从“五位一体”到“四个全面”，是政治体系塑造发展格局的政治逻辑在新时代的现实化。概言之，新发展格局既是一种主观建构，也是一种客观结果，是依托于新发展阶段、全面贯彻新发展理念的发展格局。“新发展格局”在狭义上是指经济学意义上的“双循环”，根据前文分析，从政治学视角来看，“新发展格局”在广义上或者一般意义上则是指一种经济发展、社会发展和政治发展的互动形态而非单纯的经济格局，即新时代政治经济互动形成的发展格局。

在这一时期，中国发展需要“在发展全过程和各领域”全面贯彻新发展理念[①]，需要将经济社会的持续发展依托于国家制度体系的完善和国家政治能力的建构之上。围绕着有效政治塑造、有效发展的政治经济学主题，中国现代国家建设进入一个“向治理需求发展”“向民主寻求治理”的新阶段。这就在前一阶段制度与法治建设基础

---

① 林尚立：《把新发展理念贯穿发展全过程和各领域》，《〈中共中央关于制定国民经济和社会发展第十四个五年规划和二〇三五年远景目标的建议〉辅导读本》，人民出版社，2020 年版，第 158 – 164 页。

和国家能力建构基础上，将国家全面制度建设和全面政治能力建构提上中国政治发展的议事日程。随着全面制度建设带来的制度体系自主性的增强和国家全面政治能力建构的提质增效，制度体系与政治能力之间的交互关系日益频繁，自然衍生出制度体系建设与国家政治能力建构的互动关系这一政治学主题。

一方面，国家政治能力既是国家制度体系的表现或者结果，无论是从现代政治学中经典国家理论出发，还是从世界各国现代国家建设的经验视角来看，国家制度体系——特别是国家制度体系中的基础性制度，都构成了国家能力特别是国家基础性能力的重要来源。进一步说，国家基础性制度的不同类型，成为决定国家在强制性能力之外的基础性能力之强弱的重要变量。只有转化为、或者说安置为基础制度的国家能力，才是持久的、稳定的；只有建立在国家制度体系之上的国家能力建构，才能拾阶而上、步步跃升。因此，国家制度体系建设就成为降低国家能力建构和运用成本，开辟国家能力高水平建构空间的必然选择。正是从这个意义上说，国家制度体系建设本身就是国家能力建构的重要内容，简言之，制度本身就具有能力建构的面向。

另一方面，从制度最原初的含义出发，即使制度从长远来说有利于维护和实现主体和行动者的利益，制度在本质和形式上都构成对主体和行动者的约束，无论这种主体和行动者是个体、组织、政府还是作为整体意义上的国家，抑或无论这种主体是经济主体、社会主体还是政治主体。因此，对于公共权力的掌握者和运行者来说，在制度的能力建构面向之外，国家制度建设从一开始就同时展现出权力约束的另一个面向，这就是“将权力装进制度的笼子里”的基本依据。虽然国家制度约束公共权力的逻辑并不必然与其建构国家政治能力的逻辑相冲突——从本质上来说，国家制度正是通过对公共权力的约束达成对国家政治能力建构的支撑的，但是在国家制度与国家能力的互动实践中，制度功能的这两种面向却并不总是一致，而是具有内在张力的。从经验和实践来说，国家制度建设有可能削弱国家作为一个主体和行动者的政治能力——国家制度类型选择、国家制度体系的自主性、内聚力，国家制度建设的时机、位序与节奏都可能在某种条件下削弱而非增强国家能力。

换言之，单纯的制度建设和作为国家制度体系之法律确认的法治建设本身并不自然带来国家能力的增强，制度和法律本身在政治功能上有其局限性。这种局限性主要体现在：第一，制度和法律不能完成自我调整、自我更新和自我进化；第二，“徒法不足以自行”；第三，在国家治理上存在“法制愈多，国家愈乱”的制度困局。这种局限性就带来国家制度建设对国家作为一个政治主体的行动能力，即国家政治能力的内在需求。前文指出，制度特别是基础性制度构成国家能力的重要来源，但是国家能力并不仅仅来源于国家制度本身，它还可以通过作为国家之重要构成要素的国家精神、文化传统、价值观念，国家的经济基础、社会结构与政治结构，以及在这种结构之中的政治主体和行动者的组织能力来达成。因此，虽然制度与能力之间相互需求、密切联系，但是制度与能力之间并不能互相涵盖、互相替代。这就决定了国家全面制度建设进程需要借助政治主体的政治能力来加以把控，以达到制度建设与能力建构的平衡和协调，这种平衡与协调直接决定着国家治理效能——在“向治理寻求发展”的时代，因而也决定着新发展格局之政治塑造的成败。

制度与能力之间的互动关系只有在有效政治塑造有效发展的实践行动中，或者说（新）发展格局的政治塑造中才能得到充分理解。改革开放以来的历史充分证明了国家能力建构离不开国家制度建设的跟进，中华人民共和国 72 年的历史同样也证明了，制度建设离不开政党—国家政治能力作为存在前提。事实上，从中华人民共和国 72 年的政治发展来看，无论是国家制度的草创阶段，还是在当下中国全面推进国家制度建设阶段，政党—国家政治能力在维护国家稳定、推进国家发展的整个历史进程中始终承担着不可替代的政治功能。虽然在不同的历史时期，政党—国家政治能力在分布结构上有着明显差异。总之，唯有制度能够约束主体，唯有主体之政治能力能够拯救制度。因为主体有无法自我节制的一面，而制度有衰变的一面。故此，唯有制度与主体的相互作用，亦即制度与行动、体系与能力的相互平衡，才能成就国家的长治久安以及持续发展。这就是当下中国“新发展格局”之政治塑造的辩证法。

（三）公共事件与发展格局：政治塑造发展中的不确定性及其克服

为何有的国家通过政治建设塑造经济发展的努力取得成功，而有的国家却经历了发展的失败？这是因为国家发展既有其确定性，也有其不确定性。这种不确定性往往来自偶然或必然出现的种种“事件”。在新中国 70 多年的发展史中，每一个历史时期中国都见证和经历了若干重大历史事件。中国发展正是在应对这些或者必然发生、或者偶然发生的历史事件的过程中实现的。在历史学的意义上，这些事件表现为一种已经完成的历史事件；而就其当下意义而言，对每一代人来说，毋宁说这些事件都是一种“公共事件”。那些直接或间接卷入这些事件的个体、群体、社会组织、社会阶层，乃至从中央到地方的各级政府、世界体系中的国家，构成了这些公共事件中的行动者。这些具有自身意志、策略与行动能力的行动者，为了自身利益的维护和意志的完成，不能不向作为一个政治体系的国家提出诉求。在此意义上，“事件”的本质在于事件的“独异性”以及与之相关的“变革能力”——每一个“事件”在本质上都与以往历史事件与所不同，不可能完全相同，因而不可能以既有的方式原封不动加以应对；正因为如此，“事件”不能不带来对政治、经济、社会、文化、生态领域的冲击和改变，“事件”改变着历史进程，改变着中国政治。

“事件”是常规发展进程中的意外，显然，不是生活世界中的每一件事都会成为改变历史进程的“事件”，只有那些通过物理联结或者心理联结卷入或多或少的公众并带来或多或少的社会改变的“公共事件”，才可能成为政治学意义上的“事件”。“事件”之所以“公共化”：一是通过当时直接或间接卷入该事件的公众和人群的集体行动，从而成为超越一人、一时、一地的“实践公共事件”；二是通过公众和相关行动者（包括政党、国家等政治主体）事后反思及其反思的指向，从而赋予该事件作为“思想公共事件”的变革能力。而作为一个整体的国家，其应对和解决“事件”的方式和手段有二：一是制度；一是能力。换言之，国家制度体系和国家政治能力是国家回应“事件”的两个基本选择。对于国家来说，为了应对“事件”的冲击和挑战，不能不在两个方面做出回应：一是构造或变革制度；二是塑造或改变能力。对于一个政治体系而言，其制度设置与政治能力的建构并不为应对种种“非常事件”而预设，而是为了实现常态化的政治过程和促进常态化的发展进程而设置，但当政治体系不得已面对“事件”的发生，就不能不以制度或能力来加以应对——或者以现有制度的强化，或者以制度的完善或变迁，或者以政治能力的构造或改变来应对、化解、吸纳事件的冲击。

如果说“事件”在某种意义上构成发展过程中的种种不确定性的话，那么在公共事件及其引发的制度变迁和能力构建，则将国家的发展纳入一种具有相对稳定性和确定性的形态之中，这种具有稳定性和确定性的政治经济形态就是前文指出的“发展格局”。因此从本质上说，在现代国家发展的每一个历史阶段，在每一个现代国家建设史上都有所谓的“发展格局”。只不过这种“发展格局”因国家而异，因国家发展阶段而异，中国亦是如此。自从中华人民共和国建立以来，现代中国从政治塑造经济的原则出发，构建持续、有效的“发展格局”的努力和探索一以贯之。正是在这个意义上，当我们回顾中华人民共和国 72 年的历史时，我们才将共和国前 30 年谋求发展的伟大探索聚焦于“为中国发展奠定了一切政治前提和制度基础”的国家建设成就，也正是在这个意义上，改革前后的历史阶段不能截然分开，这是一方面。但在另一方面，改革开放以来中国政治经济互动中所形成的“发展型国家”形态，以及在政治建设中对“具有长期性、根本性”的制度和法律的倚重，又是区分改革前后不同发展阶段和时代特征的重要依据。

因此，从政治经济学视角来看，“发展格局”是有效政治塑造有效发展的逻辑后果，“发展格局”的政治塑造依托于国家制度体系与国家政治能力的构建；从事件—格局关系来看，“发展格局”是对公共事件及其可能带来的发展不确定性的对冲，“发展格局”吸纳公共事件之冲击的韧性是衡量“发展格局”之成色的重要标准，也是检验“发展格局”之政治塑造有效性的重要标准。前者体现了政治经济互动中“发展格局”的历史之经；后者体现了公共事件与“发展格局”互动的现实之纬。“发展格局”之政治塑造体现了政治经济互动中的常态，公共事件与“发展格局”之互动则体现了政治经济互动中的非常态。但无论是常态还是非常态，二者共同指向的都是国家制度建设与政治能力建构，只不过前者指向制度建设与能力建构的主观意志和主动规划，后者指向制度建设与能力建构的应激反应。

必须指出的是，由（突发）公共事件引起的制度重整和能力重构，在不同历史时期和不同政治形态下具有不同的政治效应。简单来说，公共事件对于制度和能力的冲击及其引发的重整反应，不仅受到世界全球化进程、民主化进程、卷入公共事件的公众集聚及其关切等因素的影响①，根据上文分析，事实上还受到制度建设与能力建构互动关系的影响。因此在改革开放前后两个历史阶段乃至于改革开放不同历史阶段，公共事件所触发的政治建设，或者说公共事件、国家制度与政治能力的互动所带来的政治效应并不相同，其所创造的发展格局亦并不相同。

（四）事件、制度与能力：新时代中国政治发展的一种新路径

有效政治塑造有效发展亦即政治有效性原则，既是创造中华人民共和国 72 年来特别是改革开放 43 年来中国经济发展奇迹的政治

① 刘阳：《事件介入政治的四条晚近理路》，《广州大学学报（社会科学版）》，2021 年第 1 期。

经济学原理，也是创造中华人民共和国72年来特别是改革开放43年来中国政治发展和政治稳定奇迹的关键机制。围绕有效政治塑造有效发展的制度与能力的互动，既关乎现代中国“发展格局”之政治塑造的成败，其本身又构成现代中国政治建设与政治发展的主要内容。现代中国作为“社会主义国家”的本质、作为现代中国发展之理论指导的马克思主义政治经济学，规定了中国政治发展必须服务于经济发展，亦唯有通过经济发展并在经济发展所引起的政治经济互动中才能实现。从这个意义上说，唯有理解了数十年来中国发展格局之政治塑造的历史，才能理解数十年来中国政治建设与政治发展的历史；亦唯有理解了“新发展格局”的政治塑造，才能理解新时代中国政治建设与政治发展本身。

作为有效政治塑造有效发展中的插曲，“事件”具有的偶然性和瞬时性，在大多数情况下也许不会引起人们长时间的关注和反思，但“公共事件”在当时具有激发制度建设与政治主体之能力构建的可能；随着“事件”的消逝或者解决，它将成为历史的记忆，记忆本身也会成为历史，但成为历史记忆的“事件”或者说“思想事件”在适当的时机仍然拥有被激活的可能①，因而拥有介入制度建设和能力构建的可能。因此，事件、制度与能力的互动，实际上构成了中国政治发展的一种微观机制，只不过这种机制在大多数时候是隐而不彰的。但是，随着中国特色社会主义进入新时代，随着中国政治建设与政治发展进入新时代，随着新时代“新发展格局”的政治塑造中国家制度与政治能力互动的日益频繁，公共事件的介入及其引发的事件、制度、能力互动就将这种隐没的机制日益现实化了。换言之，随着中国政治发展历史和逻辑的演进，公共事件对中国政治建设的触动效应被放大了。

虽然有着不同的影响因素，但作为一种国家形态的民主及其发

---

① 公共事件本身既具有作为一种真实存在的客观性，同时也具有主观塑造的一面。因此不同时代、不同政治共同体中的“同一”公共事件，事实上因为卷入该公共事件的公众的主观塑造而有所不同。

展从根本上决定着公共事件改变政治的可能，或者说政治体系吸纳公共事件之影响的可能。作为对传统国家的超越，民主构成中国现代国家建设贯穿始终的一条主线。新中国 70 多年的国家建设，先后形成了“向解放寻求现代”“向发展寻求解放”“向治理寻求发展”“向民主寻求治理”的政治逻辑，先后经历了“解放型国家”“发展型国家”和“基于发展的新治理型国家”等既相互传承又相互区别的不同国家形态，相应地也经历了“解放型民主”“发展型民主”“治理型民主”等既相互联系又相互区分的不同民主形态。当历史进入新时代，随着“基于发展的新治理型国家”建设的推进，中国的“治理型民主”亦呈现出“全方位民主”“全过程民主”的进化态势。同时由于互联网、大数据、人工智能等新技术的长足发展极大地增强了卷入公共事件的公众的范围、深度、组织程度和行动能力，新技术因素的叠加和中国民主的发展就极大地拓展了公共事件变革制度、重构能力的可能，因而也就拓展了公共事件参与和影响中国政治建设的政治空间。在由公共事件引发的政治反应中，制度和能力的互动仍需要被再次强调：在当代中国，中国共产党作为组织化的政治主体、中国政府作为科层化的行动者，其政治能力仍然是公共事件引发的制度变迁的重要变量，特别是中国共产党民主集中制组织原则在中国政治形态中的功能性拓展，既能广泛接纳公共事件经由民主过程产生的广泛影响，又能将这种广泛影响整合、转化为一种经过理性反思的完善制度体系和政治能力的统一的理性行动，而这正是当今世界许多国家面对同一公共事件所不具备的强大行动能力的最重要来源。

2020 年，突如其来的新冠肺炎疫情下，世界各国表现各异。这场遭遇战实际上是对各国制度体系与政治能力的一场大考。世界舆论场中有着各种不同动机的声音，先后将疫情防控的差异化表现归因于国家制度和政治能力的差别。中国对新冠肺炎疫情的处置是成功的，统筹疫情防控与经济社会发展也是成功的，因而这一构成全球威胁的公共卫生事件并未改变中国的发展格局，其关键的原因显然在于中国国家制度体系与国家政治能力的有效应对。同时中国并未否认新冠肺炎疫情所暴露出来的国家制度体系和治理体系的短板和不足，以及国家政治能力的短板和不足，这构成当下中国制度建设与国家能力建构的新的出发点。新冠肺炎疫情防控既依托了中国现有制度架构和政党—国家政治能力结构的优势，比如国务院联防联控机制、中国共产党民主集中制、协商民主制度、整体性政府、层层节制的会议制度、统一高效的监督督导问责机制，等等，同时新冠肺炎疫情防控中提出的一系列议题又对国家制度体系的进一步完善（比如我国公共卫生体制、战略物资储备制度、统计制度、社会组织管理制度等）和国家政治能力建构（比如针对“中央—地方—基层组织的能力递减，政党、国家、社会之间的协同度不够，部分党员干部防范化解危机的本领不强等”[①] 突出问题的政党能力建构）提出了迫切需求。

也许更为重要的是，新冠肺炎疫情引发的制度反应和能力建构是对中国国家形态和政治形态在比较政治学意义上之独特性的呈现。面对同一突发公共事件，世界各国基于不同的制度架构与政治能力，采取了各不相同的应对方式，最终取得了完全不同的抗疫效果。围绕新冠肺炎疫情防控形成的国家、政党、社会、个体之间的互动关系及其后果，实际上展现了基于不同政治价值、政治组织和制度架构的不同国家形态和政治形态的建构过程。中国在抗疫过程中坚守的“人民立场”“生命政治”，对社会弱势群体的全力扶助、对每一个社会个体生命权利的优先主张，既是基于中国社会主义国家形态和政治形态的必然选择，同时也是对中国社会主义国家形态和政治形态之独特性的再生产。

新冠肺炎疫情激起的涟漪终将散去，但这一席卷全球的公共事件已经带给世界各国足够多的启示。多难亦可兴邦，多难可以丧邦。公共事件对于国家发展的冲击，只有经由国家制度建设和国家政治能力构建，才有可能转化为政治建设与政治发展中的积极因素。这种事件、制度与能力的互动，在未来相当长的一段时间里，将成为

---

① 唐皇凤、黄小珊：《新冠肺炎疫情防控彰显政党能力》，《探索与争鸣》，2020 年第 4 期。

中国政治建设与政治发展新的路径和新的实现方式。我们仍需牢记，与政治主体相关联的政治能力特别是政党—国家能力，仍然决定着三者互动的最终走向。从中国共产党在全国范围内全面执政后以毛泽东为代表的中国共产党人提出“实现和巩固党的领导”，到在改革开放时期邓小平明确提出“坚持和改善党的领导”，再到中国特色社会主义新时代以习近平同志为核心的党中央提出“坚持和加强党的全面领导”①，对政党政治能力的关注和建构一以贯之。所不同的是，在“强大政党如何导向强大国家”的主题上，经过 70 余年国家建设的探索与实践，当代中国对国家制度与政治能力的平衡之于国家长治久安和持续发展的重要性已经有了更为全面和理性的把握。

① 唐皇凤：《百年大党有效领导经济社会发展的历史进程和基本经验》，《武汉大学学报》（哲学社会科学版），2021 年第 2 期。

第二章　深入打造"以人民为中心"的执政党

2020年是全面建成小康社会、决战脱贫攻坚之年，也是"十三五"规划的收官之年。这一年，中国共产党第十九届中央委员会第五次全体会议审议通过了《中共中央关于制定国民经济和社会发展第十四个五年规划和二〇三五年远景目标的建议》，《规划和建议》把"十四五"发展作为重点，同时对2035年远景目标进行展望，对我国经济社会发展作出了系统谋划和战略部署，为全国人民绘制了宏伟的发展蓝图和行动指南。

党风廉政建设方面，各级纪检监察机关紧紧围绕党中央重大决策部署强化政治监督，聚焦如期全面建成小康社会、决战脱贫攻坚、"十三五"规划顺利收官等目标任务，聚焦统筹推进常态化疫情防控与经济社会发展，在执纪监督，严惩贪腐，一体化推进不敢腐、不能腐、不想腐的党风廉政教育，加强政治监督等方面取得了一系列成果，有效遏制了腐败蔓延的势头。

以组织体系建设为重点，抓好中央和国家机关、地方党委、基层党组织党的建设，是有效贯彻落实党中央决策部署的关键。2020年中央制定出台了《党委（党组）落实全面从严治党主体责任规定》《中国共产党基层组织选举工作条例》《中国共产党国有企业基层组织工作条例（试行）》《中国共产党军队党的建设条例》《中国共产党中央委员会工作条例》《中国共产党党和国家机关基层组织工作条例》等一系列党内条例，有力推进了党的组织建设的制度化，为建立现代化的国家治理体系提供了重要的制度支撑，为从严治党提供了党内法规依据。党的组织建设朝向更加规范化的方向发展，基层组织链条更加健全，组织网络覆盖更加广泛，基层党组织更加活跃，在社会中发挥了更多的引领作用，尤其是在抗击疫情和扶贫攻坚战过程中，党组织发挥了十分重要的作用，党员的先锋模范作用也得到了充分的发挥，党领导的社会主义制度优势得到了充分体现。

一、中共十九届五中全会：关于“十四五”规划与 2035 年远景目标建议

2020 年 10 月 26 日至 29 日，中国共产党第十九届中央委员会第五次全体会议在北京举行，全会听取和讨论了习近平总书记受中央政治局委托做的工作报告，审议通过了《中共中央关于制定国民经济和社会发展第十四个五年规划和二〇三五年远景目标的建议》。(以下简称《规划和建议》)《规划和建议》按照党的十九大对实现第二个百年奋斗目标做出的两个阶段战略安排，对我国经济社会发展做出了系统谋划和战略部署。《规划和建议》是开启全面建设社会主义现代化国家新征程、向第二个百年奋斗目标进军的纲领性文件，是今后 5 年乃至更长时期我国经济社会发展的行动指南。

（一）十九届五中全会的背景

我国正处于即将全面建成小康社会、实现第一个百年奋斗目标，并乘势而上开启全面建设社会主义现代化国家新征程、向第二个百年奋斗目标进军的国家发展重要历史节点，如何为新阶段擘画发展蓝图，指引国家的现代化建设成为了中国共产党的重中之重。在建

党百年的交汇期，回顾我们党从初建到领导革命的胜利再到国家政权的建设，从“一穷二白”到基本实现小康社会，的确是一个令人振奋的治党治国史。我国目前仍然处于重要战略机遇期，尽管国际环境日趋复杂，不稳定性不确定性明显增加，国内发展不平衡不充分问题仍较突出，但我国制度优势显著、治理效能提升、经济长期向好、社会大局稳定，有能力在“十四五”时期实现更高质量、更有效率、更加公平、更可持续、更为安全的发展，为全面建设社会主义现代化国家开好局、起好步。

（二）十九届五中全会的内容

第一，全会充分肯定党的十九届四中全会以来中央政治局的工作，高度评价决胜全面建成小康社会取得的决定性成就。全会一致认为，面对错综复杂的国际形势、艰巨繁重的国内改革发展稳定任务特别是新冠肺炎疫情的严重冲击，以习近平同志为核心的党中央不忘初心、牢记使命，团结带领全党全国各族人民战胜各种风险挑战，中国特色社会主义的航船继续乘风破浪、坚毅前行。实践再次证明，有习近平同志作为党中央的核心、全党的核心领航掌舵，有全党全国各族人民团结一心、顽强奋斗，我们就一定能够战胜前进道路上出现的各种艰难险阻，一定能够在新时代把中国特色社会主义更加有力地推向前进。

第二，全会对2035年基本实现社会主义现代化远景目标、“十四五”时期经济社会发展主要目标进行了战略部署。“十四五”规划是开启全面建设社会主义现代化国家新征程的“启航”规划，《规划和建议》把“十四五”发展作为重点，同时对2035年远景目标进行展望。这有利于明确前进方向，凝聚社会共识，把短期、中期、长期发展目标衔接协调统一起来，增强战略一致性。

第三，全会强调中国特色社会主义指导思想，强调党的全面领导。强调要“高举中国特色社会主义伟大旗帜，深入贯彻党的十九大和十九届二中、三中、四中、五中全会精神，坚持以马克思列宁主义、毛泽东思想、邓小平理论、‘三个代表’重要思想、科学发展观、习近平新时代中国特色社会主义思想为指导”，并且强调要“坚持党的全面领导，坚持和完善党领导经济社会发展的体制机制。坚持和完善中国特色社会主义制度”，这为中国的前行指明了领导与道路，中国的发展是党的全面领导下的社会主义道路，坚持和加强党的全面领导，需要加强对经济建设、政治建设、文化建设、社会建设、生态建设等各个领域各个环节的核心领导作用。

第四，全会强调以人民为中心的发展思想，彰显了中国共产党人的初心和价值取向。以人民为中心的发展思想是中国共产党不变的价值取向。在到 2035 年基本实现社会主义现代化的远景目标中提出“全体人民共同富裕取得更为明显的实质性进展”，在改善人民生活品质部分突出强调了“扎实推动共同富裕”。《规划和建议》紧紧围绕人民切身利益，就医疗、住房、就业、养老等人民群众最为关心的问题作出战略部署，并提出了一些具体要求和重大举措，彰显了中国共产党人以人民为中心的发展思想和领导人民实现共同富裕的目标，体现着党的初心和价值取向。

第五，全会按照新发展理念的内涵来回应各个领域中的重点工作。《规划和建议》分领域阐述“十四五”时期经济社会发展和改革开放的重点任务，明确了科技创新、产业发展、国内市场、深化改革、乡村振兴、区域发展、文化建设、绿色发展、对外开放、社会建设、安全发展、国防建设等重点领域的思路和重点工作，在这些领域都回应了面临的重要问题和新发展的思路、方向和目标。如在科技创新方面要形成较为完整的创新领域体系；通过乡村振兴战略的实施，推动形成新型工农城乡关系，达到加快农业农村现代化目标；区域发展要立足资源环境承载能力，发挥各地比较优势，优化国土空间布局，推进区域协调发展和以人为核心的新型城镇化。《规划和建议》在运用新发展理念解决当前我国各个领域面临的新问题中都有了新的理论创新，把国家发展战略与具体领域的发展战术进行了充分融合，任务部署指向明确，指导性极强。

第六，全会提出扩大内需战略同深化供给侧结构性改革有机结合起来的思路，构建新发展格局。扩大内需是新发展格局形成的起点和基础，也是进行产业升级、发展创新经济的起点和基础。全会提出要坚持扩大内需这个战略基点，使生产、分配、流通、消费更多依托国内市场，形成国民经济良性循环。并且提出了把实施扩大内需战略同深化供给侧结构性改革有机结合起来的重大创新思路，这既反映了对当前国际国内市场形势的敏锐把握，也符合人民对美好生活的需要。

第七，对文化建设高度重视，从战略和全局上做了规划和设计。其中，最重要的，就是明确提出到 2035 年建成文化强国。这是党的十七届六中全会提出建设社会主义文化强国以来，党中央首次明确了建成文化强国的具体时间表。《规划和建议》还专门用一个部分对文化建设进行了部署，提出今后 5 年文化建设的基本思路，部署了三个方面的重点任务：一是提高社会文明程度；二是提升公共文化服务水平；三是健全现代文化产业体系。

第八，全会提出了完善小康社会的治理体系，提升国家治理效能的治理目标。治理效能的提升需要进一步深化改革。深化改革的目标在于推动有效市场和有为政府更好结合：一是经济发展取得新成效，在质量效益明显提升的基础上实现经济持续健康发展，现代化经济体系建设取得重大进展；二是改革开放迈出新步伐，社会主义市场经济体制更加完善，更高水平开放型经济新体制基本形成。提升国家治理效能的治理目标，体现了新时代新历史节点上国家治理的内在要求。

十九届五中全会是在我国即将进入新的发展阶段的关键时期召开的一次具有全局性和历史性意义的重要会议。《规划和建议》充分体现了时代的新变化，反映了人民的期待，是开启全面建设社会主义现代化国家新征程、迈向第二个百年奋斗目标的纲领性文件，是也今后 5 年乃至更长时期我国经济社会发展的行动指南。

二、持续推进全面从严治党

党风廉政建设方面，各级纪检监察机关紧紧围绕党中央重大决策部署强化政治监督，聚焦如期全面建成小康社会、决战决胜脱贫攻坚、“十三五”规划顺利收官等目标任务，聚焦统筹推进常态化疫情防控与经济社会发展，在执纪监督，严惩贪腐，一体化推进不敢腐、不想腐、不能腐的党风廉政教育，加强政治监督等方面取得了系列成果，有效遏制了腐败蔓延的势头。

（一）十九届中央纪委四次全会：加强权力监督

2020 年 1 月 13 日至 15 日，中共十九届中央纪委四次全会在北京召开。在这次全会上，习近平总书记深刻总结新时代全面从严治党的历史性成就，深刻阐释我们党实现自我革命的成功道路、有效制度，对以全面从严治党作出战略部署。

主要内容包括：第一，党的十八大以来，我们探索出一条长期执政条件下解决自身问题、跳出历史周期率的成功道路，构建起一套行之有效的权力监督制度和执纪执法体系，这条道路、这套制度必须长期坚持并不断巩固发展。第二，要强化政治监督保障制度执行，增强“两个维护”的政治自觉。要加强对党的十九届四中全会精神贯彻落实情况的监督检查，坚定不移坚持和巩固支撑中国特色社会主义制度的根本制度、基本制度、重要制度。要督促落实全面从严治党责任，切实解决基层党的领导和监督虚化、弱化问题，把负责、守责、尽责体现在每个党组织、每个岗位上。第三，要通过清晰的制度导向，把干部干事创业的手脚从形式主义、官僚主义的桎梏、“套路”中解脱出来，形成求真务实、清正廉洁的新风正气。第四，要继续坚持“老虎”“苍蝇”一起打，重点查处不收敛不收手的违纪违法问题。对党的十八大以来不收敛不收手，严重阻碍党的理论和路线方针政策贯彻执行、严重损害党的执政根基的腐败问题，必须严肃查处、严加惩治。第五，要深刻把握党风廉政建设规律，一体推进不敢腐、不能腐、不想腐的机制。第六，要完善党和国家监督体系，统筹推进纪检监察体制改革。要继续健全制度、完善体系，使监督体系契合党的领导体制，融入国家治理体系，推动制度优势更好转化为治理效能。要把党委（党组）全面监督、纪委监委专责监督、党的工作部门职能监督、党的基层组织日常监督、党员民主监督等结合起来、融为一体。①

2020 年，各级纪检监察机关紧紧围绕党中央重大决策部署强化政治监督，坚持党中央重大决策部署到哪里、政治监督就跟进到哪里。

（二）“老虎”“苍蝇”一起打，重点查处不收敛的违纪违法问题

纪检监察机关惩治腐败更加精准有力，治理腐败的效能不断提升。

1. 2020 年，中央纪委国家监委持续高频率“打虎”

“坚持无禁区、全覆盖、零容忍”是 2020 年反腐败工作的重点要求。中央纪委国家监委网站共发布 30 余条查处中管干部的消息，查处范围涉及中央部委，地方党委、人大、政府、政协，国企等。相较于 2019 年全年 20 名“老虎”落马“战绩”，2020 年中央“打虎”仍保持高压震慑态势。

① 《中国共产党第十九届中央纪律检查委员会第四次全体会议公报》，2020 年 1 月 15 日，中央纪委国家监委网站。

2. 深入整治群众身边的腐败和作风问题，推动监督不断向民生领域拓展

全国纪检监察机关 2020 年共处分乡科级及以下人员 58 万人，其中，乡科级干部 8.3 万人，一般干部 9.9 万人，农村、企业等其他人员 39.8 万人。[①] 一大批群众身边的“蝇贪”被查处，增强了群众的获得感、幸福感。

3. 能源、金融等重点领域成为反腐败的重要领域

严查能源领域腐败是 2020 年反腐败工作的“重头戏”之一。2020 年，内蒙古和青海分别针对煤炭领域违纪违法问题和矿区非法开采问题展开调查。内蒙古纪委监委特别提出“紧盯煤炭资源领域的重点人、重点事、重点问题倒查 20 年”。此后，两地相关部门和企业存在的问题暴露：一些领导干部和企业高管相继落马。截至 2020 年 10 月 26 日，内蒙古自治区累计立案查处涉煤案件 410 件、涉及人员 534 人，其中厅局级 24 人，县处级 94 人；留置主要对象 104 人；结案 118 件，给予党纪政务处分 154 人，组织处理 260 人，移送司法机关 44 人。此外，河北、辽宁、陕西、新疆等多地均有能源领域干部接受审查调查或受到党纪政务处分。[②]

金融领域反腐进入“深水区”，数十名金融监管干部落马。2020 年是打好防范化解金融风险攻坚战的收官之年。据统计，中纪委网站 2020 年共发布近 20 名中央一级金融单位干部被查处的消息，涉及国有商业银行、股份制商业银行、中央金融企业、金融监管机构，数据显示，2020 年上半年仅银保监会系统就受理检举控告 600 件，处置问题线索 515 件，立案 52 件，结案 28 件，运用“四种形态”

① 《中央纪委国家监委通报 2020 年全国纪检监察机关监督检查、审查调查情况》，2021 年 1 月 26 日，中央纪委国家监委网站。

② 《紧盯重点、严肃查处，2020 年多领域深入反腐》，中国共产党新闻网，2021 年 1 月 18 日，http：//fanfu. people. com. cn/n1/2021/0118/c64371 –32002612. html.

处理491人次。[①]

4. 主动向纪检监察机关投案成为2020年反腐败工作的一大亮点

在反腐败高压态势的强大震慑和“惩前毖后、治病救人”的政策感召下，越来越多的问题干部主动向纪检监察机关投案。2020年全国共有1.6万人向纪检监察机关主动投案，6.6万人主动向纪检监察机关交代问题。中管干部如青海省副省长、海西蒙古族藏族自治州委书记涉嫌严重违纪违法，主动投案；江苏省委常委、政法委书记王立科涉嫌严重违纪违法，主动投案。这些干部能够主动投案有两个方面的原因：一是反腐败已经形成高压态势，对违法违纪的干部形成了强大的震慑力；二是中央对主动投案者依规依纪依法从宽处理的政策感召，也给予了问题干部主动投案的勇气。2019年7月，中央纪委办公厅印发《纪检监察机关处理主动投案问题的规定（试行）》，进一步规范了纪检监察在监督检查、审查调查中对主动投案的认定和处理，让处置主动投案工作有规可依。

5. 规范利用问责机制，2020年全国纪检监察机关问责8.6万人

有权必有责，有责要担当，失责必追究。2020年，全国纪检监察机关共问责党组织7292个，问责党员领导干部和监察对象8.6万人。[②] 以辽宁省为例，截至2020年11月，全省针对环境污染防治攻坚战失职失责问责295人，针对扫黑除恶专项斗争推动不力问责940人，严肃查处中央环保督察组移交的破坏生态环境类责任追究问题，4个党组织、119人被问责，严肃查处国家统计督察组移交的统计违纪违法类责任追究问题，60人被问责。

---

① 《紧盯重点、严肃查处，2020年多领域深入反腐》，，中国共产党新闻网，2021年1月18日，http://fanfu.people.com.cn/n1/2021/0118/c64371-32002612.html.

② 《去年全国纪检监察机关问责8.6万人》，《中国纪检监察报》，2021年02月03日。

（三）建立权力清单，强化对权力的制约监督

紧盯“关键少数”开展审查调查，严肃惩处违纪违法的关键少数。加强对主要领导干部和关键岗位干部的监督是确保党中央重大决策部署和全面从严治党战略部署落到实处的关键环节。作为党政领导班子的“班长”和“关键少数”，“一把手”在地方、单位和部门发展中具有重要作用。十九届中央纪委五次全会明确要求，强化对“一把手”和领导班子监督。各级纪检监察机关紧盯关键少数，严肃惩处违纪违法“一把手”，持续强化震慑、传导压力，督促各级领导干部明纪法、知敬畏、守底线，切实用好手中的权力。

在巡视工作中加强了对“一把手”的巡视监督。巡视工作是上级党组织加强对下级党组织监督的重要方式，党的十八大以来的巡视制度明确监督对象主要是党组织领导班子及其成员，而其中的领导班子主要负责人则是重点，以此为基础，抽查核实领导干部报告个人有关事项的情况、与被巡视党组织领导班子成员进行谈话等。十九届中央纪委五次全会明确要求，强化对“一把手”和领导班子监督，精准发现问题、推动解决问题。“比如，巡视巡察工作全过程都要把‘一把手’作为重点对象；巡视巡察组进驻前，要会同纪检监察、组织、政法、审计等机关和部门，了解被巡视巡察党组织‘一把手’情况；巡视巡察中与领导班子成员谈话，要将‘一把手’情况作为必谈内容，并下沉一级了解具体情况。”[①]《中央纪委国家监委通报 2020 年全国纪检监察机关监督检查、审查调查情况》显示，全国纪检监察机关共处分省部级干部 27 人，厅局级干部 2859 人，县处级干部 2. 2 万人。[②]

建立“一把手”的权力清单，强化对“一把手”权力的制约与

① 《中央纪委国家监委通报 2020 年全国纪检监察机关监督检查、审查调查情况》，2021 年 1 月 26 日，中央纪委国家监委网站。

② 《中央纪委国家监委通报 2020 年全国纪检监察机关监督检查、审查调查情况》，2021 年 1 月 26 日，中央纪委国家监委网站。

监督。“一把手”的权力过度集中，是导致滥用权力和滋生腐败的重要原因，因此，确立权力运行的规程，确定权力归属，划清权力边界，建立权力清单，是约束权力运作的重要制度保障。广西壮族自治区探索建立“一把手”权力清单和负面清单制度，加强对“一把手”权力的制约监督。同时推动各级党组织按照决策权、执行权、监督权三方面梳理“一把手”法定权力，明确议事决策、选人用人等各方面权力，结合实际逐一厘清权力内容、边界和行使方式。目前，主要领导干部不直接分管具体事务的制度已在一些地方陆续尝试并推行，例如宁夏回族自治区等地出台党政主要领导干部“五不直接分管”：不直接分管人事、财务、行政审批、公共资源交易、工程项目建设的制度，实行“副职分管、正职监管、集体领导、民主决策”权力运行机制。

（四）深化政治巡视，重视巡视的整改落实

深化党内巡视制度改革，彰显党内政治监督的利剑作用。党内巡视制度是中国共产党为加强纪委党内政治监督和推进管党治党工作而实行的一种自上而下的党内巡视督查监督形式。自党的十七大在党章中首次明确规定党的中央和省、自治区、直辖市委员会实行巡视制度以来，巡视制度正式成为党内政治监督的重要抓手。党的十八大以来，习近平同志从全面从严治党的战略高度出发，对巡视工作的地位、主体、职责、对象进行系统阐述，为做好巡视工作提供了根本遵循。

1. 深化政治巡视，维护重要权威和保障党的团结统一

巡视是政治巡视而非业务巡视，着重从政治高度查找问题，以维护中央权威和保障党的团结统一。党的十八大以来，持续深入开展政治巡视已经成为全面从严治党的重要内容，也是纪委工作的重要内容。政治巡视的持续深入开展为强化政治监督提供了根本保障。

从巡视工作条例的修订，到制定详细的巡视工作规划，政治巡视的地位日渐提升，效果也逐步显现。尤其是随着政治巡视的持续深入开展，政治巡视已经成为党内监督的重要利器和战略性制度安排。政治建设摆在首位强调的是在实践中对党的路线方针政策的贯彻落实，是不断增强“四个意识”，做到“两个维护”的外化表现。《中共中央关于加强党的政治建设的意见》的出台，为党的政治建设明确了总体要求、具体内容和基本方略，也为强化纪委党内政治监督提供了关键要求和更强有力的抓手。巡视工作以“四个意识”为政治标尺，以党章党规党纪为根本遵循，以维护党中央权威和集中统一领导为根本政治任务，重点查处政治偏差、纪律涣散、领导弱化等问题，明晰纪委党内政治监督的覆盖内容和范围。

2. 更加重视巡视的整改落实工作

党的十九大以来，中央和国家机关党组（党委）管党治党责任意识总体提升，党的建设取得明显成效，各项工作呈现出进一步向上向好的态势，但还存在一些突出问题。抓好巡视整改和成果运用，压实整改责任，强化日常监督，把整改情况纳入领导班子综合考核的重要内容，形成制度约束。2020 年 1 月 10 日，十九届中央第四轮巡视对 37 个中央和国家机关单位党组织的巡视反馈情况集中公布。各被巡视单位党组织主要负责人表示，巡视组指出的问题实事求是、切中要害，提出的整改意见指导性、针对性强，诚恳接受，照单全收，坚决整改。①

3. 创新巡视工作实践形式

创新巡视工作实践形式，实行“巡视组长不固定、巡视对象不固定、巡视组和巡视对象关系不固定”和“一次一授权”的方式，

---

① 《十九届中央第四轮巡视反馈情况全部公布》，中央纪委国家监委网站，2020 年 1 月 13 日。

在巡视准备充足的同时，巡视组通过“下沉一级”调查情况，对领导干部进行全面和整体的了解。

巡察的方式也根据实践的需要不断创新。在常规巡察、专项请核“机动式”巡察之外，“交叉巡察”也成为一种重要的巡察方式，目的是破解基层“熟人社会”监督难的问题以及由此产生的“巡不深、察不透”等现实难题。

（五）持续深化纪检监察体制改革，推动健全党和国家监督体系

1. 强化上级纪委对下级纪委的领导和监督，提高了党内政治监督的有效性

完善纪委双重领导体制，细化并规范纪委查办案件的职责范围以及程序，突出上级纪委领导权。党的十九届三中全会提出查办腐败案件以上级纪委领导为主的监督程序，改变了过去纪委对重大案件或案情要先向同级党委报告和请示并得到同级党委主要领导批准后才能进行初核和审处的做法，使双重领导体制运行的独立性大大增强，党内政治监督的效果也大为彰显。同时，不断健全完善纪委办案的相关配套制度。为了加强党内政治监督的效能，创立案件线索集中管理和处置制度，完善办案监督机制，建立科学合理的办案考核体系，以不断健全完善纪委办案的相关配套制度。此外，强化纪委监委监督的协助引导推动功能。

2. 加强新时代纪检监察干部的监督工作

中央纪委国家监委办公厅印发《关于加强新时代纪检监察干部监督工作的意见》（以下简称《意见》），要求各级纪检监察机关特别是领导班子重视加强对纪检监察干部监督工作的领导、管理和监督，各级纪检监察干部监督机构专职专责做好监督履职、规范用权、防范风险、惩治腐败工作，持续推动建设忠诚干净担当的高素质专

业化纪检监察队伍，促进纪检监察工作高质量发展。《意见》强调，各级纪检监察机关领导班子对干部监督工作负主体责任，主要负责人是第一责任人，班子成员履行“一岗双责”，加强对干部监督工作的领导、管理和监督，支持和保障干部监督机构履行职责。对重视不够、落实不力、监管不严的，对其主要负责人约谈提醒、批评教育；对连续发生纪检监察干部违纪违法问题的，要开展“一案双查”，发现存在失职渎职、隐瞒不报、纵容包庇问题的，要严肃追责问责。《意见》强调要聚焦“关键少数”，强化对本级纪委监委内设机构、派驻机构、派出机构，下级纪委监委，本级管理企业和高校纪检监察机构领导班子成员特别是主要负责人的监督。坚持对执纪违纪、执法违法者“零容忍”，坚决查处纪检监察干部私存线索、跑风漏气、说情干预、违规过问案件等违纪违法行为，坚决清除以案谋私、以权搞特殊、蜕化变质的害群之马，切实发挥惩治震慑效果。

三、加强党的组织制度建设

全方位推进新时代党内法规制度体系建设，是全面从严治党的根本之举，是提高党的执政能力和领导水平的重要途径，也是推进国家治理体系和治理能力现代化的制度保障。党内条例是对党的某一领域重要关系或者某一方面重要工作作出的全面规定。党的十八大以来，以习近平同志为核心的党中央把加强党内法规制度建设作为全面从严治党的根本之策，出台了一批基础性法规制度。随着《中国共产党地方委员会工作条例》《中国共产党农村基层组织工作条例》《中国共产党党组工作条例》等相继制定修订，党的集中统一的组织制度逐步健全。

党的全面领导、党的全部工作要靠党的坚强组织体系去实现。以组织体系建设为重点，抓好中央和国家机关、地方党委、基层党组织党的建设，才能够更有力、有效地贯彻落实党中央决策部署。

党的十九届四中全会把健全维护党的集中统一的组织制度作为坚持和完善党的领导制度体系的重要内容，纳入国家制度和国家治理体系之中。并且把抓好党的组织制度建设作为新时代党的组织路线的一个重要内容。在组织制度建设中，包括建立健全组织设置、规范组织生活、组织运行、组织管理、组织监督等在内的完整组织制度体系，这些制度相互配合，支撑起更加健全的组织制度体系。

（一）制定出台《党委（党组）落实全面从严治党主体责任规定》

全面从严治党必须落实责任主体，强化主体责任。《中国共产党纪律处分条例》在 2015 年和 2018 年两次修订中，都对全面从严治党的责任主体作了纪律方面的要求。党的十九大对党章进行修订时强调要“强化管党治党主体责任和监督责任”。党的十九届四中全会进一步提出要完善和落实全面从严治党责任制度。

2020 年 2 月 26 日中共中央政治局常委会会议审议批准《党委（党组）落实全面从严治党主体责任规定》，3 月 9 日由中共中央办公厅发布。

第一，进一步强调了全面从严治党的责任主体，重点解决责任归属问题。从责任落实的主体来看，各级党委（党组）是全面从严治党的主体，并强调党委（党组）领导班子成员应当强化责任担当，在第八条中明确了党委（党组）书记履行本地区本单位全面从严治党第一责任人职责。同时，明确党委（党组）领导班子其他成员根据工作分工对职责范围内的全面从严治党工作负重要领导责任，“党委办公厅（室）、职能部门、办事机构等是党委抓全面从严治党的具体执行机关。”

第二，明确了落实全面从严治党主体责任的具体工作原则和工作内容。加强党的领导，落实全面从严治党主体责任工作，应该明确遵循的工作原则、着力抓的重点内容。落实全面从严治党主体责任有了抓手，才能真正落在实处。而以党内法规的形式把落实全面从严治党主体责任内容予以制度化，则能长久保障全面从严治党工作深入持久开展。在具体的工作中，《规定》还明确要求“应当坚持党建工作与业务工作同谋划、同部署、同推进、同考核”。这就明确了党建工作与业务工作之间的关系，防止顾此失彼。

第三，落实责任的监督追责方式很具体，富有操作性。《规定》第三章专门规定责任落实问题，提出诸多举措。第十条规定：党委（党组）每半年应当至少召开 1 次常委会会议（党组会议）专题研究全面从严治党工作，分析研判形势，研究解决瓶颈和短板，提出加强和改进的措施；第十七条明确应及时通报因责任落实不力被问责的典型问题，对采取组织调整或者组织处理、纪律处分方式问责的，应当以适当方式公开，等等。从责任落实的监督方式看，《规定》提出通过书面报告、监督检查、巡视巡察、工作考核等途径对党委（党组）落实全面从严治党主体责任的实际情况进行全方位监督。

《党委（党组）落实全面从严治党主体责任规定》制定出台，是党中央健全全面从严治党责任制度的重要举措。各地区各部门要切实抓好《规定》的学习贯彻，增强“两个维护”的政治自觉，强化守土有责、守土担责、守土尽责的政治担当，扭住责任制这个“牛鼻子”，抓住党委（党组）这个关键主体，不折不扣落实全面从严治党责任，不断提高履职尽责本领，努力提高战胜各种风险挑战能力，以全面从严治党新成效推进国家治理体系和治理能力现代化。

（二）中共中央印发《中国共产党国有企业基层组织工作条例（试行)》

2019 年 12 月 20 日，中共中央印发了《中国共产党国有企业基层组织工作条例（试行)》（以下简称《条例》)，并发出通知，要求各地区各部门认真遵照执行。

（三）中共中央印发《中国共产党基层组织选举工作条例》

《条例》以习近平新时代中国特色社会主义思想为指导，以党章为根本遵循，贯彻落实新时代党的建设总要求和新时代党的组织路线，是新时代基层党组织选举工作的基本遵循。通知强调，《条例》的制定和实施，对于发扬党内民主、尊重和保障党员民主权利、规范基层党组织选举，增强基层党组织政治功能和组织力，把基层党组织建设成为宣传党的主张、贯彻党的决定、领导基层治理、团结动员群众、推动改革发展的坚强战斗堡垒，巩固党长期执政的组织基础，具有重要意义。

（四）《中国共产党军队党的建设条例》颁布

2020 年 9 月，经党中央、中央军委批准，《中国共产党军队党的建设条例》颁布施行。《条例》深入贯彻习近平新时代中国特色社会主义思想和党的十九大精神，贯彻习近平强军思想，以党章为根本遵循，落实新时代党的建设总要求，坚持党对军队绝对领导，坚持全面从严治党，坚持聚焦备战打仗，对军队党的建设的指导思想、目标任务和原则，党对军队绝对领导和贯彻军委主席负责制的重大问题，军队的党组织和军队党的纪律检察机关的有关问题，军队党的建设主要任务，军队党的建设工作责任制和监督保障机制等做了全面规定，为加强新时代军队党的建设提供了基本遵循。《条例》是全面规范军队党的建设的基础主干党内法规，是推进军事政策制度改革的重要成果，标志着我军党的建设科学化、规范化、制度化水平迈上新台阶。《条例》的颁布施行，必将全面提高军队党的领导和党的建设工作质量，为实现党在新时代的强军目标、把人民军队全面建成世界一流军队提供坚强政治保证。

（五）中共中央印发了《中国共产党中央委员会工作条例》

2020 年 9 月 30 日，中共中央印发了《中国共产党中央委员会工作条例》。《条例》深刻总结长期以来特别是党的十八大以来党中央治国理政、管党治党的实践经验，着眼加强中央委员会工作，对党中央的领导地位、领导体制、领导职权、领导方式、决策部署等作出全面规定。条例明确中央委员会、中央政治局、中央政治局常务委员会是党的组织体系的大脑和中枢，在推进中国特色社会主义事业中把方向、谋大局、定政策、促改革。涉及全党全国性的重大方针政策问题，只有党中央有权作出决定和解释。规定了党的中央组织的领导体制，就组织的产生方式、人选要求、任期、职责等事宜作出规定。规定了中央军事委员会、中央纪律检查委员会决策议事协调机构、中央机关的机构的职责。明确党的中央组织的职权，保证中央委员会、中央政治局、中央政治局常务委员会、中央委员会总书记的产生方式和职责。规定了党中央与国家机构之间党组的设立与职能，具体表述为党中央在全国人大常委会、国务院、全国政协、最高人民法院、最高人民检察院等设立党组，对党中央负责，贯彻执行党中央决策部署。

《中国共产党中央委员会工作条例》的制定出台，是坚定维护以习近平同志为核心的党中央权威和集中统一领导的必然要求，是坚持和完善中国特色社会主义制度、推进国家治理体系和治理能力现代化的重大举措，对全面加强党的领导和党的建设，坚定不移把中华民族伟大复兴事业推向前进、夺取新时代中国特色社会主义伟大胜利具有重大而深远的意义。

（六）中共中央印发《中国共产党党和国家机关基层组织工作条例》

2010 年 6 月党中央印发的《条例》作为机关党的建设的基本法

规，对于推进机关党的工作制度化、规范化、科学化发挥了重要作用。党的十八大以来，机关党建工作面临的形势任务发生很大变化。党的十八大以来，以习近平同志为核心的党中央对全面从严治党、加强机关党的建设作出一系列重要部署。根据新的形势、任务和要求，党中央2019年11月对《中国共产党党和国家机关基层组织工作条例》予以修订。

新修订的《条例》保持原有框架基本不变，章节有所调整，内容做了充实和完善。主要在以下几个方面做了修改：一是完善机关基层党组织工作的指导思想、目标原则。将习近平总书记提出的当好“三个表率”、建设模范机关等要求写入《条例》，提出机关基层党组织工作应当遵循5个方面的原则。二是适当调整党组织设置和职责。根据党中央有关要求，修改机关基层党组织的任期，明确机关基层党组织书记人选条件以及机关纪委的领导体制，进一步充实机关党委和机关纪委的职责。三是突出把党的政治建设摆在首位，增写“党的政治建设”专章，把思想政治工作作为机关党的政治建设的重要内容，要求落实党的政治建设责任，深化理论武装，严明党的政治纪律和政治规矩，提高政治能力，强化政治担当，推动党和国家机关在加强党的政治建设上带好头、作示范。四是在加强党员教育管理上，要求严格落实党的组织生活制度，强调党员领导干部要带头参加双重组织生活，组织引导机关党员发挥先锋模范作用。五是强化机关基层党组织的监督职能，要求把党员领导干部作为监督重点，增加机关基层党组织监督执纪的内容。六是在党务工作人员队伍建设方面，要求把党务工作岗位作为培养锻炼机关干部的重要平台，保证党务工作力量，注重调动机关党务干部的工作积极性。七是在领导和保障上，完善机关党建工作领导体制，厘清机关工委、单位党组（党委）等的责任分工，规定党组（党委）讨论决定基层党组织设置调整、发展党员、处分党员等重要事项的工作程序，对开展党组织书记抓基层党建述职评议考核工作、加强党建工作经费保障等提出了要求。[①]

《条例》的修订和实施，对于全面提高机关党的建设质量，充分发挥机关基层党组织作用，推动机关治理和各项事业发展，为坚持和完善中国特色社会主义制度、推进国家治理体系和治理能力现代化服务，具有重要意义。

四、发挥基层党组织先锋队作用

党的组织建设取得了很大的成绩，在巩固传统领域的同时，党的基层组织建设向新兴领域发展。围绕解决党组织下延不够、功能发挥有待提高的问题，各地积极创新组织设置方式，通过区域联建、行业共建等方式，构建“纵横交织”的组织体系。同时党组织在抗击疫情和扶贫攻坚战中发挥了十分重要的作用，党员的先锋模范作用也得到了充分的发挥。

（一）强化支部规范化建设，书记负责党建工作

党支部是党的基层组织，是党的全部工作和战斗力的基础，更是党在基层治理中的“桥头堡”。因此强化支部规范，由书记负责党建工作成为了党的基层组织在各地的实践。

第一，山东省青岛市市北区委牢固树立一切工作到支部的鲜明导向，强化支部规范化建设，组织实施党支部建设“标准化＋”工程，分领域对支部组织设置、力量配备、作用发挥等方面做出规范，提出了 5 项 171 条工作标准，明确支部建设“抓什么、怎么抓、抓

① 《新时代机关党的建设的制度保证——中央组织部负责人就修订颁布〈中国共产党党和国家机关基层组织工作条例〉答记者问》，新华网，2020 年 1 月 5 日。

到什么程度”，为支部树标尺、立规矩。[①]

第二，党组织书记抓基层党建工作述职评议考核。党组织书记抓基层党建，发挥第一责任人的作用。许多单位召开了2020年度党组织书记抓基层党建工作述职评议考核会议。党群领导、机关党群各部门负责人、各项目党组织书记，参加了视频会议，会议采取“述、问、评、测”的方式进行。党组织书记抓基层党建工作述职评议考核会议进一步提升了党组织书记“抓好党建是最大的政绩，推动发展是最大的贡献”的意识，为基层党组织书记履职尽责和担当作为奠定了基础，为推动企业高质量发展提供了坚强政治保障。

（二）赋权增能，从组织上强化乡镇（街道）党组织在基层社会治理中的领导地位

深化街道管理体制改革，优化机构设置和职能配置，引导街道党（工）委聚焦主责主业，集中精力抓党建、抓治理、抓服务是近年来基层治理的方向和经验。各地的主要做法可以总结为三个方面：

第一，街道党政内设机构改革：建立适合街道管理的党政机构。街道是基层治理的枢纽，无论体制内还是体制外、大单位还是小单位、楼宇还是商圈，都要落地在街道，许多治理难题需要街道党组织去面对和解决。但掌握权力的职能部门大都归条管理，针对这些问题，启动街道党政内设机构改革，统一设置“两办四中心”，即党建办和综合协调办2个内设机构，党群服务中心、综治中心、社会事务服务中心、城市网格化管理中心4个事业机构。

第二，街道党工委的统筹管理：探索建立“区属街管街用”机制。推进街道赋权增能，推动区级综合执法、市场监管等部门执法力量派驻街道，探索建立“区属街管街用”机制，由街道统一指挥调度，派驻街道机构负责人的考核考察和选拔任用、城市规划制定

① 《山东省青岛市市北区：聚焦群众关切构建城市基层党建新格局》，《中国城市报》，2020年6月2日。

实施中涉及街道的相关内容、驻区单位的评先评优等都必须征求街道党工委意见，涉及街道的公共事务由街道党工委综合管理，确保街道统筹有领导权、协调有话语权。兰州市城关区的“街长制”党建工作模式主要是由区四大班子，即县级包街领导任街长，街道党工委书记任副街长，社区党组织书记和辖区市场监管、公安、城管执法、环卫等职能部门派驻机构负责人为成员的“街长制”，形成了街道社区与各职能部门相互补充、相互融合的基层治理局面。①

第三，资源下沉社区，强化社区党组织堡垒的聚合功能。随着城市管理体制改革不断深化，管理重心不断下移，社区已经成为城市基层治理的主要依托。只有不断强化社区党组织堡垒的聚合功能，确保其有资源有能力为群众服务，才能有效夯实基层治理基础。市委坚持人往社区走、钱往社区投、政策往社区倾斜，在全市社区统一设立“两委两中心”，即社区党委（党总支或党支部）、居委会，党群服务中心、综治中心，“两中心”作为街道“四中心”在社区的延伸，职责更加明确、运行更加规范，工作效率效果不断提高。②

（三）党建网格化覆盖，延长党的组织链条

党的组织网络是党组织能够深入到社会，动员社会，发挥作用的关键。延长党的组织网络成为社区治理中的关键环节。

第一，青岛市市北区委做实网格化覆盖，延伸“社区党委—网格党支部—楼院党小组—党员中心户”组织链条，推动党建网格与综治、安监、城管等网格“多网合一”，建立网格党组织 893 个；出台加强网格党组织建设引领网格治理的意见，规范网格党组织的组织设置、人员构成、职能职责，细化 15 大类 100 余项帮办事项。在疫情防控工作中，市北区依托网格迅速成立以网格党支部书记、网格党建指导员和网格员为成员的 3 人领导小组，推动网格从基层治

① 《甘肃省不断推动基层党建工作迈上新台阶发布》，《甘肃日报》，2021 年 3 月 1 日。
② 赵文泉：《党建引领城市基层治理创新》，《中国组织人事报》，2020 年 4 月 15 日。

理单元迅速转变为一线战斗单元，有效守住了疫情防控第一道防线。[①]

第二，探索“楼道党建”格局：支部建在小区。近年来厦门以“远亲不如近邻”理念作为引领，通过将支部建在小区上，把党旗插在楼栋口，把党员身份亮进电梯里，让党组织的力量充分覆盖社区每个角落。厦门按照“一小区一支部”原则，组建小区党支部1138个，实现组织覆盖率85%。同时，厦门市积极探索通过民主程序，确立小区党支部对业委会的领导权。思明区共组建了331个“红色业委会”，为小区治理提供组织保障。湖里区建立了小区书记列席业委会制度以及党支部先议制度。凡涉及小区重大事项决策，先由党支部议定方案，再由业委会或业主大会做出决定。这样就为业委会的决策，注入了组织力量。在此基础上，社区引导小区支部设立楼道党小组，并延伸设立党员楼长、党员中心户，形成“小区党支部—楼道党小组—党员楼长”的小区“楼道党建”格局。

第三，加强基层党组织建设，深化“党员到社区和居住地报到”等制度。深化双报到，党员参与小区治理。针对小区在册党员稀缺、在职党员“隐身”的问题，厦门结合“不忘初心、牢记使命”的主题教育，广泛开展“深化双报到、为民解难题”活动，要求在职党员必须回常住地所在小区党支部报到，参与小区治理。全市已有5.9万名在职党员向小区党支部报到，为群众解决问题超过8万件。[②]

（四）村级组织负责人“一肩挑”：村书记选任村委会主任

村级组织负责人“一肩挑”是指村党组织书记和村委会主任两个职务由同一个人担任。在2002年换届选举时，村级组织负责人“一肩挑”的做法在《中共中央办公厅国务院办公厅关于进一步做

---

① 《山东省青岛市市北区：聚焦群众关切构建城市基层党建新格局》，《中国城市报》，2020年6月2日。

② 《如何调处物业、业委会、居民三方矛盾？看看厦门的“近邻党建”》，《瞭望》，2020年第43期。

好村民委员会换届选举工作的通知》（中办发〔2002〕第 14 号）中得到肯定。“拟推荐的村党支部书记人选，先参加村委会的选举，获得群众承认以后，再推荐为党支部书记人选；如果选不上村委会主任，就不再推荐为党支部书记人选”。此后的历届村级组织负责人换届选举，中央从政策层面倡导村级组织负责人“一肩挑”，但同时又提出“一肩挑”不做比例设定和“一刀切”，有条件的地方可以推行，条件不成熟的地方不做硬性规定。

党的十九大以来，为了加强党在农村基层的全面领导、密切党群关系以及提高村民自治的运行效率，农村党组织书记与村委会主任两个职务由书记一人兼任的“一肩挑”制度得到了中央高度重视。2018 年 12 月 28 日起施行的《中国共产党农村基层组织工作条例》第 19 条规定：“村党组织书记应当通过法定程序担任村民委员会主任和村级集体经济组织、合作经济组织负责人，村两委班子应当交叉任职。”党的十九大将“一肩挑”作为完善乡村治理体系的重要举措纳入乡村振兴战略，决定在全国全面推行“一肩挑”。全面推行“一肩挑”，对于实现乡村治理体系和治理能力现代化，科学有序推动乡村振兴，具有重要的现实意义，已成为新时代农村工作面临的一项重大政治任务。

“一肩挑”制度的优点在于两个方面：其一，“一肩挑”有利于加强党在农村的全面领导。村党组织书记可以依据其村委会主任身份实现对村委会的直接领导，使党组织的意图直接贯彻在村委会工作中，村级党组织的领导核心地位也就通过“一肩挑”制度更好地融入到了村民自治运行中，有利于坚持和加强党在农村的全面领导。其二，村级组织负责人“一肩挑”是杜绝村党组织和村委会之间摩擦和推诿，解决村级治理主体职能分工、权责分配问题的重要措施。

当然，也面临着诸多的问题：第一，在村民自治推进的过程中，全国产生了一些较为普遍的做法，比如村民“海选”“自主报名”等。“海选”“自主报名”等选举方式的好处在于被选举人的范围广，能够在更广大的村民中发现人才，把大家认可的能人选出来。第二，村民自治过程中村民的民主意识和决策能力有所提高。经过了近40年的基层选举实践，基层民主的整套程序已经逐步成为村民一种政治参与的习惯。村民更愿意选择自己认可的人选。第三，能给村民带来利益和实惠、能办实事的人不一定是党员。村民关心当选人的品行，关心当选人带领群众发家致富的能力。但有时，这种能给村民带来利益和实惠、能办实事的人不一定是党员。因此，在当前全面推进“一肩挑”过程中一个突出问题就在于许多村民认为仅在村党支部的范围内有时无法选出能给自身带来利益和实惠、带领群众致富的村委会主任。同时，一些群众想推选的人选由于不是党员而在事实上失去了成为候选人的资格。

（五）基层两委换届选举：严格选举纪律

2020年年底，多地启动了基层两委的换届选举工作。如何把优秀的党员选举为党的干部是一个关系到党的干部选拔的严肃问题，为此，各地设计可行的选举程序，严格选举纪律并处分违规选举人员，为选举工作的顺利进行营造一个公平的政治环境。

2020年12月16日上午，华尖子社区党支部召开社区“两委”换届选举党员大会。社区党员、党员干部共有25名参加会议，长征街道社会治安综合治理中心主任、换届工作指导小组组长主持会议。会议讨论并审议通过了支部工作报告、大会选举办法（草案）、监票人和计票人名单、新一届党组织委员会委员、书记、副书记候选人名单等。紧接着，以无记名投票的方式，民主推选出了新一届党支部成员。支部党员大会后，新一届党支部委员会立即召开了第一次支委会议，采取无记名投票等额选举办法，选举书记、副书记。[①]

村级“两委”换届选举工作全面启动以来，陕西省洛南县石坡镇党委精心组织，推动换届选举工作扎实有序开展。镇党委召开村级换届选举业务培训会，下发换届选举《指导手册》、“流程图”

---

① 《长征街道华尖子社区“两委”换届选举党员大会顺利召开》，白银文明网，2020年12月18日。

等，提高镇、村干部的政策理论水平。认真组织党员干部学习村级换届选举工作“十严禁”“十不准”纪律规定和要求，设立固定投诉电话，畅通舆论监督渠道。全面实行村级“两委”换届选举全程签字制度，确保法定程序和方法步骤不变通、不走样。同时，成立专项工作小组，由镇纪委牵头，派出所参与，负责对拉票贿选、买票卖票以及以不正当竞争手段参选、利用宗族势力等破坏、妨碍选举工作的违法行为依法从严从快查处，以营造风清气正的良好换届工作环境。①

（六）“党旗高高飘扬在抗击疫情的战斗中”：党员与党组织

在抗击新型冠状病毒蔓延的战斗过程中，中国共产党心系人民的生命安危，发动全党、全国之力迅速而有效地取得了抗疫工作的阶段性胜利。在此过程中，党的政治优势、组织优势、我们国家的集中力量办大事的国家制度优势也得到了充分的体现。2020 年年初以来，面对突如其来的新冠肺炎疫情，党中央将疫情防控作为头等大事来抓，460 多万个基层党组织、9000 多万名党员迅速行动，14 亿人民守望相助、众志成城。2 月，4.26 万名医务人员、900 多名公共卫生人员驰援湖北，其中，军队派出 4000 多名医护人员。19 个省份以对口支援的方式支援湖北省除武汉市以外的 16 个地市，极大地缓解了武汉和湖北省重灾区医疗资源紧缺的困境和压力。这其中，无数党员冲锋在前，中国工程院院士钟南山等万千共产党员舍身忘我，是党员形象的生动写照。

抗击疫情的胜利，离不开党的组织建设和作用发挥。在抗疫过程中，延吉市依托“路长、街巷长、网格长、楼道长”四级治理网络，推动形成 30 位市级领导包主街主路，230 余名在职党员、离退

---

① 《陕西洛南石坡镇：突出“三抓三增强”推进村级换届选举工作》，经济网，2020 年 12 月 25 日。

休老党员管小街小巷，606 个网格长日常巡视网格，1200 余名楼道长就近防控的工作体系，做到摸清底数、排查到人、不留死角。同时，充分发挥州、市两级联动作用，集中选派 1200 余名州、市两级党员干部下沉社区，针对返延人员实施“1 + N”包保服务责任制，在 70 个城市社区、19 个集中隔离点组建成立 89 个疫情防控工作临时党支部，将防控工作领导和统筹权限划归基层，夯实打赢疫情防控阻击战工作基础。①

（七）初心与使命：以人民为中心的扶贫攻坚战

人民群众是中国革命、建设和改革最深厚的力量源泉。要始终把人民利益摆在至高无上的地位，心中常思百姓疾苦、“人民立场是中国共产党的根本政治立场，是马克思主义政党区别于其他政党的显著标志。”② 党的十八大以来，面对还有近 1 亿贫困人口的现实，以习近平同志为核心的党中央坚持“全面建成小康社会，一个也不能少”，举全党全国之力开展脱贫攻坚。习近平总书记强调：“到 2020 年现行标准下的农村贫困人口全部脱贫，是党中央向全国人民作出的郑重承诺，必须如期实现，没有任何退路和弹性。”借助党的组织力量，动员党员和全国人民投入到一场全国性的脱贫攻坚战中，近些年来，国家的大量扶贫救济款和惠农资金流向基层。精准扶贫、精准脱贫集中体现和生动诠释了中国共产党的性质宗旨和初心使命。在此过程中，党的凝聚力和战斗力不断增强，党的组织体系更加健全，党的执政根基进一步夯实。习近平总书记指出：“我们在脱贫攻坚领域取得了前所未有的成就，彰显了中国共产党领导和我国社会主义制度的政治优势。”

---

① 《吉林延吉：聚焦边疆城市治理构建基层党建新格局》，《中国城市报》，2020 年 5 月 20 日。

② 习近平：《在庆祝中国共产党成立 95 周年大会上的讲话》，《习近平谈治国理政》，第 2 卷. 外文出版社，2017 年版，第 40 页。

（八）保障组织的纯洁性与先进性：巩固深化“不忘初心、牢记使命”主题教育

2020 年 9 月，中共中央办公厅印发了《关于巩固深化“不忘初心、牢记使命”主题教育成果的意见》，在全党开展以深入学习贯彻习近平新时代中国特色社会主义思想为主要内容的“不忘初心、牢记使命”主题教育，目标任务是实现理论学习有收获、思想政治受洗礼、干事创业敢担当、为民服务解难题、清正廉洁作表率。①

党的集中教育活动一直贯穿于党的组织和政治生活中。2013 年 6 月至 2014 年 7 月，党的群众路线教育实践活动以县处级以上领导机关、领导班子和领导干部为重点，中央政治局带头，自上而下在全党深入开展。这次党内集中教育在党的历史上首次以群众路线教育为主题，把党的群众路线全面贯彻落实到执政治国实践中。2015 年 4 月，“三严三实”专题教育在县处级以上领导干部中展开，党内集中教育专门针对领导干部这个“关键少数”，重在发挥好标杆引领作用。2016 年 2 月以来，“两学一做”学习教育展开，对象是全体党员，这是党的群众路线教育实践活动和“三严三实”专题教育的延伸与深化。2019 年 6 月，全党开展“不忘初心、牢记使命”主题教育，这次主题教育不划阶段、不分环节，主题教育活动把学习贯彻习近平新时代中国特色社会主义思想作为主线和根本任务贯穿全过程，不仅要求党员干部读原著学原文悟原理、自觉对标对表，还强调通过理论中心组学习、举办读书班、集中研讨交流等形式，深学细悟、研机析理，推动学习往深里走、往实里走，强化理想信念和使命担当，较好解决了学习不深入、落实不到底的问题。牢牢把握“守初心、担使命，找差距、抓落实”的总要求，努力实现理论学习有收获、思想政治受洗礼、干事创业敢担当、为民服务解难题、清正廉洁作表率的目标。教育活动为党在长期执政条件下永葆先进性和纯洁性提供了根本性保证。

---

① 中办印发《意见》巩固深化“不忘初心、牢记使命”主题教育成果，《人民日报》，2020 年 9 月 15 日。

第三章　国家制度建设：非常之年的非常探索

国家制度建设是一个国家政治发展的核心内容。衡量一个国家政治现代化的重要指标即看这个国家的政治制度化水平。在国际风云变幻的复杂局势下，国家制度建设更是实现并彰显一个国家制度优势、制度生命力与国家软实力的关键着力点。国与国之间的竞争，不仅是经济实力与综合国力的硬比对，更是国家制度高下的软较量。以习近平总书记为核心的中共中央领导集体，多次强调国家制度建设的极端重要性，提出大力发展社会主义民主政治，把坚持党的领导、人民当家作主和依法治国有机统一起来，让人民代表大会制度、社会主义政治协商制度等各项政治制度不断成熟、定型，充分彰显社会主义制度的优越性与生命力，不断增强中国特色社会主义的制度自信。2020 年 10 月，党的十九届五中全会通过的《中共中央关于制定国民经济和社会发展第十四个五年规划和二〇三五年远景目标的建议》，也将推进中国特色社会主义政治制度自我完善和发展作为一项重大任务。在中国的国家制度框架中，人民代表大会制度是根本政治制度，中国共产党领导下的多党合作与政治协商制度是基本政治制度，它们共同构成了国家制度的核心部件，是实现人民当家作主的主要制度安排，也是考察国家制度建设的两个关键维度。

一、疫情防控下的国家制度建设

以往的国家制度设计更多地关注常规条件，即和平建设的场景，而对于非常规条件或非常规场景（比如严重疫情、战争等）则缺少相应的预案。2020 年突如其来的新冠肺炎疫情使得国家制度的某些环节、某个方面遇到了始料未及的制度疏漏甚至是制度短缺。

（一）突发的新冠肺炎疫情对国家制度建设的挑战

2020 年初，突如其来的新冠肺炎疫情威胁着人们的身心健康，这次疫情具有传染性强、致死率高、危害性大、难以防控等特点，“居家隔离”“佩带口罩”“保持社交距离”成为疫情防控的主要举措，正常的社会生活受到严重影响。在严重疫情面前，国家制度的运转与国家政治生活的开展也遭遇前所未有的挑战，首当其冲的是每年“两会”的召开遇到了难题。

人民代表大会制度是国家的根本政治制度，中国共产党领导下的多党合作与政治协商制度是重要政治制度，而作为二者的生动实践，每年“两会”的定期召开是国家政治生活中的大事，是人民当家作主的鲜活体现。早期的全国人民代表大会会议（以下简称“全国人大会议”）、政协全国委员会全体会议（以下简称“全国政协会议”），召开时间并不规律。1959 年，全国人大会议和全国政协会议开始在一个时间段内“套开”（1975 年人大开会，政协未开会），逐渐形成了“两会”这一特定称谓。改革开放后，国家政治生活趋于稳定，从 1985 年起，全国“两会”的召开时间也基本稳定在每年的 3 月，并逐渐从 3 月下旬前移至 3 月上旬（其中全国政协八届五次会议在 1997 年 2 月 27 日开幕）。全国人大会议于每年 3 月初开幕，这是考虑会议要对一年的工作进行讨论和决议，以及避开春节等因素。

从 1998 年起，全国人大会议和全国政协会议分别于每年的 3 月 5 日和 3 月 3 日开幕，这种会期安排已经坚持了 22 年。

宪法和全国人大组织法规定，全国人民代表大会会议每年举行一次。全国人民代表大会议事规则明确规定：“全国人民代表大会会议于每年第一季度举行”。这样一种制度安排主要是将《宪法》与《全国人民代表大会组织法》中“每年举行一次”的规定具体化，是多年来全国人大工作经验的总结。自 1979 年五届全国人大二次会议至 2019 年，历年的全国人民代表大会会议皆是按期举行。然而，突如其来的新冠肺炎疫情，使得 2020 年原定第一季度召开的全国人民代表大会会议难以如期召开。

2020 年 2 月 24 日，全国人大常委会作出推迟召开十三届全国人大三次会议的决定，这一打破 35 年稳定会期的“非常”决定，彰显了以抗疫大局为重的理性精神和人民至上的行权本色。4 月 29 日，鉴于疫情趋于平缓，全国人大常委会通过了关于十三届全国人大三次会议于 2020 年 5 月 22 日在北京召开的决定。

不只是全国人民代表大会会议推迟会期，原本在全国人民代表大会会议之前召开的地方人民代表大会会议同样推迟了会期。贵州省人大常委会尝试采用视频会议的形式来保障人大常委会的正常运作、议程安排，河南省人大常委会也采用“会场对个人”模式解决非常时期的开会问题。

全国政协会议同样因疫情而推迟。《中国人民政治协商会议章程》和《中国人民政治协商会议全国委员会全体会议工作规则》规定，每年召开一次中国人民政协协商会议全国委员会全体会议，由中国人民政治协商会议全国委员会常务委员会召集并主持。鉴于之前全国政协主席会议已就全国政协十三届三次会议和第十次常委会会议召开时间提出建议，因此，全国政协主席会议在研究后提出了推迟召开全国政协会议的建议。

（二）2020 年国家制度建设的总体格局

在严重疫情面前，人民代表大会制度与中国共产党领导下的多党合作与政治协商制度如何正常运转，如何为有效防控严重疫情提供法律、制度与智力的支持，将其破坏降至最低限度，如何最大限度地助力社会经济发展，成为 2020 年国家制度建设的主基调。总体而言，2020 年的国家制度建设富具韧性，在非常之年取得了非常成绩。

1. 会议形式非常创新

在非常之年，全国人大及其常委会积极创新人民代表大会运行的制度、体制与机制。2020 年 2 月 24 日，在疫情防控的严峻形势下，传统的会议形式已难以开展，人民代表大会制度如何运转遇到了前所未有的挑战。在此情形下，全国人大常委会从实际出发，创新地采用现场与视频相结合的方式召开会议，及时地作出关于全面禁止野生动物非法交易和食用的决定，彻底叫停一切交易和食用陆生野生动物的陋习。这种“现场 + 云会议”的会议形式是一项重大制度探索，为抗疫紧急立法创立了最初的样板，有利于从源头防控疫情。全国人大三次会议的召开也通过采用视频直播会议、不见面的“云”采访、晚间会议等新形式，保障了全国人大会议的正常运转。

在疫情非难面前，全国人大及其常委会没有退缩，而是主动出击、积极作为，充分发挥人民代表大会制度的优势，立法、监督双管齐下，为举国战“疫”持续不断地提供制度、法律保障，为统筹疫情防控和经济社会发展贡献重要力量，在非常之年交出“非常”答卷：召开人代会 1 次、常委会会议 9 次、委员长会议 34 次，审议法律和决定草案 51 件，通过其中的 33 件；听取审议 30 个有关报告，检查 6 部法律和 1 个决定的实施情况，开展 2 次专题询问和 6 项专题调研，主动审查备案法规1310件；157位常委会组成人员直接联系439名全国人大代表，175名代表受邀列席常委会会议，506件代表议案和9180件代表建议全部办理完毕；以视频方式同有关国家议会举行各层级双边会晤、机制交流等外事活动44次。①

2. 对疫情防控的法律、制度与智力支持

依法战“疫”是有效防控疫情的重要步骤。全国人大常委会还积极部署启动强化公共卫生法治保障体系的立法修法工作，并于2020年4月下旬发布“强化公共卫生法治保障立法修法工作计划”。计划直面此次抗疫中所暴露的诸多法制短板，拟在2020—2021年制定修改的法律有17件，拟综合统筹、适时制定修改的相关法律有13件。这是全国人大首次就专门领域制定的专项立法计划，通过“体系建设”，为守护人民生命健康安全筑牢法治防线。

全国人大及其常委会不仅积极行使依法战“疫”的使命，还充分发挥人大监督“利剑”在疫情防控中的作用。全国人大及其常委会聚焦野生动物保护体系的短板和弱项，不仅于当年立法，还在当年组织开展“一决定一法”执法检查，在当年听取并审议执法检查报告，规格之高、节奏之快、力度之大都较少见。

与此同时，全国政协运用社会主义协商民主优势，有效组织各党派团体和各族各界人士建言资政、凝聚共识，为推进常态化疫情防控和经济社会发展、落实决战决胜目标任务提供智力支持，充分发挥专门协商机构在国家治理体系中的重要作用。

全国政协十三届三次会议以来的提案工作内容突出围绕统筹推进疫情防控和经济社会发展等建言献策。新冠肺炎疫情暴发后，提案委员会制订《关于积极响应打赢疫情防控阻击战（倡议书）的举措》，按照特事特办、急事快办、要事合办的原则，建立提案“快速通道”，对有关疫情防控以及其他时效性较强的提案第一时间以参阅

① 王萍等：《全国人大：非常之年交出“非常”答卷》，《中国人大》，2021年第2期。

件形式送有关部门，确保提案及时有效发挥作用。2020 年国家卫健委共承办政协提案 1103 件，其中 291 件涉及疫情防控。不少政协委员是医卫界的，直接在一线参与抗疫工作。他们提出了关于加强总结治疗经验、加强中医药治疗等多条建议。

3. “全过程民主”的打造

2020 年，实施了 30 多年的全国人大组织法和全国人大议事规则联袂启动首次修法程序，积极回应当前人大工作中面临的新情况新问题。“一法一规则”修法草案还提交 2021 年全国人代会审议通过，为人大制度注入更多崭新动能，实现人大制度建设的“升级换代”。新修改的选举法适当增加县乡两级人大代表名额基数，以彻底扭转基层人大代表数量逐届减少的趋势，为社会主义民主带来新的勃勃生机。

4. “一国两制”框架的完善

近年来，香港特别行政区国家安全风险凸显，“港独”、分裂国家、暴力恐怖活动等各类违法活动严重危害国家主权、统一和领土完整，一些外国和境外势力公然干预香港事务，利用香港从事危害中国国家安全的活动。为了维护国家主权、安全、发展利益，坚持和完善“一国两制”制度体系，维护香港长期繁荣稳定，保障香港居民合法权益，十三届全国人大三次会议于 2020 年 5 月 28 日以高票表决通过《全国人民代表大会关于建立健全香港特别行政区维护国家安全的法律制度和执行机制的决定》。同年 6 月 30 日，十三届全国人民代表大会常务委员会第二十次会议审议通过《中华人民共和国香港特别行政区维护国家安全法》，并按香港基本法第 18 条规定列入基本法附件三，同日起在香港实施。以香港国安法为代表的一系列涉港国家安全立法，成为香港由乱转治的重大转折点，为香港社会繁荣稳定提供了坚实的法治支撑，成为“一国两制”行稳致远的“压舱石”。

5. 国家监察制度的发展

2020 年 12 月 22 日，监察官法草案首次提请十三届全国人大常委会第二十四次会议审议。这是继出台监察法、公职人员政务处分法后，深化监察体制改革的又一重要制度成果。监察官是依法行使国家监察权的监察人员。2018 年 3 月出台的监察法规定，国家实行监察官制度，依法确定监察官的等级设置、任免、考评和晋升等制度。制定监察官法是全国人大常委会 2020 年度立法工作计划中的重要一项，由国家监察委员会牵头起草，全国人大监察和司法委员会、全国人大常委会法工委参加，由全国人大监察和司法委员会提请审议。草案主要分为 9 个部分，包括总则，监察官的职责、义务和权利，监察官的条件和选用，监察官的任免，监察官的管理，监察官的考核和奖励，监察官的监督和惩戒，监察官的职业保障以及附则。

6. 人大监督制度的强化

2020 年，深化预算决算审查监督和国有资产管理监督工作已经形成一整套有效制度机制，这套机制把公共财政置于阳光之下，为国家管好“账本”、看好“钱袋子”。值得一提的是，2020 年全国人大常委会首次听取审议国家监察委员会专项工作报告。全国人大常委会聚焦反腐败国际追逃追赃工作，体现出人民对权力的监督，有利于推动国家监察体制改革深化发展。

为贯彻落实党中央关于建立国务院向全国人大常委会报告国有资产管理情况制度的决策部署，加强人大国有资产监督职能，2020 年 12 月 22 日，《全国人民代表大会常务委员会关于加强国有资产管理情况监督的决定（草案）》提请十三届全国人大常委会第二十四次会议审议。《决定》指出，全国人大常委会围绕党中央关于国有资产管理和治理决策部署，聚焦监督政府管理国有资产的情况，坚持依法监督、正确监督，坚持全口径、全覆盖，坚持问题导向，依法、全面、有效履行国有资产监督职责。

7. 政协提案机制的再完善

过去，全国政协重点提案的督办方式主要有委员视察、重点提案督办调研、提案办理协商会、重要提案摘报四种方式。2020 年，全国政协为了进一步推动提案工作，在重新修订重点提案遴选与督办办法后引入了一种新的重点提案督办方式，即走访提案承办单位。以走访的形式督办重点提案，其用意在于发扬民主、增进团结，实现建言资政和凝聚共识双向发力。委员在提案基础上进一步反映工作和调研中的新情况、新问题，提出更多有针对性的建议，承办单位也能了解提案答复是否真正得到委员认可，促进办理成果得到有效转化运用。

与此同时，全国政协积极搭建界别协商平台，建立定期走访民主党派的工作机制。例如，“设立国家医学健康科学基金”重点提案办理协商会，邀请多位医卫界委员参加，与相关部门有关负责同志面对面协商，达到了意见交流交锋交融的协商效果。

二、香港国安法：“一国两制”框架的完善

《中华人民共和国香港特别行政区维护国家安全法》，是十三届全国人大常委会根据《全国人民代表大会关于建立健全香港特别行政区维护国家安全的法律制度和执行机制的决定》制定的重要法律。国家安全是国之头等大事。近年来，香港问题、国际意识形态斗争的升级，都使得香港稳定与国家安全问题提上议事日程。2020 年，香港国安法的出台，进一步完善了“一国两制”的制度框架。

（一）建立健全香港维护国家安全法律制度的决定

近年来，香港特别行政区国家安全风险凸显，“港独”、分裂国

家、暴力恐怖活动等各类违法活动严重危害国家主权、统一和领土完整，一些外国和境外势力公然干预香港事务，利用香港从事危害中国国家安全的活动。为了维护国家主权、安全、发展利益，坚持和完善“一国两制”制度体系，维护香港长期繁荣稳定，保障香港居民合法权益，十三届全国人大三次会议于 2020 年 5 月 28 日以高票表决通过《全国人民代表大会关于建立健全香港特别行政区维护国家安全的法律制度和执行机制的决定》（以下简称《决定》）。

《决定》正文的主要内容包括：（1）阐明国家坚定不移并全面准确贯彻“一国两制”“港人治港”、高度自治的方针；强调采取必要措施建立健全香港特别行政区维护国家安全的法律制度和执行机制，依法防范、制止和惩治危害国家安全的行为和活动。（2）阐明国家坚决反对任何外国和境外势力以任何方式干预香港特别行政区事务，采取必要措施予以反制。（3）明确规定维护国家主权、统一和领土完整是香港特别行政区的宪制责任；强调香港特别行政区应当尽早完成香港基本法规定的维护国家安全立法，香港特别行政区行政机关、立法机关、司法机关应当依据有关法律规定有效防范、制止和惩治危害国家安全的行为和活动。（4）明确规定香港特别行政区应当建立健全维护国家安全的机构和执行机制；中央人民政府维护国家安全的有关机关根据需要在香港特别行政区设立机构，依法履行维护国家安全相关职责。（5）明确规定香港特别行政区行政长官应当就香港特别行政区履行维护国家安全职责、开展国家安全教育、依法禁止危害国家安全的行为和活动等情况，定期向中央人民政府提交报告。（6）授权全国人大常委会就建立健全香港特别行政区维护国家安全的法律制度和执行机制制定相关法律，切实防范、制止和惩治任何分裂国家、颠覆国家政权、组织实施恐怖活动等严重危害国家安全的行为和活动以及外国和境外势力干预香港特别行政区事务的活动。决定明确，全国人大常委会决定将上述相关法律列入香港基本法附件三，由香港特别行政区在当地公布实施。

（二）《香港特别行政区维护国家安全法》的出台

2020 年 6 月 30 日，十三届全国人民代表大会常务委员会第二十次会议审议通过《中华人民共和国香港特别行政区维护国家安全法》，并按香港基本法第十八条规定列入基本法附件三，同日起在香港实施。该法共六章：总则、香港特别行政区维护国家安全的职责和机构、罪行和处罚、案件管辖、法律适用和程序、中央人民政府驻香港特别行政区维护国家安全机构、附则。

该法指出了立法初衷，即全面准确贯彻“一国两制”“港人治港”、高度自治的方针，维护国家安全，防范、制止和惩治与香港特别行政区有关的分裂国家、颠覆国家政权、组织实施恐怖活动和勾结外国或者境外势力危害国家安全等犯罪，保持香港特别行政区的繁荣和稳定，保障香港特别行政区居民的合法权益。

该法明确了法律执行的责任主体。中央人民政府对香港特别行政区有关的国家安全事务负有根本责任。香港特别行政区负有维护国家安全的宪制责任，应当履行维护国家安全的职责。香港特别行政区行政机关、立法机关、司法机关应当依据本法和其他有关法律规定有效防范、制止和惩治危害国家安全的行为和活动。

该法明确了法律执行所应坚守的基本原则：（1）保障人权原则。香港特别行政区维护国家安全应当尊重和保障人权，依法保护香港特别行政区居民根据香港特别行政区基本法和《公民权利和政治权利国际公约》《经济、社会与文化权利的国际公约》适用于香港的有关规定享有的包括言论、新闻、出版的自由，以及结社、集会、游行、示威的自由在内的权利和自由。（2）法治原则。防范、制止和惩治危害国家安全犯罪，应当坚持法治原则。法律规定为犯罪行为的，依照法律定罪处刑；法律没有规定为犯罪行为的，不得定罪处刑。任何人未经司法机关判罪之前均假定无罪。保障犯罪嫌疑人、被告人和其他诉讼参与人依法享有的辩护权和其他诉讼权利。任何人已经司法程序被最终确定有罪或者宣告无罪的，不得就同一行为再予审判或者惩罚。

该法划定了危害国家安全的几种罪行：（1）分裂国家罪，即组织、策划、实施或者参与实施旨在分裂国家、破坏国家统一行为之一的，不论是否使用武力或者以武力相威胁，即属犯罪。（2）颠覆国家政权罪，即组织、策划、实施或者参与实施以武力、威胁使用武力或者其他非法手段旨在颠覆国家政权行为之一的，即属犯罪。（3）恐怖活动罪，即为胁迫中央人民政府、香港特别行政区政府或者国际组织或者威吓公众以图实现政治主张，组织、策划、实施、参与实施或者威胁实施造成或者意图造成严重社会危害的恐怖活动之一的，即属犯罪。（4）勾结外国或者境外势力危害国家安全罪，即为外国或者境外机构、组织、人员窃取、刺探、收买、非法提供涉及国家安全的国家秘密或者情报的；请求外国或者境外机构、组织、人员实施，与外国或者境外机构、组织、人员串谋实施，或者直接或者间接接受外国或者境外机构、组织、人员的指使、控制、资助或者其他形式的支援实施法律规定行为之一的，均属犯罪。

该法还规定，中央人民政府在香港特别行政区设立维护国家安全公署。中央人民政府驻香港特别行政区维护国家安全公署依法履行维护国家安全职责，行使相关权力。驻香港特别行政区维护国家安全公署人员由中央人民政府维护国家安全的有关机关联合派出。

除了香港国安法，2020 年 8 月，十三届全国人大常委会第二十一次会议依法审议国务院根据香港特别行政区行政长官请求提出的有关议案，表决通过关于香港特别行政区第六届立法会继续履行职责的决定，从宪制层面及时解决香港特别行政区因疫情推迟第七届立法会选举而产生的立法机关空缺问题，为确保特别行政区政权机关和社会秩序正常运作提供坚实保障。

2020 年 11 月，十三届全国人大常委会第二十三次会议表决通过《全国人民代表大会常务委员会关于香港特别行政区立法会议员资格问题的决定》，为规范和处理香港特别行政区立法会议员资格问题提供坚实法律基础。

（三）“一国两制”制度框架的重大完善

维护香港繁荣稳定，是包括香港同胞在内的全体中国人民的共同意志。然而，近年来，香港的极端民主主义、民粹主义运动愈演愈烈、有恃无恐，甚至在特区政府已经撤回修订《逃犯条例》的情况下，暴力破坏仍然有增无减，一个重要原因是国家安全立法的缺失。香港基本法第二十三条规定，香港特别行政区应自行立法禁止任何叛国、分裂国家、煽动叛乱、颠覆中央人民政府及窃取国家机密的行为，禁止外国的政治性组织或团体在香港进行政治活动，禁止香港政治性组织或团体与外国的政治性组织或团体建立联系。然而，由于香港反建制派的抵制，第二十三条立法遭到了无限期搁置，国家安全在香港成了“不设防”状态，分裂国家的言行大行其道，几乎不受法律约束。任何与中央相近的政策都被污名化，只要“两制”不要“一国”，为反对而反对、暴力抗法、街头运动成为香港民主政治的一股逆流。

香港国安法是继香港基本法后，中央为香港专门制定的第二部重要法律。它的颁布实施，迈出了建立健全香港特别行政区维护国家安全的法律制度和执行机制的关键一步。香港国安法明确规定了香港特别行政区维护国家安全的职责和机构，分裂国家罪、颠覆国家政权罪、恐怖活动罪、勾结外国或者境外势力危害国家安全罪四类罪行和处罚，案件管辖、法律适用和程序，中央人民政府驻香港特别行政区维护国家安全机构等内容，从根本上有利于坚持并完善“一国两制”，有利于维护香港社会的长治久安。可以说，以香港国安法为代表的一系列涉港国家安全立法，成为香港由乱转治的重大转折点，为香港社会繁荣稳定提供了坚实的法治支撑，成为“一国两制”行稳致远的“压舱石”。

三、"一法一规则"修改：建构"全过程民主"

1982年12月通过的全国人大组织法和1989年4月通过的全国人大议事规则（简称"一法一规则"），是全国人大及其常委会依法行使职权的重要制度保障。2020年，实施了30多年的全国人大组织法和全国人大议事规则联袂启动首次修法程序，涉及人大组织制度、工作机制、运行模式、会议公开和信息化建设等方方面面。这次修改以习近平总书记关于坚持和完善人民代表大会制度的重要思想为指导，积极回应当前人大工作中面临的新情况新问题，是涉及全国人大及其常委会"全过程民主"的重大制度调整。

（一）"一法一规则"一修之亮点

作为全国人大及其常委会依法行使职权的重要制度保障，全国人大组织法修正草案和全国人大议事规则修正草案于2020年8月8日提请十三届全国人大常委会第二十一次会议联袂初审。"一法一规则"的修正草案一审稿致力于适应新情况、解决新问题，吸收了新经验、新成果，呈现诸多亮点①：

1. 全国人大组织法修正草案增设"总则"一章

全国人大组织法制定比较早，它是关于全国人大及其常委会组织和工作的基本法律，这部法律的颁布施行，对于完善全国人大及其常委会的组织制度，保障最高国家权力机关依法行使职权发挥了重要作用。2020年启动的此次修改建议按照多年来行之有效的立法

---

① 罗沙、王琦：《夯实制度、健全规则，全国人大及其常委会组织制度将迎来这些完善》，新华网，2020年8月8日。

惯例，增设“总则”一章，增加规定全国人大及其常委会的性质和地位。“总则”一章明确坚持党的领导和人大工作的指导思想，明确人民当家作主原则，明确依法治国原则，明确全国人大及其常委会的组织原则，还增加了关于全国人大及其常委会对外交往的规定。

2. 完善专门委员会、常委会工作机构设置等规定

全国人大组织法修正草案根据实际情况，明确列举全国人大现有的 10 个专门委员会名称。草案对全国人大宪法法律委承担推动宪法实施、开展宪法解释、推进合宪性审查、加强宪法监督、配合宪法宣传等工作职责作了规定。

此外，草案根据目前实际，明确规定了全国人大常委会设立法工委、预算工委和其他需要设立的工作委员会。增加规定常委会办公厅、各工作委员会为全国人大及其常委会行使职权提供服务保障。

3. 提高人大会议议事质量和效率

2020 年 5 月召开的十三届全国人大三次会议，是在新冠肺炎疫情防控的特殊背景下召开的一次重要会议。会议组织安排呈现新形式、新风貌，得到与会人员和社会各界的高度评价。

以这次大会的实践经验为基础，全国人大议事规则修正草案就提高议事质量和效率增加规定：全国人民代表大会会议应当合理安排，提高议事质量和效率；明确法律草案修改稿经各代表团审议后，经进一步修改可直接提出表决稿交付大会表决，可不再安排建议表决稿审议环节；增加了表决程序，今后大会表决议案可直接依据规定，不再需要由大会主席团通过专门的表决议案办法。

为加强会议公开和信息化建设，草案明确大会设发言人，代表团可以根据需要设发言人；增加规定大会加强信息化建设，为代表履职提供便利。

此外，草案就完善法律案征求意见程序作出规定：常委会对准备提请大会审议的法律案，可以将草案和关于草案的说明公布，广泛征求意见。向社会公布征求意见的时间一般不少于30日。

4. 顺遂监察体制改革而进行相关修改

修改全国人大组织法和议事规则是深化党和国家机构改革、健全人大组织制度和工作程序的现实需要。党的十九届三中全会对深化党和国家机构改革作出全面部署，2018年修改后的宪法专设一节规定国家监察委员会。新修改的宪法中关于国家监察委员会对全国人大及其常委会负责的规定，有必要在全国人大组织法和议事规则中加以落实。

为适应监察体制改革，全国人大组织法修正草案增加规定国家监察委员会可以向全国人大及其常委会提出议案，增加规定对国家监察委员会及其主任的质询和罢免制度，增加规定常委会组成人员不得担任国家监察机关的职务。全国人大议事规则修正草案还就国家监察委员会主任列席大会会议等做了相应规定。

5. 加强代表工作，密切与代表的联系

全国人大组织法修正草案增加规定，全国人大常委会和各专门委员会、工作委员会应当同代表保持密切联系，听取代表的意见建议，支持和保障代表依法履职，扩大代表对各项工作的参与，充分发挥代表作用；建立健全常委会组成人员和各专门委员会、工作委员会联系代表的工作机制。全国人大议事规则修正草案增加规定，准备提请会议审议的法律草案一般应当在会议举行的一个月前发给代表，必要时常委会可以在大会举行前组织代表研读讨论有关法律草案。

6. 扩大全国人大议事公开范围

现行全国人大议事规则对全国人民代表大会会议公开举行作了规定。法律修正草案一审稿第18条也规定：全国人民代表大会会议公开举行。全国人民代表大会会议期间，代表在各种会议上的发言，整理简报印发会议，并可以根据本人要求，将发言记录或者摘要印发会议。大会全体会议设旁听席。旁听办法另行规定。全国人民代表大会会议举行新闻发布会、记者招待会。全国人民代表大会会议设发言人。代表团可以根据需要设发言人。相较于现行全国人大议事规则，法律修正草案一审稿增加了代表大会会议和代表团设立发言人的有关规定。

（二）“一法一规则”二修之改进

在一审稿的基础上，全国人大组织法修正草案二审稿于 2020 年 12 月底提请十三届全国人大常委会第二十四次会议审议。与一审稿相比，二审稿有以下几个变化①：

1. 进一步补充完善了各专门委员会职责

根据一些常委会组成人员和有关专门委员会的建议，草案二审稿进一步补充完善了各专门委员会的职责。根据实践做法并参照预算法、监督法等有关法律的规定，增加了各专门委员会组织起草有关法律草案，承担常委会专题询问有关工作的规定。

2. 增加了“全过程民主”的内容

此前的草案一审稿规定，全国人大及其常委会同人民群众保持密切联系，始终坚持体现人民意志，保障人民权益。草案二审稿在上述规定基础上增加规定，全国人大及其常委会“坚持全过程民主”，“倾听人民的意见和建议”；并增加规定全国人大代表“充分发挥在全过程民主中的作用”。

---

① 宫宜希：《全国人大组织法修改补充完善各专门委员会职责》，新华网，2020 年 12 月 23 日。

3. 进一步明确了全国人大及其常委会行使国家立法权的职能

草案二审稿将一审稿中“全国人民代表大会及其常务委员会加强对宪法和法律实施的监督，维护社会主义法制的统一和尊严”修改为“全国人民代表大会及其常务委员会行使国家立法权，监督宪法和法律的实施，维护社会主义法制的统一和尊严，建设社会主义法治国家”。

4. 进一步明确了主席团常务主席会议的职权

现行全国人大组织法规定，主席团主持全国人民代表大会会议；主席团互推若干人轮流担任会议的执行主席；主席团推选常务主席若干人，召集并主持主席团会议。草案二审稿增加规定，主席团常务主席会议就拟提请主席团会议审议事项听取汇报，对属于主席团职权范围内的事项向主席团提出建议，并可以对本次会议日程安排作必要调整。

（三）“全过程民主”的生动实践

2019 年 11 月 2 日，习近平总书记在上海市长宁区考察社区治理和服务情况时强调，我们走的是一条中国特色社会主义政治发展道路，人民民主是一种全过程的民主，所有的重大立法决策都是依照程序、经过民主酝酿，通过科学决策、民主决策产生的。

为贯彻习近平总书记关于社会主义民主是“全过程民主”的重要论述，草案二审稿增加规定，全国人大及其常委会坚持“全过程民主”，“倾听人民的意见和建议”；现行全国人大组织法第 40 条中也增加规定，代表“充分发挥在全过程民主中的作用”。

可以说，“一法一规则”的修改本身正是全国人大及其常委会坚持“全过程民主”的生动实践。它强化了代表的主体地位，健全了人大组织制度和工作程序，理顺了相关法律之间的衔接关系，是从实现国家治理体系和治理能力现代化的高度来完善人民代表大会制度的重要举措[①]，这些立法成果，将为今后充分发挥代表在全过程民主中的作用提供坚实的法律保障。

四、以代表为中心：选举制度与工作制度的改进

人大代表是人民代表大会制度的行为主体，代表人民的利益和意志，依照宪法和法律规定的各项职权，参加行使国家权力。2020 年，围绕人大代表的制度改进主要体现在选举法的修改与代表工作制度的再精细。

（一）选举法修改：增加基层人大代表的数额

选举制度是人民代表大会制度的基础，它由选举法具体规定。选举法是保障公民行使选举权和被选举权，依法产生各级人大代表的重要法律。代表名额的配置是选举制度的一项重要内容。

为了贯彻党的十九届四中全会决定要求，2020 年对选举法的修改重点主要有两项：一是加强党对选举工作的全面领导；二是适当增加基层人大代表数量，县级人大代表名额基数增加 20 名，乡镇人大代表名额基数增加 5 名。

这次的选举法修改是自 1979 年制定以来的第七次修改，而修改的主要动因是多年来基层人大代表名额逐届减少所造成的基层人大运行困难问题。据统计，自 1997 年以来，虽然我国多数地方的人大代表名额没有变化，但我国五级人大代表总数却呈逐届减少的趋势。其中，乡镇人大代表数量由 1997 年的 242. 34 万名减少至 2017 年的

① 刘文学：《“一法一规则”修正：筑牢“全过程民主”的法律基石》，《中国人大》，2021 年第 2 期。

188.15万名，减少了54.19万名，降幅为22.4%。[①] 乡镇人大代表数量减少是五级人大代表总数逐届减少的主要原因，而撤乡并镇和乡镇改设街道则是乡镇人大代表数量减少的主要原因。

作为基层国家权力机关，县乡人大是地方国家政权的重要基础，是实现基层民主的有效形式。县乡两级人大代表由选民直接选举产生，约占我国五级人大代表总数的95%，是党和国家联系广大人民群众的桥梁纽带。乡镇人大代表数量的大幅减少，给基层人大工作的开展带来了一定的困难和问题。

为解决县乡两级人大代表数量减少的问题，新修改的选举法从两个方面入手：一是适当增加乡镇人大代表名额，在一定程度上弥补撤乡并镇后乡镇人大代表数量的减少；二是适当增加县级人大代表名额，在分配这些增加的县级人大代表名额时，重点向由乡镇改设的街道倾斜，进一步优化县级人大代表结构。

具体而言，综合考虑各方面意见和实际需要，适当增加县乡两级人大代表名额的基数，将不设区的市、市辖区、县、自治县的人大代表名额基数增加20名，即由修改前的选举法规定的120名提高至140名；将乡、民族乡、镇的人大代表名额基数增加5名，即由原来规定的40名提高至45名。[②]

根据上述修改方案测算，仅增加代表名额基数一项，以目前的县乡行政区划数，全国县级人大代表名额与2017年上一轮换届选举完成时相比，预计将增加约5.7万名，乡镇人大代表预计将增加约15万名。同时，考虑到法律修改后各地方需要根据人口数量变化情况重新确定县乡两级人大代表名额，县乡人大代表名额还会在此基础上有所增加。

不仅如此，新修改的选举法深刻汲取了湖南衡阳、辽宁贿选案的经验教训，并与监察法、公职人员政务处分法、公务员法的有关

① 王博勋：《选举法修改：为有效实现基层民主提供法治保障》，《中国人大》，2021年第2期。

② 王博勋：《选举法修改：为有效实现基层民主提供法治保障》，《中国人大》，2021年第2期。

规定做好衔接，对破坏选举行为的法律责任作出了进一步的规定。

此次选举法修改，将适当增加基层人大代表数量，有利于更好反映人民意愿、代表人民意志，加强与人民群众联系，充分保障人民当家作主权利；有利于加强地方人大建设，结合地方实际，创造性地做好各项工作；有利于更好地坚持和完善人民代表大会制度，不断健全和发展社会主义民主，有力支撑国家治理体系和治理能力现代化。有评论指出，选举法修改将适当增加基层人大代表数量，并彻底扭转县乡基层人大代表数量逐届减少的趋势，推动人民代表大会制度焕发新的生机和活力。

2021 年，每 5 年一次的新一轮县乡人大换届选举拉开帷幕。全国人大常委会于 2020 年 10 月 17 日表决通过的关于修改全国人民代表大会和地方各级人民代表大会选举法的决定，将直接对这次换届选举产生影响。

（二）代表工作制度的再精细

人大代表是国家权力机关主体，代表人民行使国家权力。保障代表依法履职，就是保障人民当家作主。更好发挥代表作用是坚持和完善人民代表大会制度的内在要求，是保证和发展人民当家作主的重要体现，是人大工作保持生机和活力的重要基础。2020 年，全国人大常委会积极支持和保障代表依法执行职务，推动人大代表更加密切联系群众，忠实代表人民意志，真正做到为人民用权、为人民履职、为人民服务，依靠人大代表做好人大各项工作。①

1. 高质量办理代表议案和建议

506 件代表议案和 9180 件代表建议全部办理完毕并答复代表；对代表在闭会期间提交的 450 多件建议，也做到即收即办、逐件

① 王萍等：《全国人大：非常之年交出“非常”答卷》，《中国人大》，2021 年第 2 期。

反馈。

2. 密切常委会同人大代表联系

在全国人大常委会委员长栗战书等人的示范带动下，157 位常委会组成人员坚持以人民为中心，通过见面、走访、视频、微信、邮件等多种形式和途径，直接联系 439 名全国人大代表，基本实现全覆盖，切实做到真联系，取得真效果。

3. 与列席常委会会议的代表座谈常态化

与列席常委会会议的代表座谈自 2018 年 8 月首开先河以来，共召开 11 次座谈会。2020 年，全国人大常委会在做好疫情防控工作前提下，召开 2 次列席代表座谈会，面对面听取代表意见建议，了解人民群众的愿望和需求，架起一座高效畅通的民意桥梁。

4. 人大代表更加密切联系群众

各级人大普遍建立起代表联系群众的制度机制，共设有代表之家、代表联络站等 23 万个。全国人大常委会一如既往地支持全国人大代表就近参与各地代表“家站”活动，以更好地反映人民诉求、汇聚人民智慧、解决实际困难。

5. 深化代表对常委会工作的参与

2020 年，全国人大常委会邀请 175 人次代表列席常委会会议，500 多人次代表受邀参加执法检查、专题调研、预算审查和国有资产管理监督工作，推动代表广泛而深入参与管理国家事务。同时，组织 1000 多人次代表集中视察、调研，形成近百篇调研报告，为经济社会高质量发展建言献策。

6. 代表学习培训实现“跨越式”发展

开通“全国人大网络学院”，代表培训实现线上线下融合发展，共开设 5000 多门课程，组织 4800 余人次代表参加培训。

五、扎紧制度笼子：人大监督制度的加强

人民代表大会及其常委会是国家权力机关，同级的人民政府、监察委员会、人民法院、人民检察院对其负责并受其监督。中共中央总书记习近平指出：“人民代表大会制度的重要原则和制度设计的基本要求，就是任何国家机关及其工作人员的权力都要受到制约和监督。”2020 年，人大监督制度进一步加强，除了常态化的监督持续发力，国有资产监督制度也在不断完善。

（一）常态化监督持续发力

全国人大及常委会监督“一府一委两院”的传统方式主要有专题询问、执法检查、听取与审议报告、备案审查等。2020 年，全国人大及其常委会在常态化监督上持续发力，共听取和审议有关报告 30 个，检查 6 部法律和 1 个决定实施情况，开展 2 次专题询问、6 项专题调研，主动审查备案法规 1310 件。

1. 专题询问

专题询问是全国人大常委会常态化的监督形式。2020 年，全国人大常委会结合审议土壤污染防治法执法检查报告和审计查出问题整改情况报告开展专题询问。监督工作更有力度、更具权威的特点在问答中得到充分体现，专题询问的监督效应正在不断放大。

2．专题调研

作为另一种常态化监督形式，专题调研也延伸着人大监督的广度和深度。全国人大常委会在2020年围绕“十四五”规划纲要编制、珍惜粮食反对浪费、打好污染防治攻坚战决议落实、社保制度改革和社保法实施、政府投资基金管理、民族团结进步创建等开展专题调研，推动有关工作不断改进完善。

3．执法检查

为了让法律制度的“牙齿”紧密“咬合”，发挥法律的刚性作用，全国人大常委会在作出关于全面禁止野生动物非法交易和食用的决定3个多月后，即开展“一决定一法”执法检查，维护公共卫生安全和生态安全，在法治轨道上推进野生动物保护。全国人大常委会还聚焦蓝天、碧水、净土“三大保卫战”，在过去两年开展大气污染防治法、水污染防治法执法检查的基础上，于2020年开展土壤污染防治法执法检查，助力打好污染防治攻坚战。不仅如此，全国人大常委会同年还对公共文化服务保障法、慈善法、反不正当竞争法、农业机械化促进法的实施情况开展执法检查。

4．听取与审议工作报告

2020年，全国人大常委会听取审议计划、预决算、审计和国有资产管理有关报告，深化预算决算审查监督和国有资产管理监督，听取审议预算决算方面的5个报告，审查批准2019年中央决算，审议2019年度国有资产管理情况综合报告和关于企业国有资产管理情况的两个专项报告。深化预算决算审查监督和国有资产管理监督工作已经形成一整套有效制度机制，把公共财政置于阳光之下，为国家管好“账本”、看好“钱袋子”。与此同时，全国人大常委会还围绕百姓关注的热点问题，听取审议有关环境保护、农村改革、公安执法、审判检察等专项工作报告，不断延伸人大监督的触角。

值得一提的是，2020 年，全国人大常委会首次听取审议国家监察委员会专项工作报告。全国人大常委会聚焦反腐败国际追逃追赃工作，体现出人民对权力的监督，有利于推动国家监察体制改革深化发展。

5. 备案审查

对行政法规、地方性法规、司法解释等规范性文件开展备案审查，是宪法和法律赋予全国人大及其常委会的一项重要职权。备案审查工作在保证党中央令行禁止、保障宪法法律实施、保护公民和组织合法权益等方面发挥了重要作用。

2020 年，全国人大常委会办公厅共收到报送备案的行政法规、地方性法规、自治条例和单行条例、经济特区法规、司法解释、特别行政区法律 1310 件，法工委逐件开展了主动审查。同时，法工委对 5146 件公民、组织提出的审查建议，也在逐一审查后，向审查建议人作了反馈。特别是，过去一年法工委围绕防控新冠肺炎疫情、野生动物保护、配合民法典实施、食品药品安全、优化营商环境五个方面，组织开展了专项审查和集中清理，推动制定机关清理法规、规章、司法解释等各类规范性文件 3300 余件，及时修改废止完善其中与上位法规定不一致、与中央精神不符合、与时代要求不适应的内容。同时，还对司法部等单位移送的 58 件法规进行了审查研究。①

一年来，全国人大常委会的备案审查工作成效显著，为维护宪法法律尊严、保障宪法法律实施、维护社会主义法治统一发挥重要作用。

（二）国有资产监督制度不断健全

2020 年 12 月 26 日，为加强人大国有资产监督职能，为推进国

---

① 《备案审查彰显人大监督力度》，《人民日报》，2021 年 1 月 26 日。

有资产治理体系和治理能力现代化提供法治保障，十三届全国人大常委会第二十四次会议审议通过《全国人民代表大会常务委员会关于加强国有资产管理情况监督的决定》（以下简称《决定》）。全国人大常委会制定加强国有资产管理情况监督的决定，是进一步健全国有资产监督法律制度，使党的主张通过法定程序成为国家意志、将党中央的要求转化为法律规范的重要举措。[①]

以习近平为核心的党中央高度重视人大在国有资产监督和国有资产治理方面的重要作用。党的十八届三中全会提出加强人大国有资产监督职能，党中央2017年印发《中共中央关于建立国务院向全国人大常委会报告国有资产管理情况制度的意见》（以下简称《意见》）。

三年来，全国人大常委会在党中央坚强领导下认真贯彻落实党中央决策部署，在每年审议国务院关于国有资产管理情况综合报告的同时，分别重点审议了金融企业国有资产、行政事业性国有资产和企业国有资产（不含金融企业）管理情况专项报告。

当前，国有资产管理情况报告制度初步建立，相关工作机制初步形成，人大国有资产管理情况监督工作实现良好开局。但必须看到，报告制度和人大监督尚处于起步阶段，还面临相关法律制度不够健全、监督机制不够完善、基础性工作比较薄弱等困难和不足。

党中央赋予人大国有资产监督新职责，全国人大常委会制定加强国有资产管理情况监督的决定，是进一步健全国有资产监督法律制度的重要举措，有利于推动解决相关问题。

第一，《决定》指出了全国人大常委会对国有资产管理情况监督的基本形式和明确要求。

全国人大常委会围绕党中央关于国有资产管理和治理决策部署，聚焦监督政府管理国有资产的情况，坚持依法监督、正确监督，坚持全口径、全覆盖，坚持问题导向，依法、全面、有效履行国有资

---

① 孟伟：《健全国有资产监督法律制度：增强监督刚性管好共同财富》，《中国人大》，2021年第1期。

产监督职责。

全国人大常委会以每年听取和审议国务院关于国有资产管理情况的报告作为履行人大国有资产监督职责的基本方式，并综合运用执法检查、询问、质询、特定问题调查等法定监督方式。全国人大常委会通过制定国有资产监督工作五年规划对届内国有资产监督工作做出统筹安排，通过制定年度监督工作计划具体实施。

第二，《决定》明确规定了国务院报告工作的方式与要求。

国务院按照综合报告与专项报告相结合的方式，做好年度国有资产管理情况报告工作。国有资产管理情况综合报告要全面、准确反映各类国有资产和管理的基本情况，重点报告国有经济布局和结构、深化国有企业改革、行政事业性国有资产的配置和分布、国有自然资源资产禀赋和保护利用，国有资产安全和使用效率，国有资产管理中的突出问题，加强国有资产管理、防止国有资产流失等情况；专项报告要根据各类国有资产性质和管理目标，结合全国人大常委会审议的重点内容突出报告重点，分别反映企业国有资产（不含金融企业）、金融企业国有资产、行政事业性国有资产、国有自然资源资产等国有资产管理情况、管理成效、相关问题和改进工作安排。

完善各类国有资产报表体系，作为报告的重要组成部分。根据国有资产性质和特点，从价值和实物等方面，反映国有资产存量情况和变动情况。企业国有资产（不含金融企业）、金融企业国有资产和行政事业性国有资产报表应当细化到行业，中央国有资产相关报表应当分企业、部门和单位编列。建立健全反映不同类别国有资产管理特点的评价指标体系，全面、客观、精准反映管理情况和管理成效。

第三，《决定》明确了全国人大常委会的主要职责及其分工。

全国人大常委会围绕年度国有资产管理情况报告议题组织开展专题调查研究，可以邀请全国人大代表参与。专题调研情况向全国人大常委会报告。

围绕各类国有资产管理目标和全国人大常委会审议重点，建立健全人大国有资产监督评价指标体系，运用有关评价指标开展国有资产管理绩效评价，并探索建立第三方评估机制。

全国人大有关专门委员会承担对国务院国有资产管理情况报告的初步审议职责。在全国人大常委会会议举行三十日前，由全国人大财政经济委员会或者会同其他有关专门委员会开展初步审议，提出初步审议意见。

全国人大常委会预算工作委员会承担人大国有资产监督的具体工作，协助财政经济委员会等有关专门委员会承担初步审议相关工作。在全国人大常委会会议举行四十五日前，预算工作委员会应当组织听取全国人大代表的意见建议，听取国务院有关部门介绍报告的主要内容并提出分析意见。

第四，《决定》强调了全国人大常委会的监督重点。

全国人大常委会审议国有资产管理情况报告，开展国有资产监督，应当重点关注下列内容：（1）贯彻落实党中央关于国有资产管理和国有企业改革发展方针政策和重大决策部署情况；（2）有关法律实施情况；（3）落实全国人大常委会有关审议意见和决议情况；（4）改革完善各类国有资产管理体制情况；（5）企业国有资产（不含金融企业）和金融企业国有资产服务国家战略，提升国有经济竞争力、创新力、控制力、影响力、抗风险能力等情况；（6）行政事业性国有资产保障国家机关和事业单位节约高效履职，增强基本公共服务的可及性和公平性等情况；（7）国有自然资源资产支持经济社会发展和改善生态环境质量，落实自然资源保护与有效利用、保护生态环境、节能减排等约束性指标等情况；（8）国有资产保值增值、防止国有资产流失和收益管理等情况；（9）审计查出问题整改情况；（10）其他与国有资产管理有关的重要情况。

全国人大常委会在任期届满前一年内听取和审议国有资产管理情况综合报告时开展专题询问，其他年份在听取和审议专项报告时也可以根据需要开展专题询问。全国人大常委会针对国有资产管理存在的问题，可以依法进行质询和特定问题调查，可以根据审议和监督情况依法作出决议。

第五，《决定》要求国务院应当建立健全整改与问责机制。

国务院应根据审议意见、专题调研报告、审计报告等提出整改与问责清单，分类推进问题整改，依法对违法违规行为追责问责。整改与问责情况同对全国人大常委会审议意见的研究处理情况一并向全国人大常委会报告。全国人大常委会可以听取报告并进行审议。对审计查出问题的整改和报告按照有关法律规定进行。

按照稳步推进的原则，建立健全整改与问责情况跟踪监督机制。全国人大常委会对突出问题、典型案件建立督办清单制度，由有关专门委员会、预算工作委员会等开展跟踪监督具体工作，督促整改落实。建立人大国有资产监督与国家监察监督相衔接的有效机制，加强相关信息共享和工作联系，推动整改问责。

六、制定监察官法：国家监察制度的发展

2020 年，国家监察制度也迎来不少变化，多部与公权力有关的法律极具亮点：新出台的公职人员政务处分法，把所有行使公权力的公职人员都纳入监督范围；行政处罚法迎来全面修改，修订草案力求在满足行政执法的现实需求与防范公权滥用、处罚失控等风险之间实现有效平衡，推动公权与私权对话下的法治进步；尤其是监察官法草案首次提请审议，明确了党对监察官制度的领导，在选人用人、职能职责、管理监督等环节作出了规范，促进了国家监察权规范正确行使。

（一）监察官法草案的审议

2020 年 12 月 22 日，监察官法草案首次提请十三届全国人大常委会第二十四次会议审议。这是继出台监察法、公职人员政务处分法后，深化监察体制改革的又一重要制度成果。

监察官是依法行使国家监察权的监察人员。建立监察官制度是在开展监察体制改革、起草监察法的过程中提出来的。2018 年 3 月出台的监察法规定，国家实行监察官制度，依法确定监察官的等级设置、任免、考评和晋升等制度。

制定监察官法列入全国人大常委会 2020 年度立法工作计划，起草工作由国家监察委员会牵头，全国人大监察和司法委员会、全国人大常委会法制工作委员会参加，草案由全国人大监察和司法委员会提请审议。监察官法草案起草工作遵循的思路和原则包括：坚持党管干部原则，坚持从严管理，坚持改革创新，体现监察工作特色。2020 年，全国人大监司委赴北京、广东、重庆、湖北等 8 个省区市展开 9 次立法调研，征求对法律草案的意见建议，让立法更具科学性。①

监察官法草案主要包括九个部分，包括总则，监察官的职责、义务和权利，监察官的条件和选用，监察官的任免，监察官的管理，监察官的考核和奖励，监察官的监督和惩戒，监察官的职业保障以及附则。

草案指出，制定监察官法是坚持和加强党对国家监察工作领导的必然要求。制定监察官法，明确党对监察官制度的领导，规范选人用人、职能职责、管理监督等环节，对于建设一支党领导下忠诚干净担当的纪检监察队伍具有重要意义，也是深化国家监察体制改革的重要举措。制定监察官法，有利于进一步深化国家监察体制改革，健全反腐败领导体制和工作机制，完善党和国家监督体系，推进国家治理体系和治理能力现代化。

草案同时指出，制定监察官法是促进监察官依法履行职责的重要保障。将监察官的履职要求具体化、制度化、法律化，有利于进一步明确权力边界、严格内控机制，强化自我约束、加强外部监督，促进国家监察权规范正确行使。也是建设高素质专业化监察官队伍的现实需要。围绕提升监察官的政治素质和专业能力，高标准设立

① 冯添：《深化国家监察体制改革的又一项重要制度成果》，《中国人大》，2021 年第 2 期。

监察官条件，为建设政治过硬、本领高强的监察官队伍提供法律遵循。

可见，监察官法草案体系严谨、内容全面，突出体现了党对国家监察工作的集中统一领导，坚持党管干部原则，把自觉坚持党的领导作为监察官的法定义务，把坚持党的领导的要求融入监察官履职的全过程。

（二）制定监察官法的重要意义

首先，制定监察官法是全面推进高素质专业化监察官队伍建设的现实需要。它明确了党对监察官制度的领导，规范了选人用人、职能职责、管理监督等环节，有利于提升监察官的政治素质和专业能力，为建设政治过硬、本领高强的监察官队伍提供了法律遵循。

其次，制定监察官法是深化国家监察体制改革的重要举措，有利于进一步深化国家监察体制改革，健全反腐败领导体制和工作机制，完善党和国家监督体系，推进国家治理体系和治理能力现代化。

再次，制定监察官法是促进监察官依法履行职责的重要保障。它将监察官的履职要求具体化、制度化、法律化，有利于进一步明确权力边界、严格内控机制，强化自我约束、加强外部监督，促进国家监察权规范正确行使。

七、机制创新：社会主义政治协商制度的完善

党的十九大报告提出，“协商民主是实现党的领导的重要方式，是我国社会主义民主政治的特有形式和独特优势”。为此，要推动协商民主广泛、多层、制度化发展，统筹推进政党协商、人大协商、政府协商、政协协商、人民团体协商、基层协商以及社会组织协商；加强协商民主制度建设，形成完整的制度程序和参与实践，保证人

民有广泛持续深入参与的权利。2020 年，尽管受疫情的严重影响，社会主义政治协商制度仍然在机制、方式、方法上实现了创新。

（一）“零距离问政”：界别群众代表首次获邀政协通报会

2020 年 1 月 16 日，全国政协举行第十一次重点关切问题情况通报会，主题为“确保春运旅客安全便捷出行”。作为第十一次全国政协重点关切问题情况通报会的有益尝试，界别群众代表首次获邀“零距离问政”。春运是独具中国特色的民生话题。为了听到更多来自一线的声音，会议首次邀请了界别群众代表与委员们一起“问政”。被邀请的界别群众代表包括快递行业的务工人员、创业者、大学生等。他们围绕普通列车票是否减少、如何监管顺风车、是否可以改进学生票优惠政策等问题开门见山地提问。中国国家铁路集团有限公司副总经理李文新、交通运输部副部长刘小明对这些问题进行了一一答复。

这种“零距离问政”被称为广泛听取民意的有益尝试。这种方式既体现了政协对民生问题的重视，也能把来自基层的想法最直接传达给领导，是解决民生问题便捷有效的方式。面向社会各界广泛传播共识，是新时代人民政协工作重点发力的方向，而发生在 2020 年首场全国政协重点关切问题通报会上的这一幕，为增进群众对人民政协制度的理解、加深对中国特色社会主义政治制度的认同提供了新的路径。

（二）政协提案：内容更加聚焦、服务更便捷、机制更完善[①]

2020 年，全国政协的提案工作也引人注目。一年来，提案工作

---

① 丁小溪：《内容更聚焦 · 服务更便捷 · 机制更完善——透视 2020 年全国政协提案工作》，新华网，2021 年 2 月 23 日。

内容更聚焦，委员履职更便利，制度机制更完善，为服务党和国家中心工作发挥了积极作用。

1. 聚焦疫情防控等主题

全国政协十三届三次会议以来的提案工作内容更加聚焦，政协委员突出围绕统筹推进疫情防控和经济社会发展等建言献策。不少政协委员是医卫界的，直接在一线参与抗疫工作。他们提出了关于加强总结治疗经验、加强中医药治疗等多条建议。2020 年国家卫健委共承办政协提案 1103 件，其中 291 件涉及疫情防控。

2. 以改进服务为抓手

新冠肺炎疫情暴发后，提案委员会制订《关于积极响应打赢疫情防控阻击战（倡议书）的举措》，按照特事特办、急事快办、要事合办的原则，建立提案“快速通道”，对有关疫情防控以及其他时效性较强的提案第一时间以参阅件形式送有关部门，确保提案及时有效发挥作用。

同时，全国政协精细做实委员履职服务，在全国政协十三届三次会议前，通过委员移动履职平台 App 分五批推送提案参考选题 1056 个，特别是针对革除滥食野生动物陋习、完善重大疫情防控机制重要协商议政活动等，及时把相关内容纳入参考选题。

3. 创新体制机制

2020 年，根据新修订的《重点提案遴选与督办办法》，全国政协的提案遴选比例从 1% 左右提高到 1.5% 左右，重点提案覆盖面更广、督办层次更高、工作更规范，办理实效进一步增强。

2020 年，全国政协积极搭建界别协商平台，建立定期走访民主党派的工作机制。例如，“设立国家医学健康科学基金”重点提案办理协商会邀请多位医卫界委员参加，与相关部门有关负责同志面对面协商，达到了意见交流交锋交融的协商效果。

全国政协还以研究疑难提案为突破口，召开平时提案审查小组会议，加强与承办单位的沟通协调，对平时提案进行专题研究，平时提案立案率比上年度提高 12.4%，较大程度地发挥了社会主义协商民主的优势。

（三）走访提案承办单位：重点提案督办的新方式

提案工作是人民政协的一项全局性工作，提案办理成效关系到制度优势能否更好转化为国家治理效能。对重点提案，传统督办方式主要有委员视察、重点提案督办调研、提案办理协商会、重要提案摘报四种。2020 年，为了进一步推动提案工作，全国政协在重新修订重点提案遴选与督办办法后引入了一种新的重点提案督办方式，即走访提案承办单位，面对面沟通，交换新想法、新建议。

2020 年，全国政协共确定 73 件重点提案。对于这些重点提案，全国政协提案委员会相继走访了住建部、工信部、国家文物局、科技部等多家单位进行督办。在住建部，政协委员询问城镇老旧小区综合改造工作的进展情况；在工信部，政协委员就数字中国发展前景、网络安全保障体系建设、推动工业互联网数据合作共享等问题互动交流；在国家文物局，《关于进一步加强我国优秀文化遗存与文化遗产保护的提案》的协商督办会气氛热烈；在科技部，政协委员就《尽快布局打造人工智能产业生态的提案》进展情况进行互动交流。每一家提案承办单位都高度重视提案办理工作，相关司局主要负责人参加座谈，办理复文、政策文件等汇编成册。

发挥党派特色优势、关注界别问题，是各民主党派中央和全国工商联提出提案的立足点。2020 年，全国政协提案委员会除走访提案承办单位外，还走访各民主党派中央，推动提案办理工作提质增效。比如，2020 年底，全国政协提案委员会走访了民建中央和农工党中央，并召开座谈会，听取对提案工作的意见和建议。民建作为一个密切联系经济界的参政党，2017 年以来，先后向全国政协提交了 120 件提案，其中经济类提案 62 篇，占比 52%。与民建不同，农工党是以医药卫生、人口资源和生态环境领域高中级知识分子为主的参政党。近 3 年来，农工党中央共提交提案 112 件，其中，医药卫生方面的提案 37 件，资源环境方面的提案 17 件。

以走访的形式督办重点提案，其用意在于发扬民主、增进团结，实现建言资政和凝聚共识双向发力。委员在提案基础上进一步反映工作和调研中的新情况、新问题，提出更多有针对性的建议，承办单位也能了解提案答复是否真正得到委员认可，促进办理成果得到有效转化运用。

第四章 推动国家行政体系更加完善

一、深入改革国家行政体系

党的十九届五中全会明确提出，在“十四五”时期，要进一步提升国家治理效能，使“国家行政体系更加完善，政府作用更好发挥，行政效率和公信力显著提升”。党的十九届五中全会关于“十四五”时期经济社会发展目标的提出，为全面加强政府建设、完善国家行政体系，推进国家治理体系和治理能力现代化，进一步明确了前进方向，提供了强大的思想动力，在“国家治理效能得到新提升”中明确提出了“国家行政体系更加完善”。[①]

完善国家行政体系与提升国家治理效能。国家行政体系是国家治理体系建设的基本组成部分，是彰显国家治理能力、提升国家治理效能的重要保障。从国家治理历史演进来看，国家治理效能的高低，直接反映这个国家治理体系和治理能力的现代化水平，所以提升国家治理效能，既是推进国家治理现代化的重要内容，也是其所要达到的重要目标，对坚持和完善中国特色社会主义制度具有重大意义。[②] 党的十八大以来，党中央就把制度建设放在更加突出的位置上，把中国特色社会主义制度更加完善作为提高国家治理体系与治

---

① 肖捷：《加快转变政府职能》，《人民日报》，2020 年 12 月 3 日第 6 版。

② 靳诺：《把我国制度优势更好转化为国家治理效能》，《人民日报》，2021 年 1 月 13 日第 9 版。

理能力现代化水平的关键领域。习近平总书记指出："要强化制度执行力，加强制度执行的监督，切实把我国制度优势转化为治理效能。"当前我国已转向高质量发展阶段，经济社会发展成就显著，制度优势转化为治理效能进程逐渐加快，但是发展不平衡不充分问题仍然突出，重点领域关键环节改革任务仍然艰巨。党的十九届五中全会提出"国家治理效能得到新提升"，而政府治理水平和治理能力的高低，直接关系治理效能的提升。从党的十八大以来，深化党和国家机构改革，进一步理顺健全政府治理体系，构建高水平社会主义市场经济体制、建设人民满意型政府等，都需要更好发挥政府作用，需要不断完善国家行政体系。

系统整合、协同高效成为完善国家行政体系的建设重点。从党的十八大以来到现在，围绕国内政府职能转变的研究主要包括政府职能转变的具体路径、建构服务型政府的经验以及探讨简政放权与政府职能转变的关系。[①] 从各地实践情况看，包括地方政府审批制度改革、政府公信力提升、互联网政府、依法行政等多重多向改革等成为党的十八大以来，特别是党的十九大以来政府改革可以观察到的变化。从整体而言，随着政府改革从单向度的职能转变，逐渐过渡到综合性的"放管服"改革，且改革的深度也从简单地提高效能提升到系统集成与协同高效为完善国家行政体系建设的重点。这两个重点可以从"简政放权与政府职能优化""社会主义市场经济体制与政府职能优化""人民满意的服务型政府与政府职能转变""深入推进依法行政加快转变政府职能"四个方面观察。这些改革也进一步完善了行政体制，健全了政府各部分与层级间的协调配合，不断创新行政管理和服务方式，推动国家行政体系更加成熟，也促使政府治理效能进一步得到全面提升。

---

① 陈笑飞：《近十年我国政府职能转变研究的回顾与展望》，《党政论坛》，2021 年 1 月号。

二、简政放权与政府职能优化

（一）简政放权的整体态势

党的十八大以来，各级政府着力推进职能转变，从“简政放权”入手，进而推动“放管结合”和“优化服务”，形成了“放管服”三管齐下、互为支撑的改革局面，成效令人瞩目。2020年是简政放权理念提出和践行的第七年。七年来简政放权改革已经取得了巨大成效，政府职能发生深刻转变，长期存在的重审批、轻监管、弱服务得到明显改观。各类行政审批大幅压缩，中央层面核准的企业投资项目压减90%，非行政许可审批退出历史舞台，市场准入负面清单管理制度全面实施。事中事后监管得到加强，改革和理顺市场监管体制，严格规范行政执法，“双随机、一公开”成为日常监管的基本方式。各地结合实际探索出许多值得推广的经验做法，政务服务基本实现“一站式”和“网上办理”。工程建设项目审批以前用时一两年甚至几年，曾有人称之为审批的“万里长征”，如今不超过120个工作日。市场主体和人民群众切身体会到“放管服”改革带来的便利和实惠。改善营商环境、“筑巢引凤”，已经成为地区之间竞相推动高质量发展的自觉行动。

从中央层面看，中央始终坚持把行政审批制度改革向纵深推进，在促进政府由“全能型”向“服务型”转变上下功夫，把能精简的政府权限再次精简。2020年9月国务院决定取消29项行政许可事项，下放4项行政许可事项的审批层级。[①] 在常态化疫情防控下，“放管服”改革在促进全面复工复产、复市复业方面发挥了重要作

① 《国务院关于取消和下放一批行政许可事项的决定》，转引自中国政府网，http：//www.gov.cn/zhengce/content/2020－09/21/content_5545345.htm.（上网时间：2021年2月22日）

用。2020 年 9 月李克强总理在北京召开全国深化“放管服”改革转变政府职能电视电话会议，特别强调推动更多服务事项一网通办，做到企业开办全程网上办理。国办印发《关于加快推进政务服务“跨省通办”的指导意见》，提出了 140 项全国高频政务服务“跨省通办”事项清单。[①]“政府职能发生深刻转变，长期存在的重审批、轻监管、弱服务问题得到明显改观。”党的十九届五中全会审议通过的《中共中央关于制定国民经济和社会发展第十四个五年规划和二〇三五年远景目标的建议》，明确指出：“深化简政放权、放管结合、优化服务改革，全面实行政府权责清单制度。”

在地方上，继续减少行政审批事项仍然是改革的主基调。比如安徽省政府印发《安徽省开展“证照分离”改革全覆盖试点工作实施方案》，决定从 2021 年 3 月 1 日起，在全省开展“证照分离”改革全覆盖试点，对 532 项涉企经营许可事项（中央层面设定 523 项、我省地方层面设定 9 项）分别按照直接取消审批、审批改为备案、实行告知承诺、优化审批服务四种方式，分类推进审批制度改革。[②]江苏省政府决定取消 57 项行政权力事项，承接和下放 29 项行政权力事项，取消的 57 项行政权力事项中，18 项为按照国务院要求对应取消，其余 39 项由省级部门提出取消，包括行政许可 2 项、行政确认 7 项、行政奖励 3 项、行政其他 27 项。江苏省自 2013 年以来取消、下放、调整行政权力事项 1048 项，去年又将 273 项省级管理事项精准赋予自贸试验区，努力打造审批事项最少、办事效率最高、创新创业活力最强的区域。[③] 在省级 427 项行政许可事项中，山东省法规规章设定的只有 20 项，其他都是国家设定的；市级层面设定的行政许可只保留 7 项，2020 年 12 月底前争取全面取消。[④]

---

① 《“放管服”改革如何持续深化》，《人民日报》，2020 年 10 月 29 日第 19 版。

② 《安徽推出系列举措：简政放权，激发市场主体活力》，转引自新华网，http：//m. xinhuanet. com/ah/2021 -02/01/c_1127048267. htm.（上网时间：2021 年 2 月 21 日）

③ 《江苏简政放权持续发力 取消 57 项行政权力事项》，转引自新华网，http：//www. js. xinhuanet. com/2021 -01/09/c_1126962582. htm.（上网时间：2021 年 2 月 1 日）

④ 《山东加快推进 12 个流程再造项目 最大限度简政放权》转引自新华网，http：//www. sd. xinhuanet. com/cj/2020 -03/20/c_1125738298. htm.（上网时间：2021 年 2 月 1 日）

组织机制的完善成为改革的着力点。行政审批改革进入优化深化阶段，着力解决条块管理冲突的问题。“行政审批局”是2014年提出的新的行政管理方式，目的是为克服行政碎片造成的效率低下，将“分裂”的审批与监管权集中起来，将散落在各处的审批权重新集中、整合起来，由行政审批局统一行使。职责交叉、信息衔接、权责模糊等问题是条块整合遇到的问题，也是中国行政管理条块分割的必然。行政审批局从诞生之初就面临因集中而带来的，成为制约改革的梗阻。从纵向条线看，行政审批局具有块的属性，集中了许多许可主体，而其他行政部门是按照业务领域设计的，行政审批局确实是有“夺权”问题，导致少数部门对相对集中行政许可权改革认识不统一，甚至对行政审批局机构的法律地位存在疑惑，使得行政审批局经常处于“找不到门”或“不让进门”的尴尬境地，信息沟通不畅的情况时有发生。[①] 过去几年，许多政府部门把工作精力主要放在审批项目的清理精简上，而对保留的审批项目如何强化监管、优化服务等方面明显重视不足，重审批、轻监管、轻服务的问题依然突出，使得简政放权改革的效果大打折扣。行政审批局的权责问题也成为日后改革的重点。[②]

党的十九大以后针对处理好“审”与“管”的关系问题，重新厘清审批服务局和行业主管部门之间的职责关系，明确划转事项在审批和监管中的配合方式、双方责任等。要围绕发现问题、解决问题来构建审管联动机制。比如山西省重新建构了系统协同体系，克服了行政审批管理局中的条块管理问题。2020年12月山西省发布《山西省人民政府办公厅关于建立省、市、县审批服务协同联动机制的通知》，通知要求持续巩固和扩大全省市县“一枚印章管审批”改革成果，进一步理顺各级各部门审批服务协同联动关系，全面提升审批服务规范化、标准化水平，建立健全市、县原审批部门与市、

① 袁雪石：《相对集中行政许可权改革的挑战与发展方向》，《中国行政管理》，2020年第1期。

② 唐晓阳：《新时代简政放权改革取得的成效、问题及对策》，《岭南学刊》，2019年第3期。

县审批局之间“多对一”，省、市、县行政审批服务管理局之间“一对一”和省审批服务管理局与省直审批部门之间“一对多”的审批服务协同联动机制，形成渠道顺畅、高效运转、纵向统筹 协调、横向密切配合的审批服务新模式，全力打造“六最”营商环境。[①]

（二）简政放权的主要成就

行政审批制度改革是转变政府职能，完善行政管理体制的重要改革。改革进行到现阶段，已经取得了阶段性成果，行政审批改革日益科学化、法治化、服务化、透明化与责任化，通过大量的行政审批事项的减少，已建立使市场发挥决定性作用而又能弥补市场缺陷。改革的主要成效表现为以下几个方面：

一是构建立体式现代审批新模式。2014 年天津滨海新区用一枚行政审批专用章替代 18 个部门的 109 枚印章，在全国实现了“一枚公章管审批”的模式，建立了行政审批局，标志着我国行政审批改革进入了新阶段。2018 年，中共中央办公厅、国务院办公厅在《关于深入推进审批服务便民化的指导意见》中要求深化和扩大相对集中行政许可权改革试点，整合优化审批服务机构和职责，有条件的市县和开发区可设立行政审批局，实行“一枚印章管审批”。自此，地方进入行政审批整合时代，多地进行了“最多跑一次”改革，积极实行“一次不跑”或“只跑一次”的全覆盖，所有民生事项和企业事项“一次办结”。[②] 到 2019 年底，各级地方政府基本都进行了审批权力重新配置，行政效能不断增强。2020

① 《山西省人民政府办公厅关于建立省、市、县审批服务协同联动机制的通知》，转引自山西省政府网，http：//www.shanxi.gov.cn/sxszfxxgk/sxsrmzfzcbm/sxszfbgt/flfg_7203/bgtgfxwj_7206/202012/t20201217_869692.shtml.（上网时间：2021 年 2 月 22 日）

② 《百姓少跑腿、政府有效率、企业更安心，看 2018 年各地落实“简政放权”有良方》，转引自中华网，http：//news.china.com/domesticgd/10000159/20181221/34755733_1.html.（上网时间：2019 年 1 月 19 日）

年行政审批局建设从组织架构的搭建，转向效能的提升。这与党的十九大提出的提效增能，注重系统性、协同性的精神是一致的。“所有项目审批都集中在这一个地方，进了这一扇门就能办完所有事”，通过流程再造实现审批事项整合和缩减，最大限度节省企业办事的各方面成本。全国各地进行国家级改革试点，坚持依法改革、问题导向、务求实效、协同配合、稳步推进的原则，将涉及市场准入、建设投资和权证办理等行政许可事项集中至行政审批局，实现“一枚印章管审批”，构建简约便民的审批服务体系和科学有效的监管体系。

二是行政审批改革与机构改革相配套，增强改革系统性、整体性、协同性。党的十九大报告再次强调“坚持全面深化改革”，并把“着力增强改革系统性、整体性、协同性”作为改革取得重大突破的宝贵经验。机构改革为“放管服”改革奠定了良好的基础，从根本上解决了职能配置碎片化的问题，避免了职能交叉、互相扯皮的痼疾，重塑了协同整体的政府形象。“放管服”改革是以调整政府职能为核心的。回应本轮机构改革，简政放权重在实现政府在市场、社会中的职能调整，加强和完善政府经济调节、市场监管、社会管理、公共服务、生态环境保护职能，构建职责明确、运行高效、系统完备的职能体系。通过审改简化整合职能流程，动态调整职能清单，释放市场空间，保障市场自由，以提高效率、优化服务。各级政府行政改革的统筹谋划、整体推进，机构科学设置，职能合理配置，对改革中出现的不协同、不配套、不衔接问题及时应对解决。近五年来，1500 多项改革举措有序有力有效落实，重要领域和关键环节改革取得突破性进展。取消、停征、减免 1100 多项中央和省级政府行政事业性收费，推动降低用能、物流、电信等成本，累计减轻市场主体负担超过 3 万亿元。[①]

三是特别注重互联网在简政放权中的重要作用。当前，全国各

---

① 张占斌、孙飞：《改革开放 40 年：中国“放管服”改革的理论逻辑与实践探索》，《中国行政管理》，2019 年第 8 期。

地按照中央部署、结合自身特点开展了形式多样的“互联网+政务服务”的实践探索，取得了很大成效，通过政务服务网破解效率困局并通过政策规定倒逼政府改革。实践证明，互联网技术、数字技术等是“放管服”改革取得成功的关键。从现有“互联网+政务服务”发展情况看，以一体化政务服务平台为代表的系列改革举措都在探索如何以互联网技术触发各级政府“放管服”，为创新创业加油助力。各级地方政府都在努力建成“应上尽上、全程在线”新平台，通过开通在线办理，提高政务网门户建设覆盖率，逐步形成涵盖政务服务“全事项、全过程、各环节”的全流程智能化服务平台，进一步提升了市场准入和投资审批便利度，进一步提高政府效能。[①] 发展“互联网+”政务服务是党中央、国务院深化“放管服”改革的重大决策部署，当前地方政府“互联网+”政务服务发展取得了很大成绩，但也面临着一些严峻挑战。比如目前各地方政务服务体系呈现多种线上线下渠道并存，各自独立发展的既有格局，很多地方政府为完成中央指标，在缺乏顶层设计和完整规划的背景下为上网而上网，回避真正难以理顺利益关系、打通办事堵点痛点的项目，造成网上服务范围局限，也是今后改革的重点内容。[②]

三、完善社会主义市场经济体制与转变政府职能

加快构建新发展格局，打造市场化、法治化、国际化营商环境。党的十九届五中全会对构建以国内大循环为主体、国际国内双循环相互促进的新发展格局做出重要战略部署，国家行政体系建设要紧

---

① 《数字化转型促简政放权》，转引自中国纪委国家监委网站，http：//www.ccdi.gov.cn/yaowen/202002/t20200225_212181.html.（上网时间：2020年2月10日）

② 《“互联网+”时代的地方政府治理创新》，转引自民政部网站，http：//xxzx.mca.gov.cn/article/xgzs/201901/20190100014436.shtml.（上网时间：2021年2月23日）

密围绕加快构建新发展格局有序展开，抓住加快转变政府职能这个关键，深化“放管服”改革，尊重市场经济内在运行规律，破除深层次体制机制障碍，全面实行政府权责清单制度，以简政放权更大激发市场活力和社会创造力，最大限度减少政府对市场资源的直接配置和对微观经济活动的直接干预，探索对新产业新业态实行包容审慎监管。同时要继续创新和完善宏观调控，加强法治政府建设，加强事中事后监管，有效弥补市场失灵，以“放管结合”切实维护公平竞争市场秩序，打造市场化、法治化、国际化营商环境，加快构建以国内大循环为主体、国际国内双循环相互促进的新发展格局。①

（一）建立完善的市场监管体系

组建市场监管总局是中国特色社会主义进入新时代，在继续加快完善社会主义市场经济体制的进程中，完善市场监管体制的重要举措。实行统一的市场监管，是建立统一开放竞争有序的现代市场体系的关键环节。

1. 建立高效现代化的市场监管体系

党的十八届三中全会提出“改革市场监管体系，实行统一的市场监管”，提出建立大市场监管体系的思路。2013 年地方政府开始对新一轮市场监管体制改革进行探索与试点，大幅提升市场监管部门监管效率。2014 年，国务院要求“加快县级政府市场监管体制改革，探索综合设立市场监管机构，原则上不另设执法队伍”。2015 年，国务院召开全国推进简政放权放管结合职能转变工作电视电话会议，首次提出了“放管服”改革的概念。“放管服”作为转变政府职能的重大举措，围绕处理好政府与市场关系，简政放权、放管

① 肖捷：《加快转变政府职能》，《人民日报》，2020 年 12 月 3 日第 6 版。

结合、优化服务三管齐下推动政府职能转变、优化营商环境、激发市场活力和社会创造力。2017 年国务院出台《“十三五”市场监管规划》，提出树立现代市场监管理念，改革市场监管体制，创新市场监管机制，强化市场综合监管，提升市场监管的科学性和有效性，促进经济社会持续健康发展。这不仅涉及政府监管模式的改变，还涉及深层次的行政权力结构调整和政府理念变革。2018 年党的十三届全国人大一次会议通过批准国务院机构改革方案，组建国家市场监督管理总局，原国家工商总局、质检总局、食药总局撤销，组建国家市场监管总局。作为中央级别的国家监管总局，不仅是继续加快完善社会主义市场经济体制进程，完善市场监管体制的重要举措，也是大市场监管体制搭建的初步探索。作为新一轮的政府机构的优化，国家市场监管进入权威体系与大整合的综合改革状态。大监管将工商、质监、食药监的相关产品监管和标准化职能囊括其中，而且还将发改委、商务部等部门物价监管和反垄断的职能，以及知识产权保护等职能并入，成为事实意义上的一个综合的市场监管机构。这次改革是历次市场监管体制改革中力度最大的一次，也是自 2013 年起为期最长、争议最多的新一轮机构改革。2018 年中共中央办公厅、国务院办公厅印发了《海南省机构改革方案》，海南省由此成为全国第一个进行机构改革的省份，也成立了全国首个省级市场监管局。从海南省开始，根据《深化党和国家机构改革方案》的明确要求，所有地方机构改革任务在 2019 年 3 月底前基本完成。截至 2019 年 11 月，各级市场监管部门按照中央部署和地方党委的安排，积极做好各项机构改革工作，各省市县乡镇等地方政府的市场监管机构已先后完成挂牌和领导任命工作。全国绝大部分县区级“三合一”已经完成。“三合一”后的市场监管部门作为一个整体，力量延伸到乡镇，从这个层面而言，监管的整体力量得到了加强。2020 年为进一步深化机构改革，优化营商环境，提升监管效能，国家市场监督管理总局起草了《国家市场监督管理总局关于废止和修改部分规章的决定（征求意见稿）》，现向社会公开征求意见，为进一步实现市场监督法治化奠定基础。

至此，从中央系统、地方系统和基层系统三个层面建立了大监管思路的市场监管体系。在中央层面建立了国家市场监督管理总局。主要职责是提供中央层面的制度设计，把握市场监管总体方向。在地方层面，建构了地方市场监督管理局和最基层的县与乡市场监督管理局，其主要职责分别是，根据中央的政策要求建立符合本地区的发展和情况的监管部门。基层乡镇层面住户要落实辖区内的市场监管事务的落实。整个大市场监管体系，通过政府间系统的协调机制，比如决策机制，监督机制和执行机制进行落实。①五年来，市场监管体制实现重大改革，实现了分段、分领域监管向统一、综合监管的转变；商事制度改革纵深推进，激发了各类市场主体活力，年均净增市场主体 1247. 7 万户，营商环境国际排名从 84 名上升到 31 名；市场监管基础性制度与时俱进，市场监管“四梁八柱”的重大制度相继建立；食品药品等安全基础不断巩固向好；质量提升行动深入开展，制造业产品质量合格率稳定在 90% 以上，市场秩序和消费环境持续改善，知识产权保护进一步加强。②

（二）营商环境不断优化

“放管服”改革以来，我国营商环境不断优化，企业领取营业执照、从事一般经营项目的便利化程度有了很大改善。世界银行发布的《2020 营商环境报告》显示，在全球 190 个经济体中，中国营商环境总体排名跃居全球第 31 位，比上一年提升 15 位，其中“开办企业”便利度排名第 27 位。商事制度改革后，中国是东亚及太平洋地区唯一一个进入 2019 年世界银行营商环境报告 10 大最佳改革者

① 宋林霖、陈志超：《深化地方市场监管机构改革的目标与路径》，《行政管理改革》，2019 年第 9 期。

② 《全国市场监管工作会议在京召开》，转引自国家市场监督管理总局网站，http://www.samr.gov.cn/xw/zj/202101/t20210118_325310.html.（上网时间：2021 年 2 月 24 日）

名单的经济体。①

中国商事制度改革取得的显著成效主要表现在两方面：

一是持续深入实行证照改革。从证照改革的历史看，国家证照分离改革试点始于 2015 年年底。2017 年国务院开始推广上海经验，在全国 10 个自贸区进行试点推广上海市浦东新区“证照分离”改革试点经验。到 2018 年在全国推开“证照分离”改革，推动“照后减证”，做到各类审批事项能减则减、能合则合，进一步清理“证照”关系，区分“证照”功能。2019 年国务院正式印发《关于在自由贸易试验区开展“证照分离”改革全覆盖试点的通知》，明确从 2019 年年底前在自由贸易试验区启动“证照分离”改革全覆盖试点工作，将在已经实施的 100 多项涉企经营许可事项基础上，进一步扩大到中央层面设定的全部 523 项涉企经营许可事项，将中央层面和地方层面设定的涉企经营许可事项全部纳入改革范围。2020 年下半年“证照分离”改革在全国推开。

“证照分离”改革在地方得到了广泛认可和推广。推进“证照分离”，破解“准入不准营”，有助于打造市场化法治化国际化营商环境，也是稳就业的有力措施。“证照分离”改革有效降低了企业制度性交易成本，取得了显著成效。为进一步破解“办照容易办证难”“准入不准营”等突出问题，加快营造稳定公平透明可预期的营商环境，2020 年以来，山东省市场监管局聚焦“一业一证”改革，在全国省级层面率先突破，全省 186 个市、县及功能区 20 个改革行业实现全覆盖。该局聚焦“九大改革攻坚行动”，持续优化企业开办服务，积极探索“一业一证”改革，营造宽松便捷的市场准入环境；多方位提升企业开办便利度，上线运行新版“一窗通”平台，实现一次登录、一表填报、一日办结，企业开办跑出加速度。北京市深化“证照分离”改革，服务“双自贸区”建设，推进“证照分离”

---

① 《〈中国知识产权保护与营商环境新进展报告（2019）〉发布会》，转引自中国商务部，http：//www. mofcom. gov. cn/article/i/jyjl/l/202005/20200502961298. shtml.（上网时间：2020 年 2 月 19 日）。

改革全覆盖。[①]

二是制定中国营商环境评价制度。2018 年国家发改委开始在学习借鉴国际营商环境评价方法的基础上，建立中国营商环境评价体系。2019 年对直辖市、计划单列市等 41 个城市开展全国营商环境评价，8 月组织对东北地区 21 个城市开展东北地区营商环境试评价。2020 年 5 月中共中央、国务院印发《关于新时代加快完善社会主义市场经济体制的意见》。意见明确，落实《优化营商环境条例》，完善营商环境评价体系，加快打造市场化、法治化、国际化营商环境。

（三）市场监管规范化

在市场监管领域全面推行“双随机、一公开”监管，是党中央、国务院作出的重大决策部署，是市场监管理念和方式的重大创新，是深化“放管服”改革、加快政府职能转变的内在要求。创新市场监管体制的主要内容是，加快信用体系建设和强化事中事后监管机制，建立以信用为核心的新型市场监管机制，不断提升市场秩序控制力，打造更有序的营商环境。

党的十八大以后，我国社会信用体系建设工作快速推进，包括行政审批制度的改革与市场监管制度方式的创新，为构建以信用为核心的市场监管体系创造了条件。经过几年的探索，以信用监管为核心的新型监管机制初步形成，全国各地全面推行了“双随机、一公开”监管方式。

2019 年 2 月国务院印发《关于在市场监管领域全面推行部门联合“双随机、一公开”监管的意见》，在市场监管领域全面推行部门联合“双随机、一公开”监管，要坚持全面覆盖、规范透明、问题导向、协同推进，增强市场主体信用意识和自我约束力，对违法

---

① 《北京大兴深化“放管服”改革服务“双自贸区”经济建设》，转引自国家市场监督管理总局，http：//www. samr. gov. cn/xw/df/202102/t20210223_326232. html. （上网时间：2020 年 2 月 19 日）

者“利剑高悬”。到 2019 年年底，市场监管部门完成“双随机”抽查全流程整合，到 2020 年年底，实现市场监管领域相关部门“双随机、一公开”监管全覆盖，地方各级人民政府相关部门在市场监管领域联合“双随机、一公开”监管常态化。2020 年政府工作报告要求继续提高监管执法规范性和透明度，完善“双随机、一公开”监管，信用监管、“互联网 + 监管”、跨部门协同监管等有效做法，减少人为干预，压缩自由裁量空间，使监管既“无事不扰”，又“无处不在”。增强监管的威慑力，降低企业合规成本、提高违规成本，防止“劣币驱逐良币”。

各级地方政府如何完成协同监管，成为“放管服”改革落地要解决的问题。2020 年各级地方政府开始全面推动部门联合“双随机、一公开”监管工作落地，切实减少对市场主体正常经营活动的干扰，进一步优化营商环境。许多地方政府通过“互联网 + 监管”平台，完成联合检查，并通过“双随机、一公开”监管平台依法依规向社会公布。在这种模式下，各级地方政府开始更规范更精准地监管营商环境，比如武汉市进行了 2021 年首次“双随机、一公开”联合检查。2017 年武汉市就正式出台“双随机、一公开”工作办法，有关工作受到国务院通报表彰。2020 年 12 月底，武汉市进一步出台《部门联合“双随机、一公开”监管工作办法》以及《联合抽查事项清单》①，使多部门联合进行随机检查更规范，形成常态化。内蒙古自治区出台了《内蒙古市场监管局规范全区市场监管部门监管执法事权划分 进一步细化执法事权压实监管责任》② 的意见，推行以“依法行政”“协同监管”“权责一致”为原则，分别细化自治区、盟市、旗县级（包括市场监督管理所）三级的监管执法事权和

---

① 《武汉开展今年首次跨部门“双随机、一公开”抽查》，转引自国家市场监督管理总局网站，http：//www. samr. gov. cn/xyjgs/gzdt/202102/t20210218_326119. html. （上网时间：2021 年 2 月 25 日）

② 《内蒙古市场监管局规范全区市场监管部门监管执法事权划分进一步细化执法事权压实监管责任》，转引自国家市场监督管理总局网站，http：//www. samr. gov. cn/fgs/dffzjs/202004/t20200421_314473. html. （上网时间：2021 年 2 月 28 日）

责任，理顺了内蒙古全区各级市场监督监管部门监管执法事权关系，明确了职责与责任。监管改革是“放管服”改革的重要之举，是完善事中事后监管的关键环节，对于提升监管的公平性、规范性和有效性，构建事权清晰、权责明确、上下协调、运转高效、执行有力的市场监督管理工作格局十分有利。

四、构建“人民政府”与转变政府职能

我国公共服务体系的完善改革已进入系统集成、协同高效的阶段。要准确把握公共服务体系各个方面之间、服务保障领域和其他相关领域之间改革的关系，提高统筹谋划和协调推进能力，确保各项改革形成整体合力。早在2006年，党的十六届六中全会就提出要逐步形成惠及全民的基本公共服务体系。此后，国家先后印发了《国家基本公共服务体系“十二五”规划》《“十三五”推进基本公共服务均等化规划》《关于建立健全基本公共服务标准体系的指导意见》等文件，持续推动各地区、各有关部门改革。党的十九届五中全会明确了“十四五”时期我国社会保障事业发展的蓝图。要坚持系统观念，把握好新发展阶段、新发展理念、新发展格局提出的新要求，在统筹推进“五位一体”总体布局、协调推进“四个全面”战略布局中思考和谋划社会保障事业发展。目前，我国已经初步构建起覆盖全民的国家基本公共服务体系，各类基本公共服务设施不断改善，基本公共服务项目有效落实，服务范围持续拓展，保障能力不断增强。

随着我国公共服务体系的日益完善，公共服务均等化程度也在不断提高。基本公共服务均等化程度是衡量民生建设的一个重要指标，是国家治理现代化的主要体现。基本公共服务均等化重点是保障人民群众得到基本公共服务的机会，而不是简单的平均化。推进基本公共服务均等化，不仅仅是提供量上的供给，更重要的是质的

提高，这也对全面建成小康社会，促进社会公平正义、增进人民福祉、增强全体人民在共建共享发展中的获得感、实现中华民族伟大复兴的中国梦，都具有十分重要的意义。

（一）公共服务均等化的整体成效

党的十九大报告着重指出，要保障和改善民生，必须加快推进基本公共服务均等化，到 2035 年基本实现基本公共服务均等化，这是党的十九大报告明确的目标，国家在推进公共服务均等化方面的主要成效是：

城乡公共服务整合力度加强，城乡公共服务差距日益缩小。现阶段中国发展最大的不平衡是城乡之间的不平衡，最突出的表现是基本公共服务发展水平的不平衡。2019 年延续 2018 年的发展思路，不断增加公共服务在乡村的供给，以及公共服务在城市、县城、小城镇和乡村之间的同步性，稳步提高城乡基本公共服务均等化的水平。从 2018 年统计年鉴和最新统计数据来看，城镇和农村居民的可支配收入差距已经从 2009 年的 3. 33∶ 1 缩减到 2017 年的 2. 71∶ 1，改善比较明显。2019 年，中国农村居民可支配收入为 16021 元，2013 年为 9430 元，7 年间同比增加 69. 89%、年均增长 9. 98%，远高于中国经济增长速度；同期城镇居民可支配收入增加 60. 04%、年均增长 8. 56%。[①]

逐步统筹城市和乡村公共服务。城市和乡村公共服务资源也涉及城市群内的共享，包括土地资源、宅基地资源向城市流动；城市的教育资源、养老资源、保障房资源等向乡村流动。国家大力推广新型农村社会养老保险与城镇居民社会养老保险整合，形成了城乡居民基本养老保险。新型农村合作医疗与城镇居民医疗保险整合形成了城乡居民基本医疗保险。同时，采取有效措施推动基本公共服

① 张婵娟、尚虎平：《农村基本公共服务“过犹不及”诱致的逆向不均等》，《行政论坛》，2020 年第 6 期。

务常住人口全覆盖。鼓励城市大医院对口帮扶或者发展远程医疗来缓解农村居民看病难、看病贵的问题。比如广东省从 2019 年 1 月 1 日起，提高城乡居民基本养老保险基础养老金最低标准，人均增幅为 15%，城乡居民基本养老保险覆盖率达到 98% 以上。[①] 2019 年国家发改委多部门印发《关于进一步推动进城农村贫困人口优先享有基本公共服务并有序实现市民化的实施意见》的通知，推动进城农村贫困人口优先享有基本公共服务，促进有能力在城镇稳定就业和生活的农村贫困人口有序实现市民化，是推动劳务输出脱贫的重要手段，对于打赢脱贫攻坚战、维护社会公平正义、促进全体人民共享改革发展成果都具有十分重要的意义。2021 年，习近平总书记在中共中央政治局第二十八次集体学习时强调要完善覆盖全民的社会保障体系促进社会保障事业高质量发展可持续发展，统一城乡居民基本养老保险制度，实现机关事业单位和企业养老保险制度并轨，建立企业职工基本养老保险基金中央调剂制度。整合城乡居民基本医疗保险制度，全面实施城乡居民大病保险，组建国家医疗保障局，在健全覆盖全民的社会保障体系上不断取得新成效。[②]

（二）以公共服务标准化提升政府效能

以公共服务标准化促进公共服务均等化是国家提高公共服务水平的重要战略。2018 年 7 月 6 日，习近平总书记主持召开中央全面深化改革委员会第三次会议，审议通过了《关于建立健全基本公共服务标准体系的指导意见》。《指导意见》指出，建立健全基本公共服务标准体系，明确中央与地方提供基本公共服务的质量水平和支出责任，以标准化促进基本公共服务均等化、普惠化、便捷化，是新时代提高保障和改善民生水平、推进国家治理体系和治理能力现

① 《改善民生最长情的告白，持续深入推进基本公共服务均等化》，《中国财政》，2019 年第 17 期。

② 《完善覆盖全民的社会保障体系促进社会保障事业高质量发展可持续发展》，《人民日报》，2021 年 2 月 28 日 第 1 版。

代化的必然要求。2019 年国家通过《关于建立健全基本公共服务标准体系的指导意见》，要求选择一批市、县开展国家基本公共服务标准化试点，推动各地区在标准制定、实施等方面的探索创新，形成可复制可推广的成功经验，为国家基本公共服务标准化的制定和完善提供参考。2021 年 2 月国务院对《国家基本公共服务标准（2021 年版)》批复，批复指出坚持新发展理念，以推动高质量发展为主题，以满足人民日益增长的美好生活需要为根本目的，明确现阶段政府兜底保障的基本公共服务范围与标准，为各级政府履职尽责和人民群众享有相应权利提供重要依据，推进国家治理体系和治理能力现代化。

在国家推进公共服务标准化的进程中，着重进行了以下几方面的建设：

一是明确国家基本公共服务质量要求，制定基本公共服务保障国家基础标准。在 2018 年关于公共服务标准体系的指导意见文件中，从国家、行业、地方、基层服务机构 4 个层面，构建了基本公共服务标准体系的总体框架。其中，国家层面，以“幼有所育、学有所教、劳有所得、病有所医、老有所养、住有所居、弱有所扶”等为统领，制定国家基本公共服务标准。地方层面，地方政府结合本地区经济发展、人口结构等因素，制定本地区基本公共服务具体实施标准。2019 年，地方政府按照国家部署，按照《指导意见》精神，将国家基本公共服务标准、各行业领域标准规范与本地实际相结合，经与国家基本公共服务相关规划和标准衔接并进行财政承受能力评估后，制定本地区基本公共服务具体实施标准。2020 年国家首批基本公共服务标准化试点，51 个市、县政府先行先试，首批试点覆盖北京、天津、河北、山西、吉林、黑龙江、上海、江苏、浙江、安徽、山东、河南、湖南、广东、广西、四川、贵州、陕西、甘肃、青海、宁夏 21 个省、自治区、直辖市。各试点市、县人民政府将利用 2 年时间，深入探索基本公共服务标准制定、实施、应用，以及标准水平城乡均衡、动态调整、监测评估等方面的经验。[①] 在基本公共服务的标准化方面，国家市场监督管理总局面向养老、体育、文化、教育、残疾人服务等民生关切的重点领域，已经累计发布国家标准400多项。在应对老龄化方面，发布了《养老机构服务质量基本规范》《养老机构等级划分与评定》等一批重要标准，加快建立养老服务标准体系；在方便群众生活方面，发布客运、邮政服务等一批重要标准，比如《邮政普遍服务标准》规范了各地邮政营业场所的设置要求，尤其是在我国广大农村地区怎么设置邮政局所，标准规定了农村主要人口聚集区平均5－10千米的服务半径，或者1－2万人服务人口，应设置一座邮政局所等。[②]

二是合理划分基本公共服务支出责任，明确政府在基本公共服务中的兜底职能，明确中央与地方支出责任划分，制定中央与地方共同财政事权基本公共服务保障国家基础标准。在2018年国务院办公厅就印发了《基本公共服务领域中央与地方共同财政事权和支出责任划分改革方案》。方案明确提出通过基本公共服务领域中央与地方共同财政事权和支出责任划分改革，力争到2020年，逐步建立起权责清晰、财力协调、标准合理、保障有力的基本公共服务制度体系和保障机制。2019年开始各地方推进省以下支出责任划分改革。《广东省人民政府办公厅关于印发基本公共服务领域省级与市县共同财政事权和支出责任划分改革方案的通知》，将8大类18项基本公共服务领域中央与地方共同财政事权，确定为省级与市县共同财政事权。基本上到2020年年底，三四线城市也完成改革方案的设计。

但公共服务共同事权领域存在专项转移支付过多过散的问题。比如70个专项平均每个项目312.6亿元，金额最少的项目（民族贸易和民族特需商品生产企业贷款贴息）只有0.02亿元，金额最多的

---

① 《安徽省基本公共服务均等化指数首次发布》，转引自中国政府网，http：//www.gov.cn/xinwen/2020－02/02/content_5473827.htm.（上网时间：2020年02月22日）

② 《全国首批！国家基本公共服务标准化试点，51个市、县政府先行先试》，转引自澎湃新闻，https：//m.thepaper.cn/newsDetail_forward_6886173.（上网时间：2021年2月21日）

项目（基建支出）高达3942.36亿元，标准差高达627.8。[①] 转移支付如何更合理地安排也是今后改革的重点内容。

三是创新基本公共服务标准实施机制，要求促进标准信息公开共享，开展标准实施监测预警，推动标准水平动态有序调整，加强实施结果反馈利用，推进政府购买公共服务，鼓励开展创新试点示范。

创新基本公共服务标准实施机制存在的最主要问题是事项标准不统一，跨地区、跨部门办事协同难。各地区存在办事事项编码、服务名称、服务流程不统一等问题，给跨地区业务协同带来较大障碍，导致大部分地区在线平台服务范围局限在本省（自治区、直辖市）。另外的问题是，技术体系不兼容，难以实现真正意义上的"一网通办"。各地区各部门在线平台在用户认证、印章使用、证照共享等方面的技术支撑体系标准不一、各自为政，互联互通互信难，全国范围的"一地注册、各地互认""一次认证、全网通办"目标难以实现。还有服务保障不到位。不少地区和部门的政务服务平台存在重建设、轻运维的现象，平台用户知晓度低，服务便利性差，线上发布的办事事项、办理指南和线下大厅的实际操作方式脱节，办一件事"进多扇门、上多次网"的现象仍比较普遍。[②]

针对这些问题，2018 年 7 月国务院印发了《关于加快推进全国一体化在线政务服务平台建设的指导意见》，就深入推进"互联网 + 政务服务"作出重要部署。

为了贯彻落实意见精神，2018 年底国家开始建设具有"六个统一"功能的国家政务服务平台，包括统一的身份认证系统、电子证照系统、投诉建议功能、用户管理功能、事项管理功能和服务搜索功能。在这个平台上，全面支持全国各地各部门的政府网上办理试点工作。到 2018 年年底，这一功能平台与其主体功能已经初步建设

---

① 《构建中央和地方财政关系：逻辑演绎与实证检验》，《江淮论坛》，2019 年第 2 期。

② 《建设全国一体化在线政务服务平台 打造"互联网 + 政务服务"升级版》，转引自新华网，http：//www.xinhuanet.com/politics/2018 - 08/10/c_1123252526.htm.（上网时间：2019 年 1 月 19 日）

完成。2019年1月为按时完成全部试点任务，上海市作为首批试点对接的省市之一全面推进“一网通办”，同时牵头建设长三角政务服务一体化平台，使之成为第一个国家政务服务平台跨地区应用的典型。全国一体化在线政务服务平台建设作为深化“放管服”改革、推进政府治理现代化的重要举措，通过政务服务一体化，解决了数据不统一的问题。过去，不同层级政府的政务服务入口设置不同，导致政务服务互不联通，找人办事困难。现在通过一体化，可以解决这个问题，提高公共服务效能。一体化也解决了流程不完整问题。通过一套完整的流程，对全国一体化政务服务平台工作目标的落实和任务细化，从要素、流程、载体、数据、上下融合提出比较全面的要求。同时，一体化还解决了信息共享问题。过去由于数据不统一，跨部门、跨层级、跨区域协作都无法实现。现在，国家通过政务服务一体化，直接对接全国一体化政务服务平台。通过这样一个公共支撑一体化平台，实现信息共享，实现政务服务事项就近能办、同城通办、异地可办。通过构建统一身份认证、统一电子印章、统一电子证照、信息资源共享交换平台实现公共支撑一体化。

五、深入推进依法行政与转变政府职能

（一）深入推进依法行政

各级政府作为国家权力机关的执行机关，承担着实施法律法规的重要职责，必须坚持依法行政，推进法治政府建设，让权力在阳光下运行。这就要求加快转变政府职能，推进机构、职能、权限、程序、责任法定化，推进各级政府事权规范化、法律化，强化对行政权力的制约和监督，进一步提高政府工作人员依法行政能力，做到法定职责必须为、法无授权不可为，坚决纠正不作为、乱作为，坚决克服懒政、怠政，确保政府各项工作在法治轨道上全面推进。

党的十八大以来，法治政府建设步履铿锵有力。2015 年年底《法治政府建设实施纲要（2015—2020 年)》印发实施，法治政府建设取得重大进展和明显成效。2019 年国家通过了《关于开展法治政府建设示范创建活动的意见》《关于全面推进海南法治建设、支持海南全面深化改革开放的意见》《重大行政决策程序暂行条例（草案)》等文件稿。2020 年 6 月，中央依法治国办先后部署开展了法治政府建设督察和第一批全国法治政府建设示范创建活动，共有 1847 个市、县政府自愿申报参加，督察和示范创建“两手抓”的推进机制初步形成。[①]

行政执法体制改革深入推进，行政执法“三项制度”全面推行得到加强，落实行政执法责任制，严格规范公正文明执法。“三项制度”，即行政执法公示制度、执法全过程记录制度、重大执法决定法制审核制度。

党中央高度重视这项改革任务，明确要先试点再全面推行。2016 年 12 月，习近平总书记主持召开中央深改组会议，审议通过“三项制度”改革试点方案。2017 年 1 月，国务院办公厅印发通知，决定在全国 32 个单位开展为期 1 年的试点工作。2018 年 4 月，司法部研究起草了向党中央、国务院报送的试点工作情况报告。同时，根据中央深改委有关要求，在总结试点工作的基础上，研究起草了全面推行行政执法“三项制度”的指导意见。2018 年 11 月 14 日，习近平总书记主持召开中央全面深化改革委员会第五次会议，审议通过了《国务院办公厅关于全面推行行政执法公示制度执法全过程记录制度重大执法决定法制审核制度的指导意见》，国务院办公厅于 12 月 5 日印发。2020 年司法部印发《司法部全面推行行政执法公示制度执法全过程记录制度重大执法决定法制审核制度实施办法》，推进全面依法治国，推进政府治理能力现代化，坚持执法为民，实现

---

① 《中央依法治国办关于第一批全国法治政府建设示范地区和项目名单的公示》，转引自中华人民共和国司法部网，http：//www. moj. gov. cn/Department/content/2020 - 06/19/582_3250995. html. （上网时间：2021 年 3 月 1 日）

部本级行政执法严格、规范、公正、文明，切实提高执法能力和水平，全面提升执法效能，充分发挥司法部在全面推行“三项制度”方面对司法行政系统的引领和示范作用，显著提高行政执法社会满意度。在各地，都开始推行并落实“三项制度”。比如2019年陕西省推行《陕西全面推行行政执法公示制度执法全过程记录制度重大执法决定法制审核制度实施方案》，要求各级行政执法机关要强化事前公开、规范事中公示、加强事后公开；要求各地各部门主要负责人作为本地区、本部门全面推行“三项制度”工作的第一责任人，加强对行政执法工作的领导，把“三项制度”推进情况纳入法治政府建设考核评价体系和年度目标责任考核体系，加强检查考核。[①]

（二）提升科学民主依法决策水平

党的十八大以来，党中央、国务院高度重视科学民主依法决策。党的十八届四中全会提出，健全依法决策机制，把公众参与、专家论证、风险评估、合法性审查、集体讨论决定确定为重大行政决策的法定程序。2015年12月，党中央、国务院印发《法治政府建设实施纲要（2015—2020年）》，提出了推进行政决策科学化、民主化、法治化的具体目标和措施。

党的十九大报告指出，扩大人民有序政治参与，保证人民依法实行民主选举、民主协商、民主决策、民主管理、民主监督。民主决策作为人民当家作主的重要体现，是中国特色社会主义民主政治的重要内容，在我们党治国理政中具有基础性、关键性意义。公开与开放对于民主政治建设和成长是至关重要的机制，也是创造民主的重要建设。[②] 党的十九大报告指出，“要长期坚持、不断发展我国社会主义民主政治，积极稳妥推进政治体制改革，推进社会主义民主政治制度化、规范化、程序化”。其中，推进社会主义民主政治程

① 《陕西全面推行行政执法三项制度》，《法制日报》，2019年8月30日第2版。
② 林尚立：《建构民主》，复旦大学出版社，2012年版，第303－304页。

序化，就是要使社会主义民主政治运作得更有效更合理，充分发挥其功能和优势。在当前推进国家治理现代化、实现全面依法治国进程中，加快推进社会主义民主政治程序化意义重大。

中国从 20 世纪 80 年代末开始基层民主政治建设，改革开放以来，中国社会主义民主政治建设一直在不断完善，但在操作的过程中仍存在领导干部决策“拍脑袋”、一些部门政令形式不统一、相关部门之间不能充分配合等问题。[①] 党的十九大报告特别强调推进社会主义民主政治制度化、规范化、程序化。

2020 年 12 月中共中央印发了《法治社会建设实施纲要(2020—2025 年)，要求各地区各部门结合实际认真贯彻落实。法治社会是构筑法治国家的基础，法治社会建设是实现国家治理体系和治理能力现代化的重要组成部分。建设信仰法治、公平正义、保障权利、守法诚信、充满活力、和谐有序的社会主义法治社会，是增强人民群众获得感、幸福感、安全感的重要举措。党的十九大把法治社会基本建成确立为到 2035 年基本实现社会主义现代化的重要目标之一，意义重大，影响深远，任务艰巨。

2019 年 4 月 20 日，国务院公布《重大行政决策程序暂行条例》，并于 2019 年 9 月 1 日起施行。该《条例》对重大行政决策事项范围、重大行政决策的作出和调整程序、重大行政决策责任追究等方面作出了具体规定，把公众参与、专家论证、风险评估、合法性审查、集体讨论决定作为重点，逐一明确、细化五大法定程序的具体要求。这部《条例》基于我国法治政府建设的新形势新任务新需求，作为推进依法行政、加强政府自身建设的一部行政立法，《条例》的出台实施具有重要意义。《条例》出台以后，很多地方政府也相继出台了规范重大行政决策程序的制度文件，科学民主依法决策水平在一定程度上得到提升。日前，全国各省市地方政府都对既有文件进行了重大修订。河北省通过了《河北省重大行政决策程序暂行办法》，于 2020 年 2 月

① 赵振宇:《治理之道：推进社会主义民主政治程序化》,《人民日报》, 2018 年 3 月 5 日第 7 版。

1 日起施行。2020 年 4 月江苏省也通过了《江苏省重大行政决策程序实施办法》，于 2020 年 8 月 1 日起施行。

（三）加强程序化、透明化建设

程序化、透明化是现代民主政治的基本特征，也是社会主义民主政治发展的必然要求。程序与透明反映了政治系统的开放、运行的公开，是国家治理的重要制度基础和实现社会“良治”的有效机制。程序化、透明化不仅是要求政治活动按照科学、有序的程序运行，按照法律办事，按照规范执行，同时还需要在政治活动中的信息公开、推行政务公开，保障人民群众的知情权、参与权和监督权，这是建设法治政府的必然要求，也是推进政府治理创新、从源头上预防和治理腐败的重要举措。

自 2007 年《政府信息公开条例》颁布以来，各级政府、各部门纷纷在依法积极推进政府信息公开工作，向公众发布了大量的政府信息。历经多年发展，政府信息公开制度在推进依法行政、建设法治政府、提升政府公信力方面发挥了积极作用。党的十八大以来，党中央国务院高度重视政府信息公开工作。2016 年 2 月 1 国家出台《关于全面推进政务公开工作的意见》，明确要求修改条例。2019 年国务院公布新修订的《中华人民共和国政府信息公开条例》，明确“以公开为常态、不公开为例外”的原则，规定了政府信息公开负面清单，修订后的条例在现行条例规定的基础上，对各地区、各部门实践中主动公开的政府信息进行重新梳理分析，扩大了主动公开的范围和深度。

明确各级行政机关应当主动公开机关职能、行政许可办理结果、行政处罚决定、公务员招考录用结果等十五类信息。同时，规定设区的市级、县级人民政府及其部门，乡（镇）人民政府还应当根据本地方的具体情况主动公开与基层群众关系密切的市政建设、公共服务、社会救助等方面的政府信息。条例还提出，行政机关应当按照上级行政机关的部署，不断增加主动公开的内容。

注重将保障人民群众知情权与规制滥用政府信息公开权相结合。针对信息公开实践中恶意信访、要挟、借助申请机会扰乱行政管理秩序等存在的突出问题，本次《条例》提出了对申请人的指导释明制度、对滥用政府信息公开权的规制制度等作出了明确规定，有利于避免不必要的争端争议，提升人民群众对政府服务的满意度，同时推动提升行政机关处理政务公开工作的规范化水准。比如 2020 年四川全省各级政府和部门，事关民生的重要政务活动信息一般应在活动结束后 24 小时内上网公开，规范性文件一般在印发后 3 个工作日内上网公开。今后，市民可以通过这一渠道查询到所有权威信息，政府部门将在最大透明度下运行。

2020 年《中国政府透明度（2020）》及《中国政务公开第三方评估报告（2019）》对 2019 年度 49 家国务院部门、31 家省级政府、49 家较大的市政府、125 家县（市、区）政府开展政务公开工作的情况进行了第三方评估。评估发现 2019 年全国政务公开工作成效显著，政务服务信息公开整体水平有所提升，主要表现在政务服务事项目录的公开率比 2018 年明显上升；多数评估对象实现市场主体和个人“全生命周期”的办事服务事项集成式、一站式公开；部分评估对象服务事项归类清晰，便于查阅；部分评估对象办事指南公开要素更细化、更便民。

坚持程序信息的公开透明规范能够使政府的运作更好地接受社会和人民的监督，通过程序公开透明纠正理念不到位、制度规范不完善、工作力度不够强、公开实效不理想等问题，增进各方的信任，巩固团结联合。并且，程序公开也是宣传党的方针政策、凝聚社会共识的重要途径，在此过程中让人民群众更加理解支持各项政策，推动政策落实。[①] 所以国家治理现代化、依法行政需要更加重视程序化、规范化、透明化建设，不断提高程序透明公开意识，提高社会主义民主政治水平。

---

① 赵振宇：《治理之道：推进社会主义民主政治程序化》，《人民日报》，2018 年 3 月 5 日第 7 版。

第五章　法治国家建设："变局时代"与政治传统的回归

2020 年注定是中国乃至世界历史上不平凡的一年，开年即暴发了席卷全球的新冠肺炎疫情。从 1 月 23 日武汉宣布封城，到 3 月 20 日世卫组织宣布新冠肺炎成为全球流行病，短短几十天时间，这一突发的公共卫生事件成为深刻影响全球经济社会生活和政治局势的重大事件。2020 年又是"十三五"规划的最后一年，智能化和信息化成为中国社会不可阻挡的潮流，也衍生出了信息时代一系列的法律规制问题。随着扶贫攻坚战的胜利完成，中国在 2020 年全面建成小康社会，财富分配的公平问题和社会弱势群体权益保障问题凸显。2020 年也是中国面临的国际环境剧变的一年，堪称"百年未有之大变局"。中美对抗迅速升级，从贸易战到外交战，中西意识形态的对抗进入了改革开放以来最为尖锐的时期。建设中国特色的法治道路不可避免地受到这种意识形态环境的影响，摒弃西方程序至上、职业主义的法治思想，继承和发扬中国历史和革命传统中的法治资源，成为 2020 年法治建设的内在逻辑。

宏观上看，2020 年中国的法治进程有三个关键词：技术、资本和疫情。法治进程是当代中国国家建设进程的一部分，当前中国国家建设进程中一个不可忽视的问题，就是资本作为一个新强势力量的崛起。与传统机器工业时代的资本不同，今天的资本携新技术之优势，通过市场机制的加持，已经形成庞大的经济技术系统。这一经济技术系统正展现出自我膨胀的趋势，对个体权利和社会公共权益的保护构成潜在威胁。面对这一现实问题，法治建设的首要命题就是规制技术，约束系统，限制资本，保护人权。国家的中立性正在于，国家不能放任经济的效率原则宰制弱者，而是要从共同体的团结出发，以法律为基本途径介入，实现强者与弱者的平衡，从而维护社会秩序的动态稳定。就 2020 年法治进程的实践来看，国家领导者已经意识到这一重大挑战，并在立法和司法领域采取了相应措施。主要是通过立法来规范数字技术创造出的“法外之地”，在司法领域，则是批判精英主义司法，强调法治对于社会综合治理的实效，回归群众路线和人民司法传统。

一、2020 年法治建设的基本精神：维护“变局时代”的稳定与安全

中国共产党的领导是建设社会主义法治国家的首要因素，2019 年 10 月召开的党的十九届四中全会，通过了《中共中央关于坚持和完善中国特色社会主义制度，推进国家治理体系和治理能力现代化若干重大问题的决定》（以下简称《决定》），是 2020 年中国法治建设的纲领性文件。《决定》提出了建设中国特色社会主义法治体系，提高党依法治国、依法执政能力的总目标，并做出了四方面的部署：一是健全保证宪法全面实施的体制机制；二是完善立法体制机制，完善党委领导、人大主导、政府依托、各方参与的立法工作格局；三是健全社会公平正义法治保障制度，坚持法治建设为人民、依靠人民、加强人权法治保障；四是加强对法律监督的实施，保证行政权、监察权、审判权、检察权得到正确行使，夯实依法治国的群众基础。

2020 年法治建设的实践进程是复杂多面的，取得的成就也是非常丰富的，无论是“打工人”“数字政府”的时代热词，还是突如其来的新冠肺炎疫情，都给中国社会带来了多方面的挑战。时代夹

杂着传统的性别歧视、恃强凌弱这些社会积弊，乘着互联网经济和信息技术的快车呼啸而来。人口老龄化与少子化的叠加趋势，极大改变了中国这一世界第一人口大国的社会关切，深刻影响着未来几十年的国家发展规划，当代中国的法治建设很大程度上被客观形势与猝不及防的新问题推动着前进。最高人民检察院和最高人民法院的联合发文中明确抨击西方法治的精英主义倾向，倡导中国革命传统中的人民司法和实效导向的司法定位。在两高表彰的优秀司法工作者和司法创新典型中，调解结案再次成为新时代评价先进的标准，检察官担任河长的综合性治理模式被正面肯定。这些新趋势都宣示了自 90 年代初期开启的二十几年的司法职业主义发展方向暂告一段落，中国将从革命经验和历史传统中重新发掘法律实施的机制和价值定位。

透过 2020 年纷繁复杂的法治实践进程，其内在的基本逻辑非常清晰，即如何在剧变时代维护社会稳定。2020 年的法治建设。一方面不断适应时代剧变提出的新挑战，除了应对突发的新冠肺炎疫情之外，数字技术和互联网新经济形式对法制的新要求都是 2020 年法治的重点问题。以法治建设积极回应时代发展提出的新问题，为中国数字时代转型和新经济发展助力。另一方面，在积极适应新技术新形势的同时，维护社会稳定成为法治建设的重要议题。2020 年 12 月 7 日，中共中央印发了《法治社会建设实施纲要（2020—2025）》，提出完善社会领域立法，建设法治社会的重大目标。将增强社会安全感、依法有效化解社会矛盾纠纷、健全公众参与机制和为群众提供便捷高效的公共法律服务作为建设法治社会的重要部署。2020 年一个标志性的立法是退伍军人保障法的颁布实施，中央在法治建设的纲领性文件中多次提及发展新时代的枫桥经验，将化解社会矛盾提到了前所未有的高度。这些实践举措都释放了中央在法治建设中加强社会稳定的指导精神，这些精神贯穿于 2020 年全年的法治建设实践中，并直接影响到"十四五"规划的制定。

二、2020 年法治热点问题

（一）劳动关系问题

随着互联网经济的蓬勃发展，催生了各种不同于传统的生产形式，一个显著的变化是固定生产场所的消失，快递和外卖配送等劳动催生了一个经济新名词“零工经济”。在劳动和生产形式不断变化的情况下，劳动关系的规制也面临新劳动形式的挑战。由于“零工经济”在劳动场所和雇佣关系上的不确定性，其很难纳入传统的劳动法保护的劳动者范畴。不同于体力劳动者，程序员等互联网经济的技术劳动者也面临着普遍的常态化加班，“996”问题成为社会热点话题。不断发生的外卖员恶性事故，年轻互联网员工猝死等事件，使得劳动关系问题成为贯穿 2020 年的舆论热点事件。2020 年上半年的第一热词是疫情，下半年的第一热词则是“打工人”。一夜之间，“打工人”这一带有自嘲戏谑意味的词汇与各种搞笑视频一起传遍了大江南北，在各年龄段群体尤其是中青年人中引起了广泛共鸣。“打工人”这一带有资本—劳动者二元对立意味，描述上班族一无所有只能出卖劳动力的无奈境地的词汇，能够在社会各阶层迅速流行，暴露出我国绝大多数民众对劳动关系问题的社会心态。如何平衡新经济环境下劳动者和资本的关系，成为近年来中国法治建设必须解决的重大问题。

1. 新经济下的劳动关系规制

作为社会主义国家，为保护劳动者的合法权益，我国早在 1994 年就通过了《中华人民共和国劳动法》，劳动法对劳动关系的定义是用人单位与劳动者之间签订书面劳动合同而形成的长期性的法律关系。这种对劳动关系的定义是与我国过去单位制为主体，生产场所固定，劳动者就业关系较为稳定的经济模式相适应的。改革开放后出现的一些零星的短暂雇佣关系，以劳务关系的形式进行定义并规范。劳务关系与劳动关系一字之差，却在法律权利和义务上差别非常大。劳动关系意味着稳定的长期性的用人单位与劳动者之间的关系，劳动者依据劳动法可以享有相应的社会保险、工伤赔偿、休息休假和医疗保险等一系列权利。而劳务关系则是一种短期的雇佣关系，即时结算劳务费用，不需要承担诸如社会保险金缴纳等长期性的义务。雇佣者也可以随时解除雇佣合同，只需要基于合同关系支付违约金即可，而不需要受到劳动法对于解雇所承担的义务约束。显然，在较长期用工的情况下，劳务合同比起劳动合同更有利于用工一方。

随着互联网经济的迅速崛起，尤其是线上交易的普及，衍生出的多种不同于传统的生产劳动形式。劳动者的生产活动不再有固定的场所，尤其是快递、外卖等行业的从业者，其虽然长期为一个互联网平台从事配送工作，却缺乏固定的劳动关系合同保障。企业往往利用劳务外包等形式，由第三方中介机构与劳动者签订劳务合同，雇主与劳动者之间形成的只是劳务关系，从而摆脱劳动关系之下需要交纳的社会保险金等成本。劳务关系在当前的劳动法中被视为短暂性用工，并且在用工受伤时难以获得劳动关系的工伤赔偿保障。并且这些互联网公司并非直接雇佣下游产业的工人，而是转包给第三方劳务机构，劳动者以为自己是在给有声誉的大企业工作，实际上其劳务合同的甲方可能只是一个小中介机构。一旦发生劳动者工伤等损害，劳动者无法向互联网企业主张赔偿，甚至找不到相应的甲方承担责任。这些问题都严重侵害了本就处于弱势的劳动者尤其是外来务工人员的合法权益，甚至发生了外卖员为维权自焚的恶性事件。保障劳动者合法权益，维护社会公平正义是社会主义法治国家建设的题中之意。要解决新经济模式下普通劳动者权益难以保障的问题，必须从两方面着手：首先是修改劳动法，在法律层面对零工经济下的劳动关系进行新的界定，扩大劳动法律关系的保障范围。

其次，是在纠纷处理层面，在既有司法和仲裁之外加入行政执法渠道，适用简易程序，降低劳务工作者维权的时间成本。最后，通过地方性法规的形式增强对劳务雇佣关系的保障和对劳务转包等行为的监管，避免劳务关系的混乱和雇主方转嫁责任等问题。

2. 非对等地位下“同意”的合法性问题

2020 年，一篇名为《外卖骑手，困在系统里》的文章刷屏朋友圈，文章引用了中国社科院孙萍老师的观点，提出了一个新型的劳动关系“数字劳动关系”[①] 的概念。这篇文章所展示的外卖骑手所面临的争分夺秒工作，被大数据算法精确计算的时间所控制的生产困境，实际上展示了所谓“数字劳动关系”之下，劳动者所遭受的一种机器大工业时代未曾存在的剥削形式“算法剥削”。在大数据精确计算的最短劳动时间的要求下，外卖员被剥夺了基本的休息权利，公共交通等待时间和接驳交接等正常时间耗费都被压缩到最小。在“算法”的统治之下，劳动者被视为不需要休息不能有片刻停下的劳动机器。与外卖员有着类似困境的还有滴滴司机，他们同属于严重依赖平台派遣的劳动者，在劳动关系规则的制定中只能全盘接受平台提出的所有要求。外卖员和滴滴司机由于缺乏议价权，其只能被迫接受企业平台基于算法得出的苛刻劳动时间的要求。

外卖骑手此类体力劳动者的困境同样发生在白领阶层身上。前有阿里为首的互联网企业公开表示“996”加班制度是奋斗者的幸福，后有以“放弃休假，自愿加班”为基本内容的“奋斗者协议”在许多企业普遍流行。企业以签订“奋斗者协议”的形式，要求员工承诺自己是主动自愿加班的。休息权是劳动法规定的劳动者的基本合法权利，用人单位不得以任何理由剥夺劳动者的休息权。但劳动法没有明确，劳动者自我同意放弃休息权的劳动合同条款是否合法。依照法理，除非人格权等基本权利，私法领域法定权利可以经

① 孙萍：《算法逻辑下的数字劳动：一项对平台经济下外卖送餐员的研究》，《思想战线》，2019 年第 6 期。

由权利主体自主决定是否使用和如何使用。按照这个原理，签订了"奋斗者协议"，劳动者是主动放弃休息权的。但这里有一个很重要的法理性问题，类似于劳动者与用人单位这样在实际经济生活中实力悬殊的双方，弱势一方放弃自己权利的意思表示是否是真实的？一方基于优势地位，非明示强迫地订立的单方面不利于另一方的协议是否具有合法性？随着此类"奋斗者协议"愈发普及，其同意的司法认定问题成为当前我国司法实践中必须解决的重要法理问题。

3. 职场性骚扰和职场霸凌

在2020年的劳动关系中，还有一个引人注目的话题是关于职场性骚扰和职场霸凌的规制。在国内女性主义者的推动下，加上国外me too运动的影响，女性在职场上遭受的歧视性待遇日渐引起关注。除了法律上明文规定法律面前人人平等，如何在实践中真正实现劳动关系双方的人格平等是各个法治国家都不断追求的目标。在美国司法的经典案例"马车车夫案"的判决意见中，法官认为，在车夫只能出卖劳动力养家糊口的现实情境下，要求车夫放弃自己的生存权去拒绝驾驶有问题的马车是强人所难。法律不应强人所难，法律对人性的要求是普遍的为人之常理，而不是要求每个人都是舍生取义的勇士。在职场中的法律问题依旧如此，职场性骚扰的实施者往往就是利用其优势地位，导致被害人不敢声张，不敢反抗，甚至长期默认其骚扰的实施。在这样双方显著不对等的情况下，要求被害人积极主动进行反抗，凡是没有第一时间站出来反对性骚扰的被害人都是"半推半就"的论调明显是不符合人情和常理的。面对舆论对职场上一方利用优势地位对劳动者实施的侵害，2020年10月1日起生效实施的《中华人民共和国民法典》以专门条款的形式规定了对职场性骚扰和职场霸凌的处罚。以民法的形式规定职场性骚扰和职场霸凌问题，虽然在惩处力度和举证等环节还存在诸多困难，但毕竟是以法律的形式明确规定了这一违法行为，对震慑此类职场行为起到了重要作用。由于性骚扰和霸凌存在界限模糊、认定困难的问题，未来还需要指导性判例和司法解释来进一步明确其相关技术性细节，才能让这些保护职场中弱势群体的法律真正在实践中得到贯彻。

（二）数字技术与个人权利

2020 年是数字技术大展身手的一年，在疫情防控中杭州率先推出“健康码”，将数字技术用于疫情防控，该做法受到中央的高度肯定，被视为技术支撑提升公共管理水平的典范之作。随后全国各地纷纷学习，推出各自的健康码和整套数据信息健康系统。2020 年年底中央制定“十四五”规划，将数字技术在政府和社会治理中的应用提升到国家治理现代化的战略高度。与政府转型中技术治理的思路一致，数据技术在公共管理、基层治理乃至社会生活中的广泛应用，被视为当代中国现代化进步的标志之一。但数字技术应用中带来的对个人权利的潜在危害，也引起了法学等社会科学研究者的警惕。

1. 新技术下的透明人

数字技术带来的第一个问题即是数据泄露的风险问题。首先是人脸识别技术的滥用带来的生物信息泄露的风险。在数据技术应用缺乏限制而又被视为高科技鼓励的情况下，几乎所有的手机 App 都要求刷脸认证，银行、铁路、飞机场等公共场所皆安装了人脸识别系统，甚至许多社区居委会亦强制要求居民刷脸才能进入小区。社区强制安装人脸识别门禁系统的做法引起了广泛质疑，一位清华法学女教授痛斥小区安装人脸识别门禁的做法，指出这样泛滥的人脸识别应用对居民的安全来讲可谓后患无穷。因为人脸信息属于个体生物信息，这种生物信息具有独一无二的特征，一旦泄露其后果是终身性的，危险影响难以彻底消除。而各种采集主体并不具备相应的信息安防措施，一旦其信息库被犯罪分子恶意攻击而导致大规模个人生物信息泄露，对个体来讲其后果是灾难性的。其次，除了人脸识别技术的滥用之外，各种手机 App 还利用其后台程序监听用户对话，跟踪定位行程轨迹，采集其消费需求和个体偏好等信息。快递公司也被曝出售卖个人信息牟利，甚至有开发商在售楼处安装人脸识别系统，对进入售楼处的个体进行人脸信息采集和识别，针对每个客户来售楼处的不同频率进行价格区分。还有各种打车、旅游等消费软件，利用其掌握的消费者支付和购买意愿的数据，进行不同的报价和定价策略，被称为"大数据杀熟"。消费者发现，同样的服务同一个平台，不同的手机搜索出的报价完全不同，甚至展示的商品类目和服务选择都差异巨大。在当前的数字技术之下，几乎每个人都已经成为了透明人，其生物信息、居住信息、收入状况、价格敏感度、消费习惯甚至个人爱好等都被大数据分析得一清二楚，成为了资本定向投放广告和营销策略的工具。

在技术穿透个人隐私的讨论中，有一种观点认为这是个人隐私与公共利益之间的张力。实际上从法理上看，不能简单将人脸识别等数据技术所涉及的法律问题归结为个人隐私保护与公共安全之间的紧张。数字技术没有意志，其实质上还是被具有意志的主体操作的工具。数据技术和个人隐私之间的紧张，本质上是掌握技术的主体与弱势个体之间的紧张。而且这种技术的滥用带来的并非公共利益的增长，而是系统性的社会秩序的损害。要想有效遏制这种系统性风险的发生，第一步是在法律上重申个人隐私权的重要性，并以民法、行政法和刑法对侵害个人隐私权的行为进行规制。我国在新中国成立后有相当长的历史时期内都以集体主义价值观为核心，个人的隐私权一度被抨击为西方个人主义错误思想的体现。即便在改革开放后，"私"权逐渐不再是违禁品，追逐个人利益和家庭生活的改善在市场经济体制下获得了正当性，但法律体系中对个体的保障仍旧集中在个体的财产利益，以及著作权等人格权中包含有财产的部分。整体来看，在我国既有的立法中，对个体的隐私权仅有原则性规定，司法实践中落实为具体保障的较少，整个社会对个体隐私的保障都不重视。随着近年来信息技术的发展，各种互联网巨头利用其掌握的客户数据牟利的行为越来越明显。百度总裁李彦宏甚至公开声称中国人不在意隐私，国人愿意用隐私交换便利。此言论一出在网络上激起轩然大波，掌握数据技术的大型企业对个人隐私的随意侵犯也开始引起社会各界越来越多的关注。

为了预防系统性社会风险的发生，规制对个人信息的滥用问题，全国人大相继出台一系列法律。2016 年制定的《中华人民共和国网络安全法》中就以设立网络信息安全一章，对网络运营主体收集和使用个人信息需遵循公开、必要并经对方同意的原则进行了明确规定。但对于主体违反这些义务该如何承担责任，网络信息泄露的具体补救措施等没有明确规定。2020 年 10 月《中华人民共和国个人信息保护法（草案)》提交全国人大常委会进行审议。针对消费中的“大数据杀熟”现象，目前主要依靠政府部门规章进行规制，由主管部门对各个行业存在的“大数据杀熟”行为进行监管。这种法律规制模式具有碎片化的特点，还容易因为交叉性业务导致部门监管责任扯皮，且对各数据平台的隐性操作难以处置。以文化旅游部出台的针对旅游服务平台的监管条例为例，其实际上仅能规范显性的定价，只有当消费者能够证实在同一时间不同的用户搜索直接报价不一致的情况下才能引用本条例，但实际上平台完全可以通过优惠券、会员福利等形式规避监管，利用算法在各个环节潜在使用数据杀熟的行为依然可以施行。

2. 数字权利：新的个人权利类型的诞生

互联网的兴起给个人生活带来的一个重要变化，就是个人生活轨迹和信息的记录形式，从传统的书信笔记转化为微信、QQ 和微博等程序。尤其是支付功能与手机 App 的绑定，使得这些程序与个人的日常生活高度融合，并能够直接进行经营性活动。微信和微博等原本以交流与娱乐功能为主的程序通过个体年深日久的使用，具有高度个人化的特征，记录了一个人长年的生活轨迹、通信记录和爱好特点等，并成为当代中国人最重要的社交网络。失去微信账号对一个普通中国人的生产和生活将产生重大影响，会导致个体在相当程度上被迫切断大量社会关系。随着流量时代的来临，数据流量成为盈利性资产，互联网经济中具有大量流量的主体能够获取不菲的盈利性收益。由此，具有大量关注者和好友数量的微信账号、抖音账号乃至微博账号等在个体信息之外还具有直接的财产性价值。现实中依赖这些个人账号进行经营的直播和微商等已经成为新兴行业群体，且从业者数量不断增长。但这些具有高度财产价值的账号其性质在法律上依然没有明确，其存废的决定权完全掌握在账号所属程序的数据企业手中。随着微博、微信在网络审查上的收紧，经常出现用户因言论等原因被禁停账号。其中一些仅仅是因为交谈语言中触发了敏感词被程序抓取，实际上并没有违规行为，由此被账号程序公司一封了之，给账号主体生活带来极大影响却难以申诉，由此引发大量网民的不满。基于这样的现实，不断有人提出，诸如微博、微信这些包含大量个人信息，与个人生活直接相关并且具有财产价值的账号，应当属于账号主体的数字资产。但当前的法律体系尚未对此类账号的性质进行明确定位，仅有零星的地方法规对个体数字账号的某些方面权利进行了规定。诸如天津出台了地方条例，明确微信和 QQ 账号在其主体去世后，直系亲属具有继承权，可以享有其中保存的亲人的个人信息和生活轨迹等资料。在此类账号对个体生活乃至生产经营都有重大影响的情况下，其在法理上应当认定为个体资产。但这种资产形式如何应用传统的物权法去调整，在互联网公司占据绝对技术优势的情况下，基于这些数字资产个体衍生出的权利义务又该如何保障，是中国在数字时代的法治建设中必须解决的新问题。

（三）新冠肺炎疫情防控

1. 依法抗疫：法治社会中突发公共事件的应对机制

首先是强制性封闭式疫情防控措施的合法性问题。在疫情防控初期，全国许多地方在对疫情的恐慌中出台多种"硬核"防疫措施，诸如挖断公路阻止外地车辆进入，对家庭成员中有武汉旅居史的房屋强制封门，禁止其家庭成员外出。在疫情已得到有效控制的 4 月份，北京依旧有小区以防控疫情之名禁止合法租赁房屋的外地返京人员进入等。这些硬核防疫措施的实施，以保护公共安全为名义获取正当性，却很少有人追问其实施主体是否有权执行，其执行的相应措施是否有法律依据，即便有地方性法规或者政府规章为法律依据，这种为保障公共利益对个体权利的限制是否超越了合理限度。基层执行防控措施的主要力量是城乡社区，而无论社区居委会还是村委会，都没有执法权，从法律上讲并没有对居民家庭进行封锁、对不服管控的外出人员采取强制措施的权力。这种现象的背后折射出我国社会长期存在的对个体权利的漠视和法律规则意识的淡薄。为纠正这种乱象，将疫情防控纳入规范化渠道。围绕新冠肺炎疫情的防治工作，2020 年我国出台了多项法律法规和司法解释等多项规范性文件。2020 年 1 月 30 日，最高人民检察院印发《关于在防控新型冠状病毒肺炎期间刑事案件办理有关问题的指导意见》，为疫情防控相关刑事案件的办理提供了明确指导。2 月 6 日，最高人民法院、最高人民检察院、公安部、司法部联合印发《关于依法惩治妨害新型冠状病毒感染肺炎疫情防控违法犯罪的意见》，对疫情防控过程中出现的数十个罪名的司法适用进行了详尽的解释。这一司法解释的主要作用是防止对“危害公共安全罪”这一严重罪名的随意扩大化解释和滥用。

其次，是疫情防控的规范化与政治动员两种逻辑之间的张力。随着重点疫区疫情得到有效控制，进入 5 月份之后，国内疫情进入了常态化防控阶段，政策专家倡导以突发公共卫生事件分级响应机制这一理性技术模式，来取代高度动员的运动战疫模式。依据疫情的严重程度，分别启动一级、二级和三级响应机制，依据相应的等级来决定管控措施和资源配置措施。但 2020 年末，河北、天津等地出现疫情反复，各级地方政府纷纷宣布进入“战时状态”。在宣布进入“战时状态”的同时，各地的突发公共卫生事件的响应机制还停留在三级。但依照宪法和全国人大组织法的规定，宣布进入“战时状态”的权力仅属于全国人大及其常委会，各级地方政府擅自宣布进入“战时状态”属于违宪行为。“战时状态”与三级响应并存的悖论，背后折射出的是我国地方政府在应对突发公共事件的过程中，其运动式治理的路径依赖压倒了规范化应急机制的治理逻辑。

再次，此次新冠肺炎疫情中“吹哨人”现象的出现及其引发的舆论热潮，客观上推动了我国建立突发公共卫生事件的个体报告制度。在李文亮医生去世引发网民对武汉被训诫8位医生的舆情愤怒时，国家监察委首先通过对警察权的监督介入，依法调查包括李文亮在内的8位医生被训诫的事件。国家监察委调查组2020年3月19日发布《关于群众反映的涉及李文亮医生有关情况调查的通报》，从法律监督层面指出其执法程序不规范，督促公安机关撤销训诫书并追究有关人员的责任。监察委的介入和监督的切入点，以及处理结果的依据，都是在国家监察法和刑事诉讼法的法律框架内进行的，这与过去政治性追责的方式不同，是我国依法处理网络舆情的进步。随后，上海、深圳和北京以地方应急条例的形式，明确了公民个人、社会组织均可参与报告突发公共卫生事件的隐患，医疗卫生人员享有报告免责权。这体现了我国在应对突发事件中，从过去的运动式治理中向领导负责的思维，转向尊重专业意见合理报告制度的变化。

2020年疫情防控中的一系列乱象，不仅暴露出我国卫生防疫机制的短板，也说明在一定程度上，我国面对突发公共事件时尚未形成规范有效的应急机制。法治建设不仅停留在日常时期，非常时期的规范有序更体现依法治国的水平。2020年疫情引发的各种防控乱象，提醒我们建立各类突发公共事件的依法应急处置机制，是未来我国法治进程的重点议题。

2. 从《中华人民共和国野生动物保护法》修订到《中华人民共和国刑法修正案（十一）》：以法律手段预防重大公共卫生安全隐患

除了疫情防控中涉及到的法规空白和法律适用问题之外，围绕疫情传染源头的追踪，被科学家证实为新冠病毒重要传播宿主的蝙蝠，唤起了人们对于2003年因食用果子狸导致非典疫情的记忆。一直以来，我国对野生动物实行分类保护与重点保护相结合的原则，对普通野生动物的食用行为并未予以禁止。有些人迷信野生动物具有滋补药用功能，逐渐形成了偏爱野味的国人饮食文化特色，因之催生了繁荣的野生动物交易市场，而对这种野生动物交易市场一直缺乏有效的卫生防疫法律规制和检疫监管，从而大大增加了国人感染各种自然界病毒的概率。两次严重的传染性疾病皆与食用野生动物有关，引发了公众和媒体对于国家应当出台规范野生动物的捕猎和使用的呼声。在此次疫情暴发之初，全国人大常委会便于 2020 年 2 月 24 日紧急通过了《关于全面禁止非法野生动物交易、革除滥食野生动物陋习、切实保障人民群众生命健康安全的决定》（以下简称《决定》），将食用普通陆生野生动物行为也纳入了禁止范畴。不过《决定》属于临时性规范文件，只能应急而无法持久。要根本性解决此问题，需要最高国家立法机关从公共卫生的全局出发，建立系统性的消除买卖和食用野生动物的法律法规体系。

2020 年 4 月 17 日，全国人大常委会通过了《十三届全国人大常委会强化公共卫生法治保障立法修法工作计划》，该计划拟在 2021 年制定、修改包括《中华人民共和国生物安全法》《中华人民共和国动物防疫法》《中华人民共和国传染病防治法》等在内的 17 部法律。当前，《中华人民共和国固体废物污染环境防治法》已于 2020 年 4 月 29 日完成修订，《中华人民共和国生物安全法》也于 2020 年 10 月 17 日颁布。除了各项专门法律，《中华人民共和国刑法修正案（十一）》集中修订了刑法中有关生物安全的各类罪名：一是新增三个罪名，填补了刑法在该领域的规制空白；二是修订了三个旧有罪名的犯罪构成，设置情节犯，扩大了刑法的处罚范围，可较为灵活应对各种犯罪情形。《中华人民共和国刑法修正案（十一）》结合《中华人民共和国传染病防治法》扩充了规制对象，将原来的防控对象从甲类传染病扩大至依法确定采取甲类传染病预防、控制措施的传染病，增加规定了一种妨害传染病防治的具体行为类型——“出售、运输疫区中被传染病病原体污染或者可能被传染病病原体污染的物品，未进行消毒处理的”，修改了两项罪状，分别将原来的“污水、污物、粪便”修改为“污水、污物、场所和物品”，将原来的

"卫生防疫机构"修改为"县级以上人民政府、疾病预防控制机构"，从而大大扩展了本罪在惩治妨害传染病防治行为中的适用空间。而且将行政法义务上升为刑法义务，使行政违法行为变成刑事犯罪行为。此次修订以最严厉的法律措施即刑法来惩治危害生物安全的行为，防范未来再次因交易食用野生动物导致重大公共卫生事件。

（四）弱势群体问题

1. 女性权益的法律保护

新中国成立以来，保护妇女儿童权益就是社会主义法制建设的重点问题之一。以男女平等、婚姻自由为基本精神的《婚姻法》是新中国成立后制定的第一部法律，意在破除封建社会对女性残酷压迫的家庭婚姻制度。改革开放后，《中华人民共和国妇女权益保障法》《未成年人保护法》等法律相继问世，为女性和儿童等弱势群体权益的法律保护提供了法律依据。但近年来，随着多起恶性家暴事件和性骚扰案件的曝光，以及女性遭遇的职场歧视和男性在家庭育儿等方面责任的缺失，对女性权益法律保障落实不足的问题再次引发社会各界关注。2020 年通过实施的《民法典》中对离婚冷静期的规定，激起法学理论界和社会民众的热议。理论界人士认为此条规定不符合离婚自由的原则，是对当事人私权利行使的不当干涉。离婚冷静期这一法律关系不确定的时期，还会引发财产分割、子女抚养权等后续问题的混乱。相当数量的网民在法典征求意见稿的过程中留言反对此次关于离婚冷静期的规定，认为不利于保护女性尤其是遭遇家暴威胁的女性的人身安全。2020 年 7 月，一则"女子遭家暴为逃生从二楼跳下摔成瘫痪，法院依旧不判决离婚"的新闻登上热搜，激起社会舆论对地方司法机关不作为的严重质疑。早在 2019 年 8 月，该名女子即因为遭丈夫殴打为逃生被迫从二楼跳下摔成高位截瘫，随后其向所在地基层法院提起了离婚的诉讼请求。但时隔一年后的 2020 年 7 月，法院一审开庭后的意见依旧是由于男方不同意离婚，不作出离婚判决而是继续进行调解。司法实践中女性遭遇家暴时寻求法律救济和实现离婚自由的困境在此案中暴露无遗。首先是即便有监控摄像头拍下其被殴打的过程，但法院以跳楼是其个人行为为由，对该女子摔成瘫痪的责任难以进行追究；其次，即便该女性遭遇了家暴并提出离婚，一审中由于男方不同意离婚，法院仍未做出离婚判决而是继续进行调解。这也是多年来我国在离婚诉讼的司法实践中形成的惯例，即一方提出离婚而另一方不同意的，一审不予判决离婚，需二审时一方坚持离婚才会判决离婚。

除了离婚难之外，女性遭遇家暴而难以获得法律救济也是实践中一直存在的问题。2020 年 9 月发生的“拉姆事件”，再次引发社会各界对女性遭遇家暴时公权力救济缺失的质疑。藏族妇女拉姆在离婚后依旧长期遭受其前夫的人身威胁和暴力伤害，但当地公安机关和司法机关均以“家务事”为由未予积极介入，直到其被前夫纵火烧死。“拉姆事件”是恶性家暴的极端案例，但当前的法律救济中确实存在一系列现实障碍。首先是司法实践中对家暴认定提出了较高的证据要求，女性的暴力伤痕和医院诊断验伤都无法作为直接证据，需要在殴打时有直接证人或者诸如录音录像等证据证明其伤痕系配偶殴打所致。这导致实践中大量的家暴受害者难以获得司法救济，大量的施暴人长期逍遥法外。其次，是司法实践中对离婚判决的消极态度，我国长期以来存在的“宁拆十座庙，不破一门亲”的传统观念，也影响了执法和司法人员对待离婚诉讼请求的态度。甚至有民政局工作人员在办理离婚登记时，谎称电脑故障，没有打印纸等来拖延为离婚申请者办理离婚手续，而此类行为还被作为先进典型受到表彰[①]，认为这是一种善意行为。而媒体对于这种“善意行为”的表彰，却遭到社会舆论的讨伐。社会意识的进步对女性婚姻自由权利的重视，社会观念对个体幸福生活价值的肯定，成为推动

---

① 姚德春、周刚：《武汉最美红娘善意谎言挽救 500 余对婚姻》，《楚天都市报》，2013 年 5 月 17 日。

中国社会女性法律权益保障进一步落实的重要力量。除了婚姻制度之外，对公共场合性骚扰行为的惩治不力，家庭责任分担不均和职场性别歧视等问题也相继随着社会的关注进入立法者的视野，成为今后几年里立法和司法实践的关注点。

2. 青少年犯罪防治与惩治性侵未成年人

在新中国成立以来的法治建设中，未成年人一直被视为需要保护的对象，但近年来我国未成年人恶性犯罪频发，如何有效防治青少年犯罪的问题开始进入我国专家的视野，犯罪低龄化和校园暴力问题引发社会各界对"惩治恶童"的呼声。2019 年 10 月，大连 10 岁女童被 13 岁少年奸杀并抛尸的新闻引爆网络，作案人杨某体格高大近似成年人，劣迹斑斑，犯罪手段残忍且事后毫无悔意，显示出极大的主观恶性和人身危险性，却因不满刑事责任年龄而仅仅被判劳动教养 3 年。此次事件引发全网愤怒，要求结合犯罪的未成年人具体情况判定刑事责任，改变 14 周岁"一刀切"的呼声越发强烈。2020 年 12 月 26 日，第十三届全国人大常委会第二十四次会议审议通过《中华人民共和国刑法修正案（十一）》，对刑事责任年龄进行了下调型修改。将刑法第十七条修改为："已满十二周岁不满十四周岁的人，犯故意杀人、故意伤害罪，致人死亡或者以特别残忍手段致人重伤造成严重残疾，情节恶劣，经最高人民检察院核准追诉的，应当负刑事责任"。将原来刑法规定的不满十四周岁绝对不负刑事责任改为十二周岁，意在震慑青少年恶性犯罪，回应社会对公平正义的要求。将最低刑事责任年龄调整为 12 周岁，是参考世界主要国家最低刑事责任年龄的标准，依据我国未成年人身体发育状况和心理成熟程度的客观条件而权衡规定的。在下调最低刑事责任年龄的同时，全国人大常委会还同时修订了《中华人民共和国预防未成年人犯罪法》，我国青少年犯罪防治制度得到进一步完善。

除了下调刑事责任年龄这一重要规定之外，此次刑法修正案针对未成年人的另一个重要调整是对未成年女性和儿童的性侵犯罪。

《中华人民共和国刑法修正案（十一）》第二十七条规定：在刑法第二百三十六条后增加一条，作为第二百三十六条之一：对已满十四周岁不满十六周岁的未成年女性负有监护、收养、看护、教育、医疗等特殊职责的人员，与该未成年女性发生性关系的，处三年以下有期徒刑；情节恶劣的，处三年以上十年以下有期徒刑。有前款行为，同时又构成本法第二百三十六条规定之罪的，依照处罚较重的规定定罪处罚。修正案的此条规定，很大程度上是因为 2020 年轰动全国的养父鲍毓明性侵养女案件，鲍毓明利用其法律专业知识，规避其养女十四周岁的年龄界限来逃避刑事责任，并利用其养父的身份长期对养女进行洗脑。在这种情形下，其养女对发生性关系的同意表示是否还可以被视为真实有效的意思表示，成为刑法学界争论的重点问题。这一案件虽然最后以闹剧的形式落幕，但其激起了社会各界对这些利用优势地位的性关系中虚假同意的讨论。许多网友将鲍毓明性侵养女案与台湾的林奕含被教师性侵案件联系在一起，要求法律惩治此类利用优势地位与未成年人发生性关系的行为。其法理依据在于，施暴者利用其优势地位，对未成年人的心理选择进行诱导，未成年人做出的选择很难脱离其影响。在另外一种情况下，未成年人可能在心理上是不愿意的，但由于其所处的环境，其生活在处于优势地位的施暴者的控制之下，脱离其支持则难以独立生活。在这种情况下，未成年人的选择是一种没有其他选择的选择，其同意的意思表示实际也是违背其真实心理意愿的。因此，此次刑法修正案，改变了过去以外在的同意作为判断是否构成强奸罪的规定，更有利于惩治性侵幼女的行为。

3. 老龄化社会的挑战与老年人权益保障

统计数据显示，早在 2000 年前后，我国 60 岁以上人口就达到了人口总数的 10%，中国正式进入了老龄化社会。到 2020 年我国老龄人口已经有2.6亿，进入了中等老龄化社会①。随着医疗技术的进步和社会经济的发展，老龄化似乎是现代国家发展的必经阶段。但我国由于计划生育政策的影响，人均寿命延长与少子化同步进行，人口老龄化的速度远远超过发达国家走过的历程。预计到2030年，我国将全面进入深度老龄化阶段，如何应对这一重大变化，维护老年人权益，实现老有所依成为中国建设法治国家的重大挑战。

老龄化社会带来的第一个挑战就是养老问题。在传统中国以家庭为本位，以孝道为伦理的社会结构之下，养老负担一直以家庭为中心。但随着改革开放以来，传统家庭结构的解体和人口的大规模流动，养儿防老的理念逐渐难以落实，以家庭为基本单位负担养老的体系失去了现实支撑，政府和社会必然要承担相应的责任。但我国单位制解体之后，社会还没有建立起相应的养老补充体系，政府在应对老龄化社会的到来方面也较少有针对性政策。当前在养老服务行业的准入门槛方面，还存在资金、土地等配套资源缺乏以及行业准入门槛过高，行业风险大，难以吸引社会力量进入的问题。整体来看，当前我国的社会养老机构无论是数量还是质量都难以满足庞大的养老需求窗口，很多老年公寓甚至一床难求。许多老人为了能够在养老公寓“占位”，不惜投入大量资金提前购买入住名额，这也给了很多骗子可乘之机。2020年下半年，四川发生多起养老公寓资金链断裂导致多名老人自杀的事件，引发全社会关注。“空巢”老人的孤独生活境况，独居老人意外死亡以及老年公寓融资问题等与养老相关的话题一直占据着2020年的舆论热点。为应对这一社会问题，各地方人大迅速制定地方性法规，地方政府出台相应规章条例：一是通过规范金融体系的形式加强对融资型养老的监管，避免出现类似老年公寓资金链断裂的事件；二是根据本地实际情况，依托社区加强服务，尽量将对老年人尤其是“空巢”老人的照护纳入政府公共服务体系。但整体来看，全国层面还缺乏统一的立法规范，在养老体系建设、养老人才培训和行业准入等方面存在各种制度性障

① 参见：《中国统计年鉴2020》，中国统计出版社，2020年9月版。

碍，在调动社会力量进入养老服务事业方面缺乏有效激励机制，需要国家层面的立法进行解决。

养老问题不仅仅是社会保障问题，还是深刻的法律问题与政治问题。面对城乡社会结构的迅速变迁与深度老龄化和少子化人口趋势的共同来临，如何对生养死葬进行及时的伦理规制，避免出现资源争夺之下丛林法则的残酷现实，需要调整民法中亲属法的规定并在司法实践中进行充实完善。以当前我国民法典中亲属法的简单规定和我国司法实践在相关问题上裁判经验的缺乏，此类问题会成为我国未来法治建设的巨大挑战。人口结构关乎一个民族的前途命运，人力资源是一个国家发展的基础性资源，少子化与老龄化共同催生的畸形人口结构，已经形成了对我国国家发展动力的严峻挑战。人口问题是基本国策，必须从国家战略的高度对这一问题进行系统性思考规划。

三、法律制定与法律适用：政治传统的回归

自改革开放以来的 40 多年，中国的法治国家建设走过了从“法制”到“法治”再到“中国特色法治”的发展历程。1978 年拨乱反正之后，邓小平在反思新中国成立以来若干历史问题的时候，就将缺乏民主法制总结为我国走了许多历史弯路的根本原因。由此，中国在经济开放的同时，也迅速开始了民主法制建设。当时的“法制”主要是以成文法为基础的法律体系建设，强调的是有法可依，执法必严，违法必究。随着社会主义国家政治建设的发展，国家领导人对法的理解也进一步深入，从单纯的法律体系建设上升到法与国家权力关系的层面，在党和国家的规范文件中提出了“法治”的概念。“法治”与“法制”相比，除了完善的法律体系之外，更增加了一切国家权力都在宪法和法律范围内运作的重要内涵。1997 年召开的党的十五大，正式提出了“依法治国”的方略。1999 年九届全国人

大二次会议通过的宪法修正案规定：中华人民共和国实行依法治国，建设社会主义法治国家，由此我国进入了系统化的法治改革时期。将依法治国确定为基本国策，强调法治的重要性，实际上是从过去强调各级干部内在的先进性到注重外在的制度和程序约束，标志着我国执政党治国方略的重大转变。

从20世纪90年代到2010年的大约20年时间，是我国法律职业主义蓬勃发展的阶段，这一时期法治建设的主要着力点是司法改革，采取了以司法职业主义和程序正义为指导精神的模式。在立法活动中，公法领域强调国家权力运行的规范化和程序化，在私法领域注重市场经济发展中的契约精神和多主体平等地位。在这一时期，国家改变了安排军转干部进政法系统的传统做法，以大专院校恢复法律专业教育为契机，实行法律职业资格考试，贯彻司法队伍的专业化建设方向，以控辩双方为基本结构的法律职业共同体逐渐形成。经过这一时期法律专业力量的成长，我国具备了从法律制定到法律适用所需要的完整的专业体系力量，为建设社会主义法治国家奠定了基础。

在此过程中，虽然专业主义的司法改革占据主流地位，但国家治理的需求和法律职业主义之间的矛盾却一直存在，在某些情况下还会格外尖锐。从2010年开始，我国的法治国家建设开始进入一个新的阶段，这一时期法治建设的核心命题是寻找中国特色的社会主义法治道路。与前20年法律职业主义发展思路不同，近年来我国的法治建设呈现显著的去职业主义的倾向，法律职业共同体的实践应当突破其职业圈子而与人民群众相结合。由于专业主义法治模式强调的程序正义、司法独立和法律职业主义等都来自于西方自由主义法治的思想体系，我国近年来法治建设的去职业主义倾向实质上是对西方自由主义法治理念的否定，明确提出要在中国共产党的革命传统中寻找自身的法治理念资源，典型的如人民司法的大民主理念和群众路线的工作作风。

（一）法律制定：直接民主的彰显

法律制定活动，也称为立法活动，是一个国家法治建设的基础性工程。每个国家的立法都有其基本原则为指导，2000 年通过的《立法法》中明确规定了我国立法的四项基本原则：合宪性原则、法治原则、民主原则和科学原则。改革开放以来，我国的立法当中较为强调的是科学原则和法治原则。立法的科学原则，即“立法从实际出发，科学合理地规定公民、法人和其他组织的权利义务，以及国家机关的权力和责任。”[①] 对法治原则的重视，则体现在构建社会主义法制体系的过程中，对国家机关权力的限制，对程序正义的强调和维护公民、法人以及其他组织的合法权益方面。自 20 世纪 80 年代至 21 世纪初期的 20 年，出台的刑事诉讼法、行政诉讼法尤其是国家赔偿法、物权法等法律的立法步伐即彰显了这一基本原则。从立法的进程看，改革开放的前三十年基本完成了完善基本法律体系，规范国家机关权力行使，保障公民法人和其他组织的合法权利的立法目标。以 2020 年《中华人民共和国民法典》的制定为标志，我国完善的基本法律体系基本建成，立法的进程由全国性进入了地方化和部门立法的阶段，行政法规和地方性法规的数量迅速增长。2020 年前后的标志性立法，主要是围绕养老、慈善、公共卫生乃至生活垃圾分类等具体性事务为主题，以地方性立法和部门行政立法为主。

随着立法进入地方化和部门化的阶段，如何避免部门立法中的官僚化问题，以及在地方立法的民生问题中更加接近本地实际情况，更好地反映居民需求，成为现阶段立法工作中必须回应的现实挑战。由此，我国立法基本原则中的民主化原则的重要性再次得到强调。《中华人民共和国立法法》明确规定，我国立法中的民主原则，指的是“立法应当体现人民的意志，发扬社会主义民主，保障人民通过

---

① 《中华人民共和国立法法》第 5 条。

多种途径参与立法活动。"[①] 中国共产党作为执政党，在立法民主原则的实践过程中结合党的优良传统作风，将群众路线的精神融入具有高度专业化的立法工作中，提出了基层立法联系点的制度创新。所谓基层立法联系点，指的是在立法工作中，通过在街道和社区等基层单位设置立法联系点，广泛收集民众对立法的意见建议，由过去民众通过代表参与立法工作改为民众直接对立法表达意见建议。党的十八届四中全会首次提出建立基层立法联系点的要求，推进立法的精细化，让人民群众的意见直通最高国家权力机关。2015 年 7 月，全国人大常委会法工委开展首批基层立法联系点的试点工作，将上海市虹桥街道作为全国人大常委会的基层立法联系点之一。随后，上海市人大常委会也在各区建立了本市的基层立法联系点，在上海的地方性法规制定过程中广泛征求民众意见和建议，基层立法联系点逐渐成为实践全过程民主，体现立法民主化原则的重要机制。与西方立法过程中的听证会等听取立法意见的方式不同，基层立法联系点更注重其基层性，凸显无门槛的直接民主的特点，任何人都可以随时去往设在基层社区的联系点，表达自己对立法的任何意见和建议，其精神内核与具备严格程序和议事规则的立法听证会完全不同。

基层立法联系点的基层性和本地性，决定了其非常适合应用于民生领域的立法和地方性事务立法。典型案例如 2019 年上海制定垃圾分类管理条例时，广泛通过基层立法联系点收集民众意见，在垃圾分类的标准、投放时间和撤桶与否等关键性问题上，广泛收集了几千条居民意见。垃圾分类是关乎百姓日常生活的事务，在推行垃圾分类立法时，广泛听取民众的直接意见，对于立法的科学性和实践中的可行性具有重大意义。除了改善立法内容质量之外，基层立法联系点还具有普法教育和引导民众公共参与的功能。在参与立法意见的过程中，民众主动学习法律，与立法机关进行互动，有助于加深对立法目的和法律基本精神的理解，能够更自觉遵守法律。除

① 《中华人民共和国立法法》第 5 条。

了法律层面之外，民众通过参与法律草案意见征集，也是一种有效地参与公共生活的形式，而且这种形式的门槛很低，实施比较方便，有助于民众公共参与能力的训练。由此，基层立法联系点在立法民主的意义之外，还成为了畅通地方政府与本地民众之间沟通联系的新渠道。2019 年 11 月，习近平总书记考察虹桥街道古北市民中心时指出，基层立法联系点立足社区，是畅通民意渠道，丰富发展社会主义民主的好形式。

随着上海的基层立法联系点创新获得最高国家领导人的高度肯定，基层立法联系点制度在全国各地广泛铺开。就整体看来，当前我国各地的基层立法联系点制度还处在制度创立阶段，各地的工作模式和程序不一，在立法的程序和民众的参与机制，以及联系点的选择等方面都各有安排。立法联系点制度是以人大的立法权威为依托，但实践中多依赖于街道办或者社区工作实体，与人大制度本身的运作有一定的距离。民众通过设在社区或者街道的立法联系点，能够将原汁原味的立法意见对各级立法机关进行表达，但这些相对碎片化的意见如何进行专业性整合，又如何保证联系点覆盖的广泛性和意见的代表性等，都是该制度在进一步完善中必须解决的问题。更为重要的是，立法作为高度专业化的工作，在群众意见与专家意见，民主与法律职业主义之间如何平衡，是立法联系制度发展中必须理顺的关键问题。在公共参与中，当前民众通过基层立法联系点的参与主要还是一种单向的表达，如何在未来实现整合参与与多方互动是一个重要问题。如果不能解决这一问题，基层立法联系点制度最后很可能与信访制度等单向表达制度没有实质区别，无法充分发挥其制度效能，甚至有可能背离其制度设计初衷而在实践中引发意料之外的政治参与压力。

（二）法律适用：司法的政治传统

1. 司法的政治传统：人民司法

法律适用是一个专业的法学词汇，有广义和狭义之分。狭义的法律适用专指国家司法机关根据法定职权和程序，运用法律处理案件，解决纠纷的活动。根据大陆法系经典法学理论，它具有法定性、被动性和独立性三个基本特征。所谓被动性，指的是司法程序的启动总是以具体案件的发生和当事人提起诉讼为前提，司法机关遵循"不告不理"的原则，且在裁判中不能主动寻找证据和调查事实，只能依据控辩双方提出的证据和形成的法律事实进行中立裁判。独立性指的是人民法院和人民检察院依法独立行使审判权和检察权，不受行政机关、社会力量和公民个人的干涉。在广义上，法律适用泛指有关主体实施和运用法律的活动，这种概念内涵与我国的法律适用现实更为一致。社会主义国家的法律适用向来具有不局限于司法机关的特点，往往是包含行政机关、司法机关乃至党的相关部门等多个机构共同实施，被称为政法工作。中国共产党在长期的革命和执政过程中，创造出一种与西方讲究客观中立，消极被动的程序正义式法律适用非常不同的法律适用模式，人民司法正是这一政法工作传统的理论概括。

所谓人民司法的理念，早在延安根据地时期就已经出现了，其内涵十分丰富。首先在价值理念方面，讲求司法的高效性和服务性。与西方形式主义法治强调法律的至高无上不同，新中国的司法从来都不是独立的国家权力部分，也不具有独立的价值意义，而是从属于政法工作的一部分。"人民政法工作形成了自己优良的传统。这就是服从党的领导，贯彻群众路线，结合生产劳动，为党和国家的中心工作服务"①。其次，在司法制度方面，强调司法要追求实质正义而不是程序正义。与西方形式主义法治要求的客观中立与专业主义不同，对司法人员的要求是政治素质比专业素质更重要。最后，在法律适用的技术层面，与西方法治强调理性的精英主义路线不同，人民司法在法律适用技术中要贯彻群众路线。要求司法人员深入群众，调查研究，善于情理法兼用，做当事人的思想工作。甚至就地办案，让人民群众参与到司法过程中来，利用人民的智慧解决人民

---

①　董必武：《董必武法学文集》，法律出版社，2001 年版，第 423 页。

内部矛盾，在解决矛盾的过程中获得人民对党和国家政策的支持，这无疑是将消极被动的司法权力转变为积极主动的再生产合法性的权力实践形式。

2. 批判西方形式主义法治，重构司法逻辑

中国改革开放以来的法治改革主要是学习大陆法系经典法治模式，以尊重和保障权利为法治的基础理念，以专业主义作为建设司法制度体系的指导精神，人民司法的政法工作传统在形式主义法治理念的冲击下影响有所削弱。与此同时，实务界不断有人批评这种专业主义法治模式在中国适用的局限性，即职业主义的司法体系不能有效应对剧变时代人民内部矛盾剧增给中国社会带来的政治压力。在权利话语被普遍接受的社会心态下，法院常常成为国家—社会对抗的焦点，典型的如农民的“依法抗争”① 和城市居民的“维权”②。越来越多的民众诉诸法律武器对抗地方政府，行政诉讼案件数量迅速增长。为应对这一现实挑战，司法实践中也在不断采取技术性措施协调政治与法律之间的关系，司法机关在对待矛盾冲突的时候，不能简单依法办案，必须考虑案件的社会影响乃至特定时期的政策倾向。如医患纠纷中，法院迫于社会舆论压力而故意做出有利于患者的裁决③。为了维护地方经济发展的“大局”，在面临环境污染诉讼和劳动纠纷时，法院往往采取拖延受理案件和判决的方式，尽量将案件从司法程序中拉出，由地方党政机关以协调的方式解决，避免群体性事件等社会不良影响的发生。这就要求司法机关不得不放弃部分独立性，将政治目标优先于其职业主义的要求之上，这与专业主义所要求的司法独立是有内在冲突的。除了技术处理上的难题，

---

① “依法抗争”的概念参见 Kevin O’Brien, Lianjiang Li, “Rightful Resistance in Rural China”, Cambridge university press, 2006。

② 对城市居民和工人等群体“维权”概念的分析，参见于建嵘《抗争性政治：中国政治社会学基本问题》，人民出版社，2010 年版。

③ 谢岳：《法治之下的政治动员：基层法院如何化解纠纷》，载钟杨主编：《实证社会科学》（第二卷），上海交通大学出版社，2016 年版，第 41 – 69 页。

也有人对这种专业主义法治改革的价值危机进行了批评，认为这种学习西方权力分立的法治模式过度强调司法的独立性，有脱离党的领导的危险，会导致法律脱离人民的意志和利益。强调司法机关专业性，会导致司法人员的官僚主义作风而脱离人民群众。随着中国经济社会的发展，这种专业主义法治与中国国家治理需求之间的张力愈发显著。中国要继续法治改革，必须从制度上解决这一张力，依靠技术性的变通只能是权宜之计。近年来，中央开始恢复我国政法工作的革命传统，在法律适用中进行了一系列制度性调整，主要包括以下几个方面：

第一，扩张基层司法网络，彰显法律适用活动的基层性。多年来我国的司法体系一直停留在县一级，街道和乡镇只有数量有限的派出法庭，而且派出法庭的司法工作人员也仅有个位数，难以覆盖乡村和社区的广大基层社会。为应对这一问题，最高院的做法是指导地方法院在乡村和城市社区派驻法官、设立法官工作室，将司法机构和司法职能向下主动延伸。2013 年左右，河南省、广西省等省份创造出社会法庭和社会法官等基层司法网络。广西在社区设立法官工作室，指派县区级法院法官全部驻村包干，采取蹲点、巡回等方式，进村入户为群众化解矛盾纠纷提供服务。河南省的主要做法是设立"社会法官"，主要是前村干部、当地德高望重的人物，法院选聘的特邀调解员和司法联络员等，从事法院委托的民事纠纷调解。这些类似的扩展基层司法网络的做法在全国各地迅速铺开，成为司法活动回归基层性的标志性制度措施。

第二，倡导多元化纠纷解决机制，调解优先于审判。1988 年民事诉讼法出台后，提出"谁主张、谁举证"的原则，注重依法审判，人民政法传统中注重调解的工作理念一度消沉。近年来，为应对诉讼案件激增的矛盾，最高院发布政策文件开始重新强调调解优先，并以制度性规定强制前置。2010 年，最高人民法院发布规定，要求地方法院凡是以下九种情况的矛盾纠纷一律不予立案，优先进行调解：

（1）事关民生和群体利益、需要政府和相关部门配合的案件；

（2）可能影响社会和谐稳定的群体性案件、集团诉讼案件、破产案件；

（3）民间债务、婚姻家庭、继承等民事纠纷案件；

（4）案情复杂、难以形成证据优势的案件；

（5）当事人之间对立情绪严重的案件；

（6）相关法律法规没有规定或者规定不明确、适用法律有一定困难的案件；

（7）判决后难以执行的案件；

（8）社会普遍关注的敏感性案件；

（9）当事人情绪激烈、矛盾激化的再审案件、信访案件。

最高院关于九大类案件优先调解的规定释放了强烈的信号，随后各种强化调解的制度措施陆续出台，通过修改法律和发布司法解释的方法，将过去不具有法律强制力的人民调解协议和行政调解赋予法律强制力，并通过一系列司法行政合一的制度改革措施，将人民调解、司法调解和行政调解三合一，构建立体化全方位的大调解格局。2013 年，最高国家领导人提出要创造利用新时代的“枫桥经验”，倡导多元化的纠纷解决机制。全国法院系统掀起了“调解竞赛”的政治动员活动，甚至有高级法院提出了“零判决”的口号。在这些竞赛活动中，通过树立模范典型的方式，倡导“不是就案办案，做好调解工作”的司法工作作风。

第三，司法与行政结合。在 2021 年 1 月最高人民检察院发布的 2020 年全国检察改革典型案例中，河南省人民检察院全面推行“河长 + 检察长”制度的案例高居第二位，成为一个全国法治改革的创新模范。该制度创新的主要内容是，在黄河治理中，河南省检察院与省河长办通力合作，在黄河流域九省区首创以检察机关与行政机关协作联动治理河湖生态问题，采取由检察长担任河长的模式。最高检在评价其典型意义时指出，检察机关积极主动担当生态治理任务，通过构建“河长 + 检察长”的协调治理模式，为依法治河新模式做出贡献。检察机关立足当好党委政府法治助手的工作定位，全面推行“河长 + 检察长”制度，对推动生态环境综合治理，服务经济社会发展大局起到了积极作用。[①] 这种司法机关参与综合治理，甚至司法人员直接担任"河长"的做法，体现出司法与行政结合的明显趋势。这种制度创新被最高检作为全国法治改革的典型案例发布，对我国未来几年司法制度改革无疑具有强烈的指导性。检察机关作为国家法律监督机关和公诉机关，无论哪种职能，在司法专业主义的定位之下，都应当依照刑事诉讼法的规定，在案情发生后依照法定程序行使职权。对于河湖治理这种综合性治理事务，检察院直接介入本身就改变了消极司法的定位。直接采取司法人员兼任"河长"这一具有职能包干、超越机关分工角色的制度模式，释放出明显的司法机关与行政机关协作，参与综合治理的信号。

无论是三大机关协作的"大调解"，还是检察机关参与综合治理，都是综合治理模式下政治动员工作方式的再现，是对过去司法机关活动具有专业性，地位独立，"一府两院"分工明确思路的一种修正。司法机关直接参与到地方政权的中心工作任务，成为综合治理模式下承担具体任务的部门。司法的中立性淡出，工具性特色凸显，法治服务于特定治理目的的工具主义倾向，对当代中国国家建设的利弊，还有待于进一步的理论思考和实践检验。

---

① 参见"全国检察机关首批检察改革典型案例"，最高人民检察院网上发布厅，https：//www. spp. gov. cn/spp/xwfbh/wsfbt/202101/t20210114_506475. shtml#2。

第六章　基层治理的综合与结合向度

面对2020年新冠肺炎疫情的严重冲击，全国各基层治理单位充当前线堡垒，不但在抗击疫情中做出了突出贡献，守住了阵地保住了底线；还继续探索新时代基层治理经验，使各项基层治理事业迈上了新台阶。习近平总书记指出："这次抗击新冠肺炎疫情，是对国家治理体系和治理能力的一次大考"。社会治理的重心和落脚点在基层，疫情防控的重点和难点也在基层。面对可能出现的疫情反弹和经济发展重任，要防止基层治理出现疲于应付、能力不足、缺乏韧性的情况。

过去一年，基层治理总体特征是向综合与结合的方向发展，主动适应治理重心下移的工作要求，以块为主、条块结合，从群众出发、与群众协作、为群众服务。在这个过程中，基层党组织的领导是实现综合性、结合化治理的关键，以基层党组织为核心，才能实现资源、人员的整合，事务的有序处理，过程的公开透明。与此同时，各类社会组织、社区自治组织围绕在基层党组织周围开展活动，解决多元社会问题和复杂矛盾，让"小事不出社区，大事不出辖区，矛盾就地化解"。

需要强调的是，新冠肺炎疫情的突发让智慧城市、智慧治理的时代提前到来，先进的治理技术在最短的时间融入到基层治理实践，维持了基层社会的稳定。江苏省民政系统强化社区联防联控，形成"大数据 + 网格化 + 铁脚板"模式，动员30万社区网格人员，摸排出疫情防控线索41万条，服务居家隔离人员546万人次。这一现象一方面表明了信息技术在基层治理中的基础性、有效性；另一方面也表明基层事务也最接近现实，科学技术的落地、维护、推广最终还要落到无数的基层工作者的“铁脚板”上。

一、党建引领的一核多元

基层党组织是党的细胞，细胞活则肌体健。基层治理必然要突出党建引领，增强党组织凝聚力、号召力、感染力、战斗力。这一方面要求加强党组织自身建设，不断发挥社区党支部和党员在社区治理和服务群众中的“主心骨”作用；另一方面要坚持“党建引领+社区服务+居民自治”的工作思路，构建以党支部为核心、以社区居委会为纽带、以管理网格为主体、居民代表和驻区单位及志愿团队等多元参与的社区治理模式，辐射带动广大党员群众参与基层治理。

充分发挥党建引领基层治理模式，加强服务型党组织建设，要从提升党组织政治引领、服务群众、促进发展的能力入手，也就是要加强与基层发展同力的“红色队伍”。具体来说，基层治理的有效落实离不开广大党员的先锋示范作用，离不开基层干部的履职尽责，更离不开党组织书记的“头雁”领航。通过建立健全制度体系，搭建党员干部成长平台，积极发挥好基层党组织战斗堡垒作用，才能全面提升社区治理法治化、科学化、精细化水平和组织化程度，不断推进社区治理体系和治理能力现代化。

坚持党建引领还需要“以党建带社建”，形成环绕基层党组织的区域化、网格化党建联建。充分发挥党组织在基层治理中的作用，平时就要以街道、社区党组织为核心，有效整合相关职能部门、驻区单位、广大业主居民，形成有效促进政策实施落实的党建大网；需要促进社区党建、商圈党建、行业党建、楼宇党建等工作持续推进，相互补充配合，形成系统化的便民服务阵地，一体化的资源统筹阵地，遇有突发情况，才能充分动员相关力量参与，抵御现代社会风险。

社会组织贴近民众，是社会治理的多元主体之一，也是推进国家治理体系和治理能力现代化的重要参与者、实践者。党的十九届四中全会提出："发挥群团组织、社会组织作用，发挥行业协会商会自律功能，实现政府治理和社会调节、居民自治良性互动"。社会组织在提供专业服务、促进社会整合、引导居民自治方面有着自身的特色和优势，也是推动国家治理与社会共治的中介性、调节性力量。社会组织能否在基层社区快速发展关键在于强化党的领导，激发社会组织活力；同时要构建其自我支持的生态系统，使社会组织内部形成分工与协作态势，并出现功能上的分化与相互支持。

广东省深圳市盐田区创新党建引领社会组织路径，在推进社会组织党群服务中心建设过程中，逐渐摸索出新时期党建引领的许多新机制。[①] 比如：党群服务中心不仅强化了传统的党建服务功能，帮助社会组织更好开展各类党建活动，而且还搭建起社会组织与政府、企业、各类单位之间的合作网络以支持社会组织高质量发展。作为一种支持性平台，党群服务中心建立起了社会组织跨界交流的网络，成为吸引社会组织的枢纽，将零散分布的社会组织聚集在平台中。这在一定程度上也降低了社会组织监管成本，对于优化街道社会组织的管理体制具有重要启发意义。

依托区、街、社区、园区和社会组织党群服务中心，盐田区构建社区党建大联盟，以"党员义工"和"专业社工"两支队伍为抓手，打造"党建＋社工"服务精品项目，促进党组织和社会组织效用同步发挥。2019 年 7 月 1 日，盐田区社会组织党群服务中心（盐田区社会组织培育发展中心）正式启动运营，标志着盐田区 200 余家社会组织有了坚实的活动"根据地"。这个深圳全市首创的区级社会组织行业党群服务中心，通过开展党的建设、能力培育、资源链接、标杆示范等服务，构建双轨并行、双向作用、双工联动的"双发展双提升"路径，探索"3＋3＋N"运营模式。

① 李梦丹：《社会组织承接街道服务职能的盐田实践》，《中国社区报》，2020 年 12 月 7 日。

“3＋3＋N”运营模式第一个“3”指“三基地”，即盐田区社会组织及其党组织“双发展双提升”示范基地、盐田区社会组织承接街道服务职能创新示范基地、盐田区社会组织参与社会治理实践示范基地；第二个“3”指“三平台”，即资源聚合平台、供需对接平台、标杆展示平台；“N”指“多功能”，即党建引领功能、统战联络功能、培育发展功能、资源支撑功能、人才聚集功能、交流融合功能等。此外，盐田区还组织开发了线上平台，设定10项内容，重点规范了街道服务哪些可以购买，向谁购买，如何购买以及如何评价，结果如何运用等一系列问题。

为解决盐田港路边违法售油、占道修车等违法行为，盐田街道通过党建引领社会力量参与后方陆域综合治理。在繁忙的盐田港后方陆域，建立20余个基层党支部的深圳市集装箱拖车运输协会，其党委带领行业企业的党员骨干组建了“重大节假日突发事件处理小组”和“道路交通秩序疏导巡查工作队”，两支志愿队伍常常穿梭在后方陆域的主次干道，形成“白天是拖车老板，晚上是交通巡查员”的社会治理优势，有力地协助政府维护辖区交通顺畅和社会治安。

针对辖区港口物流运输业多，行业规范不健全，整个产业链各类矛盾纠纷、问题隐患多发的情况，深圳市集装箱运输协会、盐田港口汽车运输业工会联合会、深圳市物流行业协会、深圳市平江商会等社会组织积极设立“行业调解室”，从组织中挑选、培训专业调解员，发挥地域优势，参与到各类劳资纠纷、权益纷争等调解工作中，实现了调解组织在“街道—各科室—派出所—社区—行业—企业—小区”的全面覆盖，让调解室、调解员全方位覆盖辖区每个角落，真正做到定纷止争、案结事了，筑牢了化解基层矛盾纠纷的“第一道防线”。

与此同时，在党建引领下，盐田区以街道职能转移需求、社会组织发展需求、居民群众服务需求为导向，着力探索符合盐田实际的“社会组织承接街道服务职能创新”，推动形成服务联动、共建共治、成果共享的基层治理格局。通过建立社会组织培育发展中心和社会组织承接街道服务职能线上管理平台，盐田区开展了一系列社会组织承接街道服务实践，激活了街道、社区、各类社会组织活力，推动形成了街道党工委领导、社会协同、公众参与、科技支撑的基层社会治理体系。

针对社会组织整体能力偏弱，承接街道服务专业性不足等问题，盐田区着重构建“两个体系”：一是社会组织承接街道服务职能管理体系，围绕街道职能哪些可以向社会组织购买，怎么购买，如何评价，结果如何运用等问题，明确了事项范围和负面清单、准入标准和操作规程，并建立了街道购买服务管理工作事项动态调整机制，厘清了街道和社区权责边界，理顺了社区各类组织关系。二是社会组织及党组织“双发展双提升”体系，分别从法人治理和党的建设方面，开展“党建+”的系列机制建设，实现社会组织的能力提升、资源整合、品牌打造。

“两个体系”分别明确了盐田区社会组织承接街道服务的“路线图”和“任务书”，为社会组织承接服务搭建起“四梁八柱”，从点、线、面做到“有策可执、有规可依、有法可循、有标可贯”。通过制定《社会组织承接街道服务职能事项范围和负面清单》《社会组织承接街道服务职能准入标准》等文件，盐田区形成了项目管理、合同管理、预算管理、资金管理、绩效评价和监督检查等一系列标准化的操作指南，构建了整体化运行的政府购买社会组织服务体系，有助于社会组织形成稳定的预期，进而根据组织优势与辖区需求制定战略规划，增强专业性。

近年来，江苏省南京市江宁区以“街道政府购买社会服务机制创新”为契机，不断转变街道政府职能，让渡街道治理空间。[①] 从发挥社会力量协同作用、推动基层政府职能转变来看，江宁区实践经验集中体现三个方面优势：一是夯实支持功能，打造区、街道、社区三级服务中心，向社会组织提供项目扶持、场地支持、业务培训、成果展示等持续性服务；二是强化平台功能，科学分类、细致梳理，

① 杜蓉：《强阵地 建机制 树品牌 优服务》，《中国社区报》，2020年12月17日。

编制精确的群众服务需求清单，制定完善政府购买社会服务清单；三是提升引领功能，加强社会组织公益创投项目管理的制度化建设，对立项方式、实施主体、实施过程进行规范，确保立项全过程公平、公正、公开。

区、街道、社区三级社会组织支持体系包括区级社会组织创新发展中心，10 个面积不低于 1000 平方米的街道社会组织培育发展中心，以及城乡社区广泛建立的社区社会组织服务站。以前，社会组织总体发展相对滞后，自我造血、自我发展的能力不足，导致政府向社会推出一些购买服务事项后，难以找到合适的社会组织承接，存在想买买不到，想买无处买的问题。三级社会组织支持体系的建立目的在于为社会组织承接服务项目提供多方面的综合支持，从不同需求、不同层级提供项目扶持、场地支持、业务培训、成果展示等服务功能。

2019 年开始，江宁区以公告形式在区政府官网、社会组织 QQ 群、微信群、微信公众号上公开征集公益创投“金点子”，广泛了解居民需求。对基层社会治理突出问题和群众生产生活需求进行深入调查、科学分类、细致梳理，分人群、分地域编制群众服务需求清单。在此基础上，江宁区制定完善街道政府购买社会服务清单，合理界定政府购买服务的范围和项目，通过项目需求优化、项目发布、资格预审、项目申报、竞标立项、公示公告、投诉复核、签订协议等程序逐步推进项目落地。全区共征集项目需求 237 个，包含扶老助老、扶贫助残等七大类 107 个项目需求。

为了更好地满足居民需求，生产更高质量的公益产品，江宁区制定并出台系列文件：《江宁区社会组织公益创投项目管理办法》对立项方式、实施主体、实施过程进行规范，确保立项全过程公平、公正、公开。《南京市江宁区公益创投项目资金使用管理暂行办法》对服务项目经费预算编制、项目资金支出、资金拨付、违规行为处罚等作出细化规定，确保服务项目资金合理规范使用。《南京市江宁区公益创投项目绩效评估细则》对政府购买服务项目的绩效评估内容、时间、流程及结果运用等进行规范。同时，借助《绩效评估专家评分表》《绩效评估日常监管评分表》《项目财务审查评分表》等，提高服务项目绩效评估的标准化水平。

此外，江宁区还开发了“江宁区公益创投项目跟踪管理系统”，对项目实施情况进行“定期、定时、定点”跟踪了解，做到全过程规范操作、全方位接受监督。通过规范的公益创投提升社会组织承接政府购买服务的能力，保证公益创投项目以百姓需求为导向，以精准服务为目标。例如，在社会组织“小江家护互联网养老院”，能从屏幕上清晰显示江宁区 204 个居家养老服务中心位置和服务中心实时工单数据、服务对象的信息数据、助餐服务信息、特困供养信息等，方便为全区 80 岁以上高龄老人、困难家庭老人、重度残疾人、困境儿童等弱势群体购买“助餐、助浴、助洁、助行、助医、康复护理、心理慰藉”等服务。

二、社会协同与综合治理

基层部门是连接上级机关与群众之间的桥梁与纽带，一边是不同“条线”的要求，另一边是要综合处理的“版块”。来自上级部门的各项工作任务纷至沓来，基层干部需要充当好对接者与传达者的角色；与此同时，基层干部面临各类考核、督导的现实压力，不仅不被充分理解和信任，稍有不慎还会被追责问责。这样的情况以前被称为“上面千条线，下面一根针”，现在也称为“上面千把锤，下面一根钉”。因为工作忙、压力大、任务重、问责多，不少基层干部不仅承受着高负荷的工作压力，也承受着巨大的心理压力。

近年来，随着国家治理重心向纵深下移，基层社会治理的转型与发展日益成为焦点。面对现代性与复杂性共存的治理环境、多元性与扩张性兼具的治理诉求，仅由政府包揽服务管理的方式难以高效应对现实挑战，打造共建、共治、共享的新治理格局已然成为时代之需。当前，实现政府治理和社会调节、居民自治良性互动客观上面临着平台缺失、保障不足、能力弱化等问题。聚焦民生难点和民生热点，营造社区协商、民主氛围，形成矛盾调解和志愿帮扶机制，发挥社区自身优势和资源，才能积极推进社会治理深化。

浙江省湖州市吴兴区坚持城市发展有“温度”的建设理念，挖掘辖区资源，积极培育吸引社会组织、行业协会、乡贤、媒体、律师和志愿者等力量参与基层治理，为群众带去便利的服务和丰富的活动。该区社区党委积极发掘和培育居民组织团队，增强居民对社区的认同感的同时，将各组织有条件的骨干带头人发展成党员，提高党建引领能力；挖掘社区骨干，调动居民积极性，提升居民参与社区治理的意识，共同建设融和有爱的宜居社区。

吴兴区在每个街道同步提升打造一个街道级“幸福邻里中心”、N个社区级“幸福邻里中心”。“幸福邻里中心”采取政府购买服务的社会化运作方式，由专业的社会组织承接运营。除具备议事厅、社会组织孵化室等常规功能外，还结合社区实际和居民需求，自行增加各类个性化服务项目。此外，“幸福邻里中心”还协助和配合物业公司、业主委员会等有关方面，引导居民有序参与协商公共事务、公益事业等与群众利益息息相关的各类事项，增强居民自治意识。

解决基层社会问题除了有平台还要有机制。吴兴区积极开创“3+1四方会谈”协商议事新载体，即在社区协商治理过程中，由社区“两委”（引领方）牵头，积极发挥居民、业主、业委会（主体方）的主动性，同时激活物业服务企业、驻区单位等社区资源（资源方），并将专业社会工作力量引入到社区协商中，进一步推进协商民主，提升居民自治水平。为充分调动居民的主动性和自主性，吴兴区以“社工+自治队伍”“社工带义工”等形式组成“社区议事会”，开展“睦邻自治”项目。

吴兴区整合碎片化的志愿服务信息，通过专业社会组织对志愿服务力量进行统筹，开发志愿服务指挥系统，盘活志愿服务力量，打造“一元·益愿”暖心志愿服务品牌。这一品牌的诞生与大的社会经济环境变化相适应，居民对环境、居家养老、纠纷调解等方面的需求与日俱增，志愿服务相伴而生，能够发挥自身特点，在服务居民、参与基层治理方面的优势凸显，成为引导公众参与、提升治理效能的有效途径；而“一元 · 益愿”将这种社会活动凝聚起来，改变了以往零散式的志愿服务模式，让党建引领下的志愿服务焕发生机活力。

为进一步提升志愿活动效益，该区社会组织蚂蚁公益主导开发建设志愿服务指挥系统，把群众需求与志愿服务力量进行有效配置，线下固定服务站点和流动服务车按照系统指挥进行精准性、专业化志愿服务，切实有效地解决了群众的共性需求和个性化需求。特别是新冠肺炎疫情暴发后，该套系统在吴兴区疫情防控和复工复学的各个环节发挥了积极作用。系统一方面利用后台大数据梳理出大批爱心人士，并指挥志愿者走村入社开展一线防疫志愿服务；另一方面整合社会资源募集善款、采购物资，为教育系统及社区防疫提供了大量的物资保障。

在志愿服务具体实践中，吴兴区探索建立志愿者服务回馈机制，由吴兴区慈善总会、蚂蚁公益等共同设立志愿服务专项资金，通过志愿积分兑换，对志愿者进行奖励，志愿服务越多奖励越多。此外，吴兴区还链接更多社会资源，为志愿者开设体育锻炼、文化辅导、子女教育等专属福利通道。

此外，面对群众要求，街道办事处还需要深化综合治理体制改革，及时快速回应群众诉求，对街区违建、环境问题进行治理，对社会治安集中整治，社会矛盾随时处置。实现这一要求不但要理顺综合治理体制和运行机制，拓展服务内容，完善服务功能；还要形成资源整合、优势互补、协调联动等高效运转局面；解决街道执法力量薄弱、执法力量分散，部门分隔，权责交叉，多头执法的难题，努力为群众提供更加便捷、优质的服务，着力解决影响社会和谐稳定的源头性、根本性、基础性问题。

南京市鼓楼区考虑到群众诉求多样、社工能力有限、资源条块分割的基层治理难题，以网格化管理为起点，探索以红色网格、专属网格和专兼职网格员队伍为代表的特色网格建设，走出一条中心城区网格化治理的新路。[①] 按照构建基层社会治理“一张网”的要求，鼓楼区以居民小区、楼栋等（按常住300—500户或1500人左右）为基本单元划分综合网格，将社区辖区内规模较小的实有单位归入相关网格；社区内的行政中心、各类园区、商务楼宇、商圈市场、学校医院等规模较大、不便纳入综合网格管理的实有单位划为专属网格。

“一张网”全面整合原有的工作网格，将党建、综治、公安、民政、法院、司法、城管、水务等涉及基层社会治理以及综合行政执法的工作，按社区准入事项审批要求，统一纳入社会治理综合网格，实行多网合一、一网运行。网格管理运行依托“南京市鼓楼区网格化综合指挥平台”，整合组织、公安、城管、民政等十三个部门的数据，实现了与水务、城管、燃气、大气监测等专业平台的对接。平台可提供对事件工单的登记、受理、派遣，根据事件责任清单和一体化平台按需动态调配资源和全程跟踪，实现工单的精准派发、处置和反馈。

“红色网格”建设是以党建效能引领网格化治理，将党支部（党小组）建在网格上。网格书记（党小组长）由党员网格员担任，以党建磁场（红磁场）吸纳各方力量、多方资源，助推区域多元共治。例如，在紫峰大厦红色网格，“1＋N＋X”的组织架构正日臻成熟。“1”即紫峰楼宇综合党支部，“N”即紫峰大厦内的党组织，“X”即楼宇内的无党员企业和各类服务资源。为把“红色网格”做深做活做细，支部定期梳理企业和员工的资源、需求、项目等菜单，经常开展沙龙和培训，利用工作室等特色载体，提供个性化服务项目。

专属网格鼓楼区共有605个，区分为日常管理类44个、重点协管类150个、定期联动类411个。605名专任网格员分别由社区专职网格员、单位行政或保卫部门和物业部门负责人担任，依托社区治理一体化平台开展人口服务、安全隐患排查等工作。在苏宁慧谷网

① 董翔：《南京鼓楼：基层“特色网格”释放善治力量》，《新华日报》，2020年8月17日。

格，对内，由客服部、工程部、保安部、保洁部四个部门交叉巡查，并增强部门间的横向联系，大大提高了处理综合问题的效率。对外，专兼职网格员与社区网格长、社区民警等通过网格微信群、每周例会形式进行线上线下交流。对出现的问题及时汇报、及时处理，形成便捷、畅通、高效的专职网格服务管理格局。

专兼职网格员建设的典型代表是政法力量进网格。例如，线路新村社区推行政法网格员编网入格和“网格 + 警格”模式，在区街的支持下，吸纳区委政法委、区检察院、区安监局、街道综治中心、消防大队等单位的人员作为网格员，依托各自的职能权限，协助社区专职网格员定向处理矛盾纠纷。队伍和机制的稳定靠的是“六个一”工作模式，即年度一次恳谈会、季末一次联席会、月底一次清单认领、周周一次网格巡查、每天一次上报平安、随时一次在线帮助。“网格 + 警格”模式探索，为社区治理引进了专业的部门和人员，化解矛盾有了强抓手，不但能管，而且管得住。

各个街道根据社区网格员工作实际情况，制定《社区网格管理员考核办法》，采取“查、访、问、看、听、评”相结合的办法，对网格员的政治思想、履职能力、工作态度、工作业绩等方面进行综合评价。考核办法采取听取网格化管理网格长对辖区内网格员的工作情况汇报；要求网格员进行述职；查阅工作相关资料；随机抽查，实地察看网格管理情况；考核小组在听取个人述职和群众意见的基础上，采用百分制对每位网格员工作情况进行量化考评，确定考核等次。考核结果运用到网格员的绩效津贴、连选连任、续聘、奖惩工作中，一方面充分激发社区网格管理员的工作热情，另一方面也能充分展示社区网格管理员良好的精神风貌。

街乡执法力量薄弱，导致街道工作也面临“看得见的管不了，管得了的看不见”的现实难题，对此，北京市将街道综合执法作为加强社会治理的重要抓手，大力推进街区治理，联动街道综合执法力量，加强街区环境治理。[①] 围绕街道综合执法机制创新这一方向，朝阳区合理划分执法权限，优化配置执法力量，推进行政执法权限和力量下沉，构建快速畅通的工作平台，强化街道的统一指挥和统筹协调职责，打造一专多能的执法队伍，着力解决权责交叉、多头执法等问题，建立权责统一、便捷简约的基层综合执法机制，不断提升城市精细化治理水平。

构建街道综合执法机制涉及街道体制的改革、街道办事处条例落实等体制性问题，需要从区级层面作出顶层设计，并通过区街两级联动进行体制改革，其中涉及街乡综合执法队的调整组建、街道行政执法范围、执法事项、行政执法事项管辖权限、行政执法责任的规范。为此，朝阳区成立了由区主要领导任组长的实验区领导小组，由区委社会工委区民政局牵头，各相关部门共同参与的统筹推进制度，同时将街道综合执法改革作为提高城市治理精细化水平的重要抓手，纳入全区基层建设三年行动计划重点任务，结合街道体制改革、街道办事处条例落实等一体推进。

为确保街道综合执法做细做实，朝阳区在健全完善相关制度，着力建立解决问题的长效机制方面进行了积极探索。如在各街道组建综合行政执法队的基础上，朝阳区印发了《关于调整组建街乡综合行政执法队的通知》《关于明确有关行政执法范围和执法事项的决定》《朝阳区行政执法事项管辖规定》，同时制定印发了《关于街乡落实行政执法责任制的指导意见》，从明确行政执法责任、规范行政执法行为、提升行政执法能力三个方面指导街乡建立落实行政执法责任制。

下沉的执法职权和力量，街道如何承接住运行好是改革面临的问题。从朝阳区的实验来看，建立健全街道实体化综合执法中心平台机制是重要一环。朝阳区通过“实名常驻、联片派驻、吹哨进驻”方式，实现区级部门和执法力量分级、分类进驻中心，实现区级执

---

① 陈丽英：《创新综合执法机制 实现“看得见也管得了”》，《中国社区报》，2020 年 12 月 10 日。

法力量在街道层面的统一调度，依职责在辖区内开展各项综合执法工作的同时，建立了“1+6+2”运行框架，构建了一套街道综合执法运行机制，探索建立综合执法日常会商和定期研判制度，对复杂疑难问题进行分析预判，按不同层级处置相关问题，确保执法效果。

街道综合执法领域广、对象多、差异大、专业性强，执法工作队伍建设，是保证综合执法效果的关键。朝阳区城管执法局、区司法局与区法院建立联合培训机制，结合实际工作、重点工作和难点问题，通过执法培训、现场讲解等方式，分专业、分类别，从提升综合执法队业务能力、规范街道行政行为、提升应诉能力方面强化培训，提升综合执法工作人员执法技巧、业务执行能力。同时，通过创新建立功能型党组织，构建以党建为引领、统筹推进综合执法工作的新机制，推动党建工作与综合执法工作相融合，确保党组织对执法队伍建设的全面领导，保证建设一支素质过硬、纪律严明、一专多能的综合执法队伍。

三、规则规范与公开透明

条块分割造成的权责不清、推诿扯皮历来是基层治理的顽疾，解决这一难题需要深化街道职能转变工作，以权力清单规范政府行政事务，责任清单列出行政过错追究，服务清单向百姓承诺公共服务事项，效能清单杜绝乱作为、禁止不作为、克服慢作为。推进街道体制改革，建立权责一致的服务型政府需要通过清单列举的方式让基层社会治理“纲举目张”，梳理从中央到地方的法律法规、政策意见和规范性文件，形成工作职责、法定权力、服务事项的不同要求。

成都市温江区以机构改革为动力，明晰街道权责，并且从统筹公共服务资源入手，实现提质增效。[①] 街道是城市管理和政务服务承

① 陈丽英：《街道权责更清晰 管理服务更高效》，《中国社区报》，2020 年 12 月 14 日。

上启下的关键环节，随着城镇化的加速推进，居民对政府提供的政务服务、公共服务，都要通过街道才能实现。温江区的实验正是在这一关键环节寻求突破和机制创新。为建立完善“社区发现、街道呼叫、部门响应、协同整治”工作机制，温江区在向街道下放职能的同时，通过清理整合各类非正式机构，并以机构编制总量不变，人员身份不变原则设置内设机构，构建扁平化综合型的新型街道服务组织架构。

社区综合服务设施等公共空间是社区居民活动的空间，也是促进居民交往交融，促进自治、法治、德治有机融合，增强居民归属感的社交平台，更是街道、居委会把工作融入到居民日常活动中的有效载体，但如何综合利用好这些空间，拓展服务功能，是目前社区治理中需要解决的问题。温江区创新社区综合服务空间社会化运营机制，以居民需求为导向，按照标准化规划要求强化社区居民活动公共空间的配置；按照“社区小型化”要求，科学配置社区综合服务空间。

同时，温江区还着力厘清街道与职能部门、产业园区和社区间的权能边界，制定出台了街道“三定”规定和职责任务、便民服务、执法监管“三张清单”。落实事权准入制度，制定事权下放操作规程，明确了社区服务站协助政府的社区政务服务事项清单60项，综合网格服务事项清单73项，形成权责对等、服务精细的街道服务管理运行机制，实现基层工作瘦身减负，服务提质增效，精准对接梳理居民、企业的实际需求，用活资源、畅通机制。

基层人员配备是有效提供基层服务的前提，为此，温江区各街道统一调配区级部门下沉街道工作人员，并将各类专干充实至街道便民服务中心和社区服务站。清理整合各类非正式机构，实行“大科室制”，按照“5+X”综合设置内设机构，建立扁平化服务管理的新型街道组织构架。强化街道对需多部门协同整治事项的调度权，同时，温江区还广泛动员各类人才发挥作用，建成社区发展治理理论和实务专家人才库；优化“区、街道、社区”三级志愿服务网络，打造志愿服务阵地。

有了人员的参与，还需要资金的保障，为此温江区通过对民生诉求关切的重点领域加大区级财力向街道倾斜、建立条线奖补资金和工作经费集成机制、实行社区专职工作者年度考核评议制度等方式集成街道各项资金。温江区还建立了城乡社区发展治理专项保障资金和激励资金，街道按照项目化的方式，引导社区保障资金精准服务居民。此外，该区还创新开展社会众筹资金，街道支持社区采用股份制、众筹、资产入股等方式发展生活类服务企业，探索建立社区基金会和社区微基金，鼓励社会资金参与社区发展治理。

为优化治理空间，温江区强调“社区小型化”，要求街道根据人口规模、服务半径试点，探索“小区 + 街区”“小区 + 商圈”等新型社区建制模式。建立健全以党组织为核心的多方联席会议制度，实现小区党组织、业委会（自管会）、物管机构和驻社区单位常态协商议事，促进相邻小区、街区院落连片自治。对于已有的存量社区空间，街道进行梳理发掘，鼓励居民通过协商开展楼栋架空层功能改造，推动建设邻里交往、文化传播、协商议事等主题空间。

推动基层治理规范化建设还需要眼睛向下看，以群众诉求为导向，打破“老百姓有需求的不公开，公开的老百姓不关心”困局。宁夏回族自治区石嘴山市大武口区将“街道政务公开标准化规范化建设”作为实验任务重点进行探索，聚焦广大群众需求，深化重点领域信息公开，着力提升街道政务公开工作质量，聚焦广大群众需求，创新公开方式方法，有效推进权力运行全流程、政务服务全过程公开，把街道建成“面向居民的政务服务、政务管理的主阵地”，在管理与服务工作中推进政民深度互动和居民自治，在“秩序与活力”的平衡方面取得良好效果。[①]

围绕街道政务公开，大武口区在区级层面制定了公开、透明、可操作的政务公开指南，推动基层治理向规范化、标准化转变。区委区政府突出街道在公共服务和社会治理中的重要地位，围绕与群

① 李梦丹：《以政务公开为杠杆，撬动基层治理创新》，《中国社区报》，2020 年 12 月 17 日。

众关系密切的行政行为和服务事项，依法依规全面梳理公开事项，探索建立了统一的街道政务公开标准体系。结合街道权责清单和公共服务事项清单，大武口区制订了街道政务公开标准指引和标准目录，包括政务信息主动公开基本目录、政务信息依申请公开目录、政务信息公开负面清单三个方面。明确街道政务公开涉及的政府信息公开、公共服务、重点领域、财务工作等7类一级事项30类二级事项，明确公开事项的名称、内容等要素。

群众对政策看得清听得明，服务及时精准，离不开信息化支撑。2019年，大武口区投入资金建成“互联网+网格”社会治理综合信息平台，平台依托318名网格员，全面、准确采集和更新各社区人口、房屋、地址等200多万条信息，且日日更新，提供鲜活的数据，为领导决策、部门问题解决提供最坚实的基础；平台的建立打破了“数据壁垒”，全面整合民政、人社、住房、城管、卫健等基础信息，通过数据整合交换，确保全区各类应用系统、数据的互联互通，为群众在办理社保、养老、低保、计生、社区服务等方面提供便利。

大武口区不断完善街道政务公开与村（居）务公开协同发展机制，以街道政务公开为杠杆，撬动了基层自治、政社互动等多领域的改革。构建政府开放日、街道议事旁听、社区民主协商平台，形成“事务共商、难题共解、民主法治、阳光透明”的权力运行新格局。围绕街道重点任务，聚焦公众关切和民生重点事项，常态化、制度化开展政府开放日系列活动。建立街道党工委会议党员群众旁听制度，根据需要邀请利益相关方、人大代表、政协委员、公众代表、专家、媒体等列席有关会议，增强决策透明度。

通过畅通政务公开平台渠道，创新基层协商参与机制，扩展基层政务公开范围三大保障，大武口区探索群众需求主动发现机制，在管理与服务工作中推进政民深度互动和居民自治，邀请利益相关方、人大代表、政协委员、居民群众等列席有关会议和活动，推进政务公开向一线延伸，切实保障公众知情权、监督权和参与权，确保政务公开工作实效。政务公开看似是自上而下的，但实际面向群众、对群众负责，通过积极主动的服务赢得群众的信任，引导群众参与基层治理，才能达到理想效果，将体制改革创新工作呈现出的效果体现在街道、社区服务能力提升方面。

为了保证政务公开效果，大武口区赋予街道对派驻下沉机构负责人提拔使用意见建议权以及派驻街道工作人员考核评价权，推动基层社会治理条块融合、执法联动。同时将职能部门案件办理响应率、办结率、满意率作为网格服务管理绩效考评指标，倒逼职能部门履职尽责。该区青山街道根据网格员职责任务、制定网格员考核办法，规范网格化管理。网格员每年度基础信息采集率要达到100%，信息准确率达到95%以上。实行人口等基础信息动态管理机制，做好入户走访工作，年度内辖区居民至少走访1遍，入户率达到100%。

广西壮族自治区柳州市柳南区注重推进街道协商规范化建设，在协商机制建设、协商队伍建设、协商品牌建设等方面迈上了一个新台阶。[①] 制度设计在协商规范化建设中发挥着基础性作用。民主协商能在基层治理和服务创新过程中落地生根，并维持良性运转状态，需要以规范的制度设计对其进行统筹协调。柳南区出台《关于推进街道协商规范化建设的实施意见》，在政策层面强化了街道协商的合法性和合规性，回应中央相关文件中关于协商主体、形式、程序等方面的要求，并在政策指导的基础上推进实践进程。

柳南区根据解决问题的难易程度等因素将辖区问题分为大事、中事、小事三个层次，并分别对应成立街道、社区、小区三级协商议事组织，搭建街道、社区、小区三级协商议事平台，构建街道、社区、小区三级协商议事框架。“小事”先由小区协商议事组织进行协商，小区内部不能解决的问题提交社区成为“中事”，由社区协商议事组织协商，社区内部不能解决的问题则提交街道成为“大事”，由街道议事协商组织协商解决，形成层级分明、分类施策、逐级递进的“小区—社区—街道”协商议事框架。

在柳南区南站街道，涉及面广、事关社区公共事务、公共矛盾、

① 汤珊珊：《民主协商，实现民事民议民受益》，《中国社区报》，2020 年 12 月 8 日。

公共秩序管理以及社区内的各项其他事务，以民主议事会、民主说事会等形式进行“座谈式”协商；专业性技术性强的议题，以社区党组织牵头召开民主评议会、决策听证会、居民座谈会等方式，邀请辖区单位、第三方机构等作为议事主体参加议事并进行论证评估；涉及面小的议题，由居民小区内的党员或小区居民通过“面对面”交流、“走访式”谈心等形式进行协商；对通过协商无法解决或存在较大争议的议题，或需要上级部门协调解决的，提交街道协商议事中心进行协商。通过灵活多变的形式，让辖区群众充分提出意见和建议，形成议事结果，推动居民自治，化解矛盾纠纷，维护社会和谐稳定。

在议事协商方面，柳南区建立了一套规范的议事流程。问需协商阶段是协商议事活动正式开展前的准备阶段，在此阶段共建立了代表管理、议题收集、议题确定、议题公示四个机制，重点回答“谁来议”和“议什么”的问题。实施协商阶段，也是“问计”阶段，召集各利益相关方正式开展协商活动达成基本共识，形成协商结果，并由政府职能部门等有关主体组织实施。在此阶段，建立协商组织、成果采纳、成果落实、成果反馈四个机制，重点回答“怎么议”和“议完怎么做”的问题。评估协商阶段，即“问责”，主要回答“落实得怎么样”的问题。协商成果落地并反馈后，需要通过双向考评机制与群众评议机制，对协商成果的落实情况进行评估。

社区基层协商公共空间是居民相互交往的重要场所，也是多方主体参与社区协商的重要平台，承载着社区独特的文化精神与价值。柳南区依托原有基础设施，修建具有独特性、开放性和便利性的协商场所，加强多方主体的互动交流与情感联结。通过传统媒体与新媒体相结合的方式，宣传协商议事的典型人物与案例，营造共商共议氛围，引导居民主动有序参与协商议事，并形成“一案一卷”的协商案例，从典型案例中提炼优秀的普适性经验。

2019 年初，南站街道采取多项措施完善民主协商议事制度，丰富民主协商议事议题，进一步拓宽党员群众参与街道公共事务的渠道，充分保障党员群众的知情权、参与权、表达权和监督权，累计开展各类协商议事活动二十多次，解决辖区内热点难点问题 13 件，其中人大代表提案一件、党代表提案一件。社区通过宣传栏、横幅、热线电话、接待窗口、微信群等形式，动员党员群众积极参与民主议事协商会议。探索采用社区网格员入户、社区决策听证、民情恳谈、业主协商等方式收集党员群众的意见和建议，梳理成协商议题，使社区逐步实现从“替民做主”向“由民做主”转变。

四、简政放权与服务保障

提高人民群众幸福值、满意度是制度创新的出发点和落脚点。构建党的领导、人民当家作主和依法治理有机统一的基层治理体制机制，要引导党员、干部始终坚持实事求是的思想路线，切实树立以人民为中心的理念，始终牢记人民利益高于一切，把对上负责与对下负责统一起来。乡镇街道、村民（居民）委员会不仅要落实党中央乃至各级党委政府的决策部署，作为离人民群众最近的一级行政机关，还有一个重要使命是收集民情民意，使公共政策更为科学，体现多数人的意志并保障多数人的利益。

近年来，面向人民群众的需求，简政放权成为基层治理制度创新的出发点，通过厘清街道职责，统一服务关口，使管理更加有序、服务更加高效、群众更加满意。推行简政放权，首先要明晰社区网格管理事项，从市、区、街三级梳理基层组织建设、思想文化建设、民主法治建设、社区基本保障、宜居宜业服务、社区治理等不同大类及其细分类别，逐条逐项确认，明确服务内容和服务标准，形成内容清晰，职责明确，服务精准的网格管理事项清单，制作涵盖网格服务区域及具体网格管理员基本信息的社区网格管理区域图、网格民情日记、网格服务联系卡、社区网格管理微信群等，进一步实现网格精细化管理与服务。

社区综合事务受理中心“一口式受理、综合式服务”解决了街道便民服务存在的办事场所分散、办事路径复杂等问题，让需要服务的居民群众实现“办事简洁”，“最多跑一次”。实现这一目标需要硬件和软件两个方面的保障。硬件方面包括功能统一的前台受理窗口和“一口式受理”的服务模式。根据现有各部门使用的工作系统实际情况，整合系统平台模式，聘请专业技术团队参与社区事务受理服务的技术攻关。明确各项业务分工，从业务受理方面明确受理服务中心窗口工作人员与社会事务办各条线负责人之间工作分工。从动态管理角度明确社区事务受理服务中心窗口人员与社区各网格员之间工作分工。制定周期考核标准，根据窗口工作人员工作数量及质量进行动态评分，作为网格绩效津贴等级的重要参考。

黑龙江省哈尔滨市在“明晰权责关系、实施居政剥离”工作的基础上，以“街道一站式政务服务创新”为工作路径，开展了街社一体扁平化服务创新。① 道里区各街道因地制宜，以“综合服务+网格管理”街社一体扁平化服务为实验主题，梳理整合街道社区的各类行政事务和政务服务事项，实现扁平化管理。在实现居民办事“跑一趟”的同时，让社区工作者解放双手、迈开双腿，入户走访、发现需求，提供精细化服务，提升社区居民的满意度和幸福感。

哈尔滨市的改革以“社区减负增效”为突破口，明确社区居委会人员职责和承担行政事务、政务服务事项办理的公益岗位人员职责，推动“居政剥离”工作。面对一米多高的相关材料，利用一年多的时间，通过一个社区一个社区的工作指导，改革部门把哪些事项在社区层面剥离、剥离依据是什么、剥离后办事路径是什么一一明确下来，最终形成了400多项清单，为提升社区网格化管理水平，探索街道服务管理创新机制，形成街社一体扁平化服务提供了扎实的基础。

从2019年开始，哈尔滨市道里区尝试对街社公共服务进行改

① 赵雪：《街道助力“瘦身”社区“丰满”服务》，《中国社区报》，2020年12月3日；赵雪：《黑龙江省哈尔滨市道里区街居扁平化管理 为社区减负增能》，《中国社区报》，2020年12月3日。

革，通过缩减服务层级，实现工作清单化和社区去“行政化”，将社区和街道办事处的两级公共服务和政务服务整合到服务中心集中办理。为此，道里区制定下发《道里区街道社区治理体制改革实施方案》。区编办组织试点街道梳理出《街道办事处工作事项清单》（试行）482 项、《街道办事处权责清单》42 项。对街道社区政务服务和公共服务事项进行梳理，把党务、政务、事务等非自治业务全部纳入受理服务范畴内。

按照“三化”标准（即通过硬件建设标准化、服务管理制度化、受理审批规范化），道里区对街道社区事务受理服务中心设施规范统一，将多部门数据整合，变办事窗口由“专办”为“通办”，分散的多个部门服务窗口整合为一个综合服务窗口，使居民在一个窗口就可办理人社、民政、老龄、残联、计生、城建六大类 66 项服务事项，解决了居民办事“最后一公里”问题。在 66 项服务事项中，有 22 项内容为“立等可取”，办事全程“无堵点”，不能即办事项则由网格管理员将办理结果送达到居民家中。

多口统一的背后是道里区打破部门信息壁垒工作的探索。通过“多网合并”，道里区对各职能部门单线设立的受理系统进行了整合改进，通过软件系统全部归口在一个操作系统平台上，实现了一个前台办理员在一个操作系统平台上，可以同时办理各类窗口受理的审批事项，基本能覆盖街道所有受理事项，使前台受理和后台办理的整个过程便捷高效，实现了社会保险、医疗保险、社会救助、计划生育、保障性住房“多网合一”，实现了“一网覆盖、一窗集办”，更好地满足了人民群众对美好生活的新需求。

道里区各社区事务受理服务中心设有办事大厅，配备高配置电脑、打印机、复印机、高拍仪、叫号机、办事窗口群众满意度评价器等标准化设备，以及咨询服务台、休息等候区、前台办理区等辅助设施。办事大厅宽敞、明亮、整洁。人性化的服务柜台、舒适温馨的等候区、醒目清晰的叫号设置、具体简化的服务流程等设计，让来到中心办事的居民备感亲切。居民办事休息等候区配有书写台、长椅及饮水机等，便于居民休息使用。咨询台工作人员随时为居民答疑解惑，引导叫号，指导书写，热情周到的服务和全方位高效率的服务质量让居民感受到“一口式受理、综合式服务”的快捷和贴心。

为适应社区事务受理中心的综合性，道里区把提高人员素质、加强人才建设以及制定完善的各项制度和标准化管理作为推行“一岗通”综合服务的有力保障。所有窗口综合服务工作人员从街道现有公益性岗位人员中通过笔试面试择优选拔。承担后台办理业务的人员在街道、社工人员中调剂。各街道对选拔的窗口工作人员进行为期20天的业务培训，由不同科室通过政策讲解、业务指导，强化综合服务窗口工作人员的服务水平；通过条线带教、结对互学的形式，开展具体业务培训，让原来只熟悉单一部门业务的工作人员具备一岗多能的综合业务素质，使人员数量进一步精简，服务能力得到极大的提高。

各街道对综合服务窗口工作人员实行岗位和绩效双项考核，建立绩效考核制度、民意测评制度、首问责任制度、业务预约制度、考勤制度等规章制度，实行统一工装、统一培训、统一选拔、统一待遇、统一管理的管理机制。为考核合格人员每月发放岗位津贴和绩效津贴。岗位津贴和绩效津贴两项合计发放标准是在个人原应发工资标准基础上的薪酬补差，考核合格人员统一补齐到统一标准。未选拔到窗口工作的社工、公益性岗位人员将充实到社区从事网格加综合服务，同时实行岗位和绩效双项考核。岗位工资和绩效津贴两项合计发放标准是在个人原应发工资标准基础上的薪酬补差，考核合格人员统一补齐。

成都市成华区围绕“街道社区资金保障机制创新”的实验主题，重在发挥社区基金专项支持作用，以项目为纽带链接社区资源、吸引公益资金投入，助力社区治理创新。[①] 长期以来，街道社区资金保障，是制约街道管理服务的一个突出问题。随着城镇化的快速推进，城市社会结构、生产方式和组织行态发生了深刻变化，政务服务和

① 陈丽英：《创新资金保障机制 确保基层有钱办事》，《中国社区报》，2020年12月22日。

公共服务向街道和社区下沉，社区社会服务功能的不断增强，街道社区工作资金保障机制创新滞后的问题日益突出，影响到街道管理能力的提升和社区服务供给的持续优化。

成华区的街道社区资金保障机制创新不仅仅是一个资金保障的问题，更是一个牵动街道服务管理机制创新的重要问题。通过社区基金动员、筹集和运作，资金支持项目的选择、扶持，以及后续基金项目使用情况的通报、公示、监督、反馈等环节，成华区给参与社区治理各方充分的知情权、参与权、监督权，既畅通了多方参与社区治理的渠道，搭建了多方参与的治理格局，又有利于培养居民的责任心和公益心，还为基金的多方来源奠定了深厚的社会基础。

成华区的街道社区资金多元投入机制围绕“1 + N”社区基金体系展开。其中最核心的成华社区发展基金会成立于 2019 年年底，是以社区需求为导向，凝聚多方智慧的结果。2019 年 4 月至 7 月，成华社区发展基金会筹备小组深入走访调查，与街道、社区相关负责人进行面对面访谈，直接了解社区的需求及困惑；组织开展多次专项主题调研，通过现场发放并填写纸质问卷以及线上发放收集电子问卷等多种形式搜集了 14 个街道、105 个社区的相关数据，形成了上百页的专项报告，梳理出 4 个基金会服务方向。

成华社区发展基金会通过科学规划发展战略及开展优质项目活动，积极发挥社区基金会对社区治理和社区发展的支持作用。在筹备基金会成立之初，成都市成华社区发展基金会筹备小组就明确划分出酝酿期、筹备期、登记期和运营期四个阶段，并分别规定各阶段需要解决的问题和需要完成的工作，以保障基金会成立的各项工作得以有条不紊进行。通过对影响力、可持续性、项目周期等方面的综合考量，基金会严格筛选资助项目，同时依据项目的整体周期和所处阶段为其提供不同支持。

成华区创新社区资金保障机制在一年多的实践中，通过动员和统筹辖区企业资源与社区基金的链接，为社区基金的建立奠定坚实基础。具体来说，该区通过多元主体捐赠、资金定向募集等渠道实现了多方资源的有效链接；注意推动社区居委会通过链接辖区内企事业单位及社会组织和鼓励居民捐赠等方式筹集社区专项基金，以引导各社区创新资源整合方式，构建各方参与社区治理的格局；构建“政府建综合体 + 社会组织助运维”“1 个枢纽型社会企业领办 + 多个专业机构参与”等社区服务载体，让服务主体形成自我造血功能，实现社区基金的持续发展力，最大限度地降低政府投入成本。

在通过公益性确保社区基金持续发展过程中，成华区注意从制度规定上加强规范，从人员选配和运行机制上加强监督，而且注意从影响力、可持续性、项目周期等方面进行综合考量、严格筛选资助项目，同时依据项目的整体周期和所处阶段，对项目实施全过程进行跟踪监督，并决定为其提供不同支持。实施一年来，这种规范运作，严格管理，重点支持，而且注重实效，惠及群众的做法，保证了社区基金的持续发展力。

五、技术治理及考评问责

当前，加强基层治理的科技含量既有形势的需要、技术的支撑，又经历了实践的检验，具有全方位推行的基础。党的十九大报告要求提高社会治理社会化、法治化、智能化、专业化水平。后两者尤其是顺应信息化时代快速发展要求的结果。2020 年疫情管控期间，先进技术的应用解决使一系列由隔离造成的经济、社会、政治问题得到有效解决。后疫情时代一方面要总结疫情时期技术治理形成的可沉淀的经验，另一方面要继续开发以大数据为代表的现代治理模式，提高基层治理现代化的水平，扩大基层治理的有效性和规范性。

将技术发展作为基层治理的重要支撑力量，实现管理服务数字化，需要搭建平台打通政府体系和社会体系中上下层级区隔，贯通信息资源之间的对接，对海量数据资料进行整合，建立起居民信息大数据库；需要将线上服务模式从单向模式发展为双向模式，通过搭建“菜单式”社区治理服务互动平台，拉近公众与政府的距离，增强政府与社会公众的互动；需要不断再造政务流程标准，拓展智慧应用，实现服务资源的一网通览、服务保障的一网汇集、服务力量的一网协同、服务事项的一网通办、行政事项的一网统管。

技术治理的“指挥棒”指向要“准”，科学有效的考评是关键，而技术促进的治理效能要通过技术的方式和手段测量，确保考评导向的正确。在此基础上，考评结果的运用要“实”。评了不用，等于没评。要真正发挥导向作用，就需要切实运用考评结果，找到差距和不足，不断改进和完善工作。解决问题的力量要“全”。考评不能变成群众评、街道干的单一模式，而应该形成集思广益、共建共治共享的基层治理格局。现代技术手段是使整个过程精细化、精准化的重要支撑，引导和保证基层治理的重点放到人民的生活福祉和急难愁盼上来，切实提高所有工作的针对性和有效性。

在《中国城市数字治理报告（2020）》中，杭州数字治理指数位居全国第一。自 2016 年以来，杭州“城市大脑”加速进化，不断拓展城市数字治理变革的广度和深度，“让城市会思考，让生活更美好；让资源最优化，让治理更高效”。杭州的“城市大脑”借助大数据、云计算等对城市实施全域全程的即时分析和管理，通过全社会的数据互通，数字化的全面协同，跨部门的流程再造，实现民生直达、惠企直达和基层治理直达。得益于“城市大脑”对城市建设和城市管理的赋能，杭州城市治理越来越“心中有数”，越来越迅捷高效。

如今，“城市大脑”正在成为杭州城市治理新的基础设施，为提升城市治理体系和治理能力现代化水平插上了腾飞的翅膀。惠企直达版块实现国家级政策资金直达企业，在线许可方便快捷。民生直达版块通过数据协同、运算，实现政策自动匹配，达到补助精准发放，让数据多跑路，让群众少跑腿。治理直达版块通过协同政府、社会、企业等多源数据，使城市感知更为敏锐，将精细化、智慧化治理能力直推城市末梢，为群众提供更多贴心服务。

该市下城区将“最多跑一次”改革、“城市大脑”的中枢建设、深化基层治理的要求结合起来，充分利用现代化治理手段，对集成数据进行综合研判，并根据具体应用场景，智慧分析，精准服务。面向民生保障要求，杭州市下城区运用人工智能、社区智治实现基层服务管理转型，探索出一套集智慧应用、街区赋能为一体的基层治理机制，经历了政府理念更新、基础条件改善、核心技术支撑、组织制度保障以及综合特色应用的实践过程，成为社区全域性治理体系的新标杆。①

潮鸣街道是下城区城市智慧治理经验的缩影。② 该街道整合各类资源，创新推进服务管理创新，打造了“政务数字驾驶舱”，运用大数据分析研判街道、社区在综合治理、民生保障等方面的服务配置需求。优化养老服务、居民活动、文化服务、体育健身等社区服务配置，优化政府购买服务项目、社区社会组织、志愿服务力量等服务资源分配。利用人脸识别和智能分析，统计服务大厅办件类项、时长等变量，预判大厅办事需求，改善提升服务细节，促进办事效率和满意率双提高。

“政务数字驾驶舱”将智慧治理的“城市大脑”模式下沉到社区，形成独具特色的社区“微脑”，以“五朵云”功能服务模块的形式表现出来。“五朵云”即云字典、云办理、云服务、云管家和云网格。“五朵云”集中在一张数字大屏上，让人们掌握辖区内所有信息；“五朵云”共同联动，云字典是基础，云办理是过程，云服务是目的，云管家是手段，云网格是支撑。正是潮鸣街道“五朵云”的共同联动，从事件预警到分析、解决有了抓手和依靠，能够让“政务数字驾驶舱”良好运作。

云字典有利于统合化资源。在该街道的社会治理综合服务中心二楼，打开云字典查一查，实况即刻呈现。平台的视频监控整合了辖区公安、城管、街道、社区的所有监控探头 659 个，通过云字典将辖区内公共服务和社会服务资源一网呈现，包含 92 个红云阵地、

① 汤珊珊：《“智慧街居”助推基层社会治理“高质轻负”》，《中国社区报》，2020 年 12 月 1 日。

② 汤珊珊：《突破信息壁垒 基层治理更精准》，《中国社区报》，2020 年 12 月 1 日。

53 个公共服务、2924 个基础设施、83 个社会资源和区域管理。实现区级职能部门与街道数据资源按需实时共享，使区域内实有房屋、实有居民、实有企业等“三实”数据实时更新，公共服务、基础设施、社会资源等信息实时掌握。

云办理有利于精准化服务，依托人脸识别和智能分析等手段，对群众办事需求实时分析，主动落实人员，上前对接服务，办事效率和群众满意度均提升 20% 以上。其中，人脸识别能够实时抓取大厅办理业务的居民信息，通过后台比对数据，精准掌握基本信息；智慧大厅实时掌握大厅等候人员、超时人员等信息；数据统计分析业务办理类型比例、办件量对比、办件高峰期的统计，为更加合理配置服务资源和工作力量，进一步提升政务服务能力提供决策依据。

云网格有利于联动化处置。潮鸣街道数字驾驶舱的云网格功能为高龄、孤寡、独居等 250 余户重点家庭统一安装智能门磁、门禁、烟感等设备，全街道 37 个网格 149 名社区工作者可通过驾驶舱手机终端，第一时间发现并处置突发事件，实现快速响应。相关工作人员增配单兵对讲系统，通过实时对讲视频，第一时间发现、处置网格事件，实现线上线下联动联防，有效解决网格工作力量不够、走访不够、联动不够等问题，切实提高网格事件处置效率，减轻社工负担。

云管家有利于实现精细化监管，主要包括 AI 分析、AI 统计、路面巡查、四个平台等。AI 分析通过 AI 视频探头，实时分析识别异常状况，及时派单处理；AI 统计对道路不洁、车辆违停、游商经营等进行实时统计分析；路面巡查通过路面巡查派单，发现事件派单处理，形成事件闭环；四个平台包括综治工作、市场监管、综合执法、便民服务四大类工作的综合服务管理。依托卫星定位、高清监控、视觉识别等技术手段。把各类城市管理难题通过系统派单，第一时间落实网格力量进行处置。

云服务有利于智能化提醒，针对老龄、残疾、困难等民生重点服务对象提供服务搜索、服务提醒和服务跟踪“民生三服务”。全域搜索对接卫健部门等的居民健康数据、市民卡结算系统、民生保障系统、援通呼叫系统，全面掌握居民各类民生政策享受情况。主动服务打通民政、残联、帮扶等数据壁垒，开通“系统预警”，帮助受助对象匹配政策并做出最优选择。派单跟踪实现民生服务的闭环管理。系统一旦发现重点服务对象异常情况，即可通过系统自动生成工单提醒，实现民生服务的全流程管理。

2019 年 8 月 28 日，潮鸣街道建国北路突发地铁塌陷、路面坍塌事故，“数字驾驶舱”第一时间调取了现场监控画面，第一时间向全体工作人员发送紧急指令。“数字驾驶舱”通过已有数据，调取了纳入疏散范围的 13 幢居民楼中孤寡老人、独居老人、残疾人等重点关注人群的具体楼幢、单元和房间号，并及时向社工发布指令，对这些重点关注人群进行紧急疏散。经过紧张的 10 分钟，街道社区工作者将 13 幢楼房 792 户居民全部疏散完毕，无一人伤亡，成功抢抓了“黄金十分钟”。

江苏省南京市鼓楼区将“以居民满意度为导向的街道考评机制”与打造“社区治理一体化信息平台”相结合，利用现代技术手段，力求以居民满意度为导向，以考评促满意，以改革提效能，实现街道服务管理能力和居民满意度双提升。[①] 该区从党建引领、城市治理、民生保障、社会建设 4 个维度对 17 项具体指标进行评估，涵盖组织建设、人居环境、安全平安、基本公共服务、文明和谐氛围等内容，建立“正向评价 + 反向评价 + 专项特色指标评价”一体化的考评指标体系，既能多维度反映街道服务管理工作成效，也能突出基层治理服务的重点。

为提高考评效果，鼓楼区动员社区居民（包括常住人口和租住人员）、社区党员、驻区单位、社会组织等多方力量参与考评。[②] 到 2020 年年底，该区通过对问卷数据进行系统分析，已收集整理居民关于街道党建、城管执法、市场监管、物业保洁、污染防治、安全

---

① 杜蓉：《以居民满意度为导向 促改革提效能》，《中国社区报》，2020 年 12 月 7 日。

② 杜蓉：《街道“答题” 居民“阅卷”鼓楼打造幸福社区》，《中国社区报》，2020 年 12 月 7 日。

生产、治安环境、为老助残、社会保障、住房保障、就业服务、企业服务、政务服务、规划建设等方面的反向评价及意见建议 3600 余条，结合工作实际，形成了包含具体问题和涉及部门街道的反向问题清单。

鼓楼区将考评结果导入作风建设和综合目标考核。将居民满意度年度得分计入街道作风建设年度总得分，并按相应比例换算计入区综合目标考核；将考评结果与部门考核相结合，全过程跟踪整改措施、落实情况和整改结果。2020 年结合疫情防控工作要求，鼓楼区创新开发“定向抽样 + 在线随机”相结合的调研方式，除开展各街道定向抽取样本外，还通过“鼓楼微讯”公众号发布线上随机问卷调查，共回收定向样本问卷 3721 份，线上随机问卷 17255 份，平均满意度为 95.02 分。

考评期间，鼓楼区小市街道收到居民反映红山南路 88 号附近车流量较大，车速快且路口绿化带遮挡视线，道路开通后造成多起猫狗被撞事故，居民经斑马线横过马路也存在较大安全隐患。对此，街道牵头组织区政协、建设局、街道、交警大队及周边居民多次开展协商。最终在此路口安装了不礼让行人电子抓拍设备，并设置明显标志，提醒过往车辆减速让行，同时改造绿化带，消除视线盲区，有效解决了问题，街道的居民满意度评价也从全区第 8 名提升到第 5 名。

为了让考评真实反映民意，该区新门口社区探索采用两个“1 + 1”工作模式，搭建参与和沟通平台，一方面引导居民关心身边人、关注身边事，做社区事务的参与者、决策者；另一方面让居民对政府工作的真实评价得到及时反映，使政府能够迅速高效地做出回应。以“大数据”为手段，新门口社区能够聚焦社区治理中的难点，在街道和辖区派出所的指导下，通过大数据治理，解决了出租房管理、物业管理缺位、“垃圾分类”等一系列难题，同时收获了居民参与社区活动的热情和邻里关系的改善。

第一个“1 + 1”指通过“线下网格生活会 + 线上网格微信群”，打造居民参与社区事务的平台。线下网格生活会以一定区域的居民为对象，通过网格社工、楼栋长的推荐，选出责任心、公益心强的居民担任单元长；定期召开各片区网格生活会，通报社区工作，建立例会联系制度，听取对社区工作的意见及小区建设的建议，让社区工作的触角实实在在地伸进楼道。社区线上网格微信群以网格片区为单位，以网格社工为群主，使协商议题的收集更加便利，意见投诉处理的反映更加便捷。

第二个“1+1”是通过“线下老姜工作室轮值居民+线上微信轮值居民”，明确了参与社区事务的主体。“老姜工作室”通过“请进来参与社区轮值”的方式，引导社区居民融入社区事务评估，关注社区工作。同时，在线上，随着“好大一个家”各小区微信群的发展壮大，需要像线下轮值居民一样的积极分子开展微信群的维护。于是社区观察并选出一批居民作为“网上轮值居民”，建立了“好大一个家·居民轮值群”，用于分配任务并沟通情况、发布信息、协助社区组织群成员参与讨论，采集民意、反馈消息。

第七章　社会建设的“疫期”实践

2020 年，面对严峻复杂的国内外环境特别是新冠肺炎疫情的严重影响，中国经济在经历年初的冲击后迅速调整，在中国共产党的有力领导下，各地区各部门工作稳中求进，全年经济指标实现由负转正，带动民生指标持续得到改善。然而，近年来快速发展变化的社会环境使得价值取向日趋多元、利益诉求更加多样，大规模的人口流动、线上线下的融合渗透、多样化的社区居住特征使利益协同难度有所加大，给社会治理带来巨大挑战。基于当前社会的主要发展变化，立足于处理好人民日益增长的美好生活需要与不平衡不充分的发展之间的矛盾，中国共产党和各级政府转变社会治理思路，推动法律和制度的完善，创新治理体制，整合人、财、物和技术等资源要素，积极为治理主体赋能，使社会治理体系不断完善，在制度建设和基层实践层面取得了显著进步。

一、健全基本公共服务体系

当前中国已经初步构建起覆盖全民的基本公共服务制度体系，各类公共服务设施不断改善，服务项目有效落实，服务范围持续拓展，保障能力不断增强。过去一年更是在建立健全基本公共服务标准体系、持续推进服务均等化、推动服务高质量发展方面取得了很大进步。

（一）脱贫攻坚战全面胜利

消除贫困历来是中国共产党一项最重要的工作。党的十八大以来，通过政府全力加大资金投入，动员全党全国全社会力量共同参与扶贫开发，出台实施一系列具有针对性的扶贫规划与政策措施，推动扶贫方式由救济式扶贫到开发式扶贫再到精准扶贫转变，逐步探索出一条符合国情的中国特色减贫道路。2015 年年底，《中共中央国务院关于打赢脱贫攻坚战的决定》提出打赢脱贫攻坚战的总体目标。至 2021 年 2 月，中共中央总书记习近平宣告脱贫攻坚战取得全面胜利，现行标准下 9899 万农村贫困人口全部脱贫，832 个贫困县全部摘帽，12.8 万个贫困村全部出列，区域性整体贫困得到解决，完成了消除绝对贫困的艰巨任务。① 回顾 2020 年，中国的脱贫攻坚主要有以下几方面的经验。

1. 领导体制的完备

在中国共产党的领导下，充分发挥集中力量办大事的制度优势，强化中央统筹、省负总责、市县抓落实的工作机制，省、市、县、乡、村五级书记一起抓扶贫。这是 2017 年底中共中央农村工作会议提出的“五级书记抓乡村振兴”的领导策略。“五级书记”自上而下，级别不同、站位不同、角度不同、职能不同，不同分工，同心协力，每一层都发挥自身应尽的职责，确保脱贫攻坚工作如期完成。

如安徽省合肥市肥西县推出《开展三级书记遍访贫困对象推进乡村振兴行动方案》，围绕落实脱贫防贫长效机制等焦点问题，县、乡、村三级书记持续对贫困村开展调研暗访，对贫困户上门走访，了解贫困村产业发展、驻村工作队工作开展、贫困户就业创业、各项政策及帮扶措施落实等情况，对调查中发现的问题及时交办，建

---

① “9899 万人口脱贫 832 个贫困县摘帽 数说脱贫攻坚战”，央视网，http://m.news.cctv.com/2021/02/25/ARTI7ahgktPFIe8YS0OX5tHv210225.shtml.

立台账，加强督导整改，不断提升脱贫成效。[①]

2. 金融政策的扶持

几年来，中共中央、国务院出台了一系列支持脱贫攻坚的税费优惠政策，税务总局全面梳理 110 项支持脱贫攻坚税费优惠政策，分门别类介绍政策内容以及享受条件，及时发布并持续更新《支持脱贫攻坚税收优惠政策指引》，使群众及时掌握。同时，运用现代科技手段，通过“网上开专栏、线上设专席、点上配专人、事上有专办”服务，对脱贫攻坚税收优惠政策开展多渠道、广覆盖的宣传辅导。[②] 2020 年各地税务部门更是把落实支持脱贫攻坚税费优惠政策作为重中之重，因地制宜创新落实举措，确保政策红利直达市场主体、发挥最大效应。

如河南省税务部门组建工作小组，把税收服务延伸到田间地头，利用农民夜校等形式送优惠政策上门。重庆市税务部门则特别加强涉税数据的比对应用，对已申报扶贫捐赠企业所得税减免但未申报增值税减免的纳税人逐一进行核实，提醒纳税人及时申报减免，确保应享尽享。

数据显示，全国税务系统落实支持脱贫攻坚税收优惠政策实现减税金额从 2015 年的 263 亿元提升到 2020 年的 1022 亿元，年均增长超过 30%，[③] 有力推动了贫困地区脱贫工作。

3. 工作环节的查缺补漏

党的十八大以来，党中央关于脱贫攻坚工作有一系列重大部署。其中，2019 年 4 月，习近平总书记在重庆主持召开解决“两不愁三

---

① “政务资讯”，肥西县人民政府网，http：//www. ahfeixi. gov. cn/zwdt/jrkx/119883211. html.

② “国家税务总局：今年前 10 月脱贫攻坚税收优惠政策促减税 950 多亿元”，新华网，http：//www. xinhuanet. com/fortune/2020 – 12/02/c_1126813291. htm.

③ “‘十三五’时期我国产业扶贫、消费扶贫成果丰硕”，人民网，https：//baijiahao. baidu. com/s? id = 1692631477977479257&wfr = spider&for = pc.

保障”突出问题座谈会，指出脱贫攻坚战面临的困难和问题主要有三类：一是直接影响脱贫攻坚目标任务实现的问题。如脱贫标准把握不精准；“三保障”工作不扎实，义务教育、基本医疗、住房安全和饮水安全等方面还存在薄弱环节；脱贫摘帽后工作放松，有的摘帽县出现撤摊子、甩包袱、歇歇脚的情况等。二是工作中需要进一步改进的问题。如脱贫攻坚责任不落实、政策不落实、工作不落实问题，形式主义、官僚主义问题，数字脱贫、虚假脱贫问题，以及贪占挪用扶贫资金等问题。三是需要长期逐步解决的问题。如产业发展基础薄弱，易地扶贫搬迁后续帮扶措施乏力，稳定脱贫长效机制没有建立，贫困群众内生动力不足、陈规陋习难改等。脱贫工作的查缺补漏就是为了着重解决这些问题。

贵州省东南州锦屏县采取四项措施落实查缺补漏的工作任务：一是仔细查。由各乡镇党委和政府组织开展村与村之间交叉检查，对辖区内所有农户，按照不漏一村、不漏一户、不漏一人地开展自查。二是精准比。县直各牵头单位对照检查内容，认真开展自查，通过调取各部门工作台账进行数据信息比对，得出数据信息差异结果。三是重复核。针对数据信息比对的差异结果，提交县直各部门和各乡镇重新进行核实，确保数据信息准确无误。四是抓整改。将此次开展自查和县级检查发现的问题按照“双台账”“双销号”的要求，及时建立台账，按时报送，限期整改。[①]

4. 后续帮扶的落实

在推行易地扶贫搬迁工作中，后续帮扶是重中之重，目的是为了达到真脱贫、脱真贫。四川省自贡市富顺县推进 1568 户贫困家庭“六个一”的目标——掌握一门新技术、输转一个劳动力、培育一个创业带头人、扶持一项增收产业、落实一批政策兜底、推行一项后

---

① “锦屏县四措施抓好脱贫攻坚查缺补漏工作”，锦屏县人民政府网，http：//www. jinping. gov. cn/xwzx/zwyw/202009/t20200922_63314560. html.

续扶持举措，并从搬得出、稳得住、能致富三方面下足功夫。①

反贫困是一个永恒的课题。在脱贫攻坚任务完成以后，中国需要适时调整贫困治理的思路：一是从解决绝对贫困到缓解相对贫困过渡。即减少收入差距，减少社会的不公平。二是从农村扶贫向城乡统筹扶贫转变。过去的扶贫工作集中在农村，但城市也逐渐产生一些贫困问题。未来随着城市化加速推进，大量农民从农村进入城市，城市贫困问题也将会凸显。三是要把精准扶贫和乡村振兴战略相衔接，将农村减贫纳入乡村振兴战略之中。

（二）医疗卫生防治体系

自 2009 年公布《国务院关于深化医药卫生体制改革的意见》以来，中国新医改迄今已经整整十个年头了。这十年里，医保经费增加，保障范围和服务都有所提升，公共卫生均等化取得了巨大进步。2020 年突发的新冠肺炎疫情作为新中国成立以来，传播速度最快、感染范围最广、防控难度最大的重大突发公共卫生事件，不仅给医疗卫生领域发展带来巨大挑战，也给后续医疗卫生政策、体制机制改革带来了启示。

1. 公共卫生体系关口前移

疫情防控的实践证明，形成“预防先行”的思维体系对赢得战疫至关重要。2020 年 3 月 1 日，习近平总书记在《求是》杂志发表重要文章《全面提高依法防控依法治理能力，健全国家公共卫生应急管理体系》，强调坚决贯彻预防为主的卫生与健康工作方针，坚持常备不懈，将预防关口前移，避免小病酿成大疫。要强化风险意识，完善公共卫生重大风险研判、评估、决策、防控协同机制。从预案建设角度来看，文中指出会继续健全突发急性传染病大流行应对预

① “富顺县司法局‘六个一’推动基层治理能力现代化建设”，四川新闻网，http：//zg. newssc. org/system/20191029/002785953. html。

案体系，完善应急物资储备与保障、生产生活生命线保障、科研攻关关键点等一系列专项子预案。

这是医疗卫生体系建设的一个重要趋势。中国卫生健康领域首部基础性、综合性的法律《中华人民共和国基本医疗卫生与健康促进法》于2019年年底通过，并于2020年6月1日起实施。之后还会陆续推动修订《中华人民共和国传染病防治法》《中华人民共和国突发公共卫生事件应急条例》等法律法规。未来医疗卫生体制改革的重要方向之一是强化各级疾控机构的信息收集、分析、利用能力。

习总书记重要文章发表之后，4月25日，国家卫生健康委员会发布了《关于设置国家重大公共卫生事件医学中心的通知》，决定在现有国家医学中心规划的基础上，以华中科技大学同济医学院附属同济医院为主体设置国家重大公共卫生事件医学中心，以期提高新发突发传染病处置能力，全面提升重大公共卫生事件应对能力。

2．医疗保障制度改革

为进一步提升医疗服务体系的工作效率和水平，使患者进一步减轻负担，2020年3月，中共中央、国务院印发《关于深化医疗保障制度改革的意见》。这是医疗保障领域首个中央层级的整体改革文件，主要内容包括：一方面，统筹医疗保障基金和公共卫生服务资金使用，提高对基层医疗机构的支付比例，实现公共卫生服务和医疗服务有效衔接；另一方面，完善重大疫情医疗救治费用保障机制，健全重大疫情医疗救治医保支付政策，在突发疫情等紧急情况时，先救治、后收费，确保患者不因费用问题影响就医。

打赢此次疫情防控阻击战，医保支撑功不可没。数据显示，截至2020年7月19日，全国新冠肺炎确诊和疑似患者发生医保结算13.55万人次，涉及医疗费用18.47亿元，医保支付12.32亿元，支付比例达到67%。[①]

---

① “全国新冠肺炎确诊和疑似患者发生医保结算13.55万人次 医保支付12.32亿元”，央视新闻网，http：//m.news.cctv.com/2020/07/28/ARTI1zYXJPIK4kKm7qP0yZV1200728.shtml。

随着新冠肺炎疫情防控进入常态化，国家医保局下一步将统一组织参保地核实并进行全国清算；使疫情期间出台的“互联网＋医保”、慢性病长处方等便民措施常态化、制度化；探索建立特殊群体、特定疾病医药费豁免制度；压实基金管理责任，做好基金运行监测分析，积极支持医疗机构渡过难关。

3. 逐步实行药品与耗材集采

药品和医用耗材由国家组织集中采购旨在解决药品价格虚高的问题。随着带量采购在品种范围上从药品领域逐渐渗透到医疗器械，使用单位从公立医疗机构逐渐扩展到医保协作单位，这将会对整个医药行业的生产和经营领域产生重要影响。2021 年 1 月 12 日，全国医疗保障工作会议提出“大力推进国家组织药品集中采购和使用改革，打破利益藩篱，实现常态化运作”，并要“做好集中采购药品和医用耗材的落地”。2020 年，第二批和第三批国家药品集采已按期开展，并将逐步形成常态化运作。

事实上，安徽、江苏、山东等多地已开展了耗材集采，以省际联盟、省级、地市联盟、地市级集中招标的方式出现，涉及心血管、骨科、眼科等领域的高值耗材，为国家层面的集采积累了经验。如“京津冀”联盟作为全国第一家医用耗材的跨省带量采购区域联盟，从 2017 年运作至今，在联盟规模和采购品种范围上不断扩大，黑龙江、吉林、辽宁、内蒙古、山西、山东 6 省陆续加入其中，已经形成了全国规模最大的采购联盟，并在 2020 年年初明确将从眼科人工晶体类耗材开始开展九省联合带量采购。①

4. 互联网医疗服务的发展

新冠肺炎疫情发生以来，线下诊疗渠道受阻、资源紧张，国家

---

① “医用耗材‘3＋6’联合带量采购落地”，医药网，http://news.pharmnet.com.cn/news/2020/07/30/543290.html。

卫健委印发了《关于在疫情防控中做好互联网诊疗咨询服务工作的通知》《关于在国家远程医疗与互联网医学中心开展新冠肺炎重症危重症患者国家级远程会诊工作的通知》《关于开展线上服务进一步加强湖北疫情防控工作的通知》等文件，同时联合国家医保局印发了《关于推进新冠肺炎疫情防控期间开展“互联网+”医保服务的指导意见》，利用互联网突破时空的便捷特点为疫区群众提供了疫情风险评估、线上诊疗、药品配送等服务，获得了较好的反响。

5. 公共卫生人才队伍建设

疫情的暴发凸显了中国医疗卫生队伍人才紧缺的严峻性。2020年2月，教育部提出将在高等人才教育和就业指导上采取措施：一是专升本计划扩增，侧重在预防医学；二是公卫专业研究生将迎来扩增；三是引导毕业生在基层、公卫、养老领域就业。

各地政府也纷纷出台加强公卫人才队伍建设的各项措施。2020年4月1日，广东省率先发布，要按照常住人口万分之1.75的比例核定全省疾控系统编制总量，各级疾控中心专业技术人员占比不低于岗位总额的85%，其中卫生技术人员不低于70%。[①]

（三）养老服务体系

随着中国老龄化程度不断加深，家庭规模不断变小，老年健康服务的刚性需求不断释放，社会化养老的重要性日益突出。2020年，中国的养老服务网络更加完善，养老事业呈现出许多新变化。

1. 国家战略

2020年10月，“实施积极应对人口老龄化国家战略”首次写入

---

① “广东率先推出15条措施 加强公共卫生人才队伍建设”，粤港澳大湾区门户网，http://www.cnbayarea.org.cn/news/focus/content/post_255259.html.

党的十九届五中全会文件。公报提出要制定人口长期发展战略，优化生育政策；积极开发老龄人力资源，发展银发经济；推动养老事业和产业协同发展，健全基本养老服务体系，发展普惠型养老服务和互助性养老，支持家庭承担养老功能，培育养老新业态，构建居家社区机构相协调、医养康养相结合的养老服务体系，健全养老服务综合监管制度。这标志着中国进入老龄化社会 20 年后，积极应对人口老龄化正式上升为国家战略。

2. 综合监管

2020 年 9 月，民政部修订并公布《养老机构管理办法》，明确养老机构设立许可取消后备案管理相关措施，结合养老服务领域出现的新情况、新问题，提出新的管理要求。2020 年 11 月，国务院办公厅印发《关于建立健全养老服务综合监管制度 促进养老服务高质量发展的意见》，明确监管重点、落实监管责任、创新监管方式，为推动养老服务有序健康发展提供强有力的制度保障。民政部还建立完善养老服务标准实施体系，印发《关于开展养老机构等级评定先行先试工作的通知》，发布了养老机构等级评定实施细则，为各地开展养老机构等级评定提供有力指导。

3. 医养结合

2020 年 10 月，《中共中央关于制定国民经济和社会发展第十四个五年规划和二〇三五年远景目标的建议》提出，“构建居家社区机构相协调、医养康养相结合的养老服务体系”。为推进医养结合工作健康发展，国家卫健委会同民政部、国家中医药管理局制定出台《医养结合机构管理指南（试行)》，对医养结合机构的定位、服务内容、设置、管理要求等各方面进行了明确。12 月，国家卫健委和中医药管理局联合发布《关于开展医养结合机构服务质量提升行动的通知》，要求将医养结合机构医疗卫生服务质量管理纳入医疗质量管理体系范畴，鼓励医护人员到医养结合机构执业。

4. 区域协同

2020 年，京津冀、长三角、粤港澳大湾区和川渝地区区域养老协同合作进展顺利。京津冀养老一体化朝着政策衔接更为顺畅、区域合作更加紧密迈进。津冀地区和内蒙古赤峰市、乌兰察布市养老机构接收京籍老年人的，享受同等运营补贴；北京与河北省廊坊市“北三县”以养老协同促进人口协同，积极引导北京优质康养资源向“北三县”延伸布局。[①] 长三角养老协同发展稳步推向高质量发展阶段，江苏、浙江、安徽、上海签署了《长三角地区三省一市人大社会建设委员会关于加强养老服务工作协同倡议书》，区域内多个城市签署协作协议，加强养老资源共享和项目共建。[②] 粤港澳大湾区着力推动养老一体化，养老服务、商业保险和社会保障的合作已成为大湾区养老的发展重点。随着成渝地区双城经济圈建设被列为国家重大区域发展战略，两地民政部门签署《川渝民政合作框架协议》和《川渝养老服务协同发展蓝皮书》，统筹推进川渝养老服务开放共享。[③]

随着养老服务顶层设计和制度体系建设的不断加强，中国已初步实现从重视机构建设向居家社区机构协调发展的转型，从补缺型、碎片化向体系化、制度化转型。更加多元化、适老化、智能化的养老服务将不断完善。

（四）就业体系

面对疫情冲击和异常严峻的就业形势，中国各地各部门全力以赴稳就业保就业。随着减负稳岗扩就业一系列政策举措落地实施，

---

① “215 亿！北三县重大利好！”，搜狐网，https：//www. sohu. com/a/418865731_757999。

② 张红兵：“签订加强养老服务工作协同倡议书”，法制网，http：//www. legaldaily. com. cn/index/content/2020 – 11/17/content_8357476. htm。

③ “川渝民政签订合作框架协议，助推成渝地区双城经济圈建设”，中华人民共和国民政部网，http：//www. mca. gov. cn/article/xw/dfdt/202004/20200400026929. shtml。

就业形势逐步回稳向好，实现 2020 年全年城镇新增就业 1186 万人，完成全年目标的 131. 8%。①

1. 应届毕业生的就业

2020 年全国高校毕业生人数达 874 万人，再创历史新高，叠加疫情冲击，就业压力十分突出。7 月，城镇 20 岁至 24 岁大专及以上受教育程度人员（主要是高校毕业生）失业率同比提高 3. 3 个百分点。面对复杂严峻的就业形势，各地区各部门积极拓宽高校毕业生就业渠道，高校毕业生就业形势逐渐改善，调查失业率趋于下降。12 月，20 岁至 24 岁大专及以上受教育程度人员失业率较 7 月份回落 7. 2 个百分点，与 2019 年同期持平。

一是扩岗位。党政机关、事业单位、国企、大学生征兵、科研助理、基层项目、社区治理等都面向应届高校毕业生开拓了更多政策性岗位。截至 2020 年 9 月 1 日，政策性岗位吸纳 280 多万毕业生就业，比上年同期增加 70 多万。

二是搭平台。疫情阻断了毕业生和招聘单位的面对面交流，但“云宣讲”“云招聘”“云管理”等线上服务提供了新的沟通渠道，创新了视频招聘、远程面试、精准撮合等“云服务”方式。据统计，“全国高校毕业生网上签约平台”推动 11 个省份近 900 所高校开展网签工作，有 64. 5 万毕业生完成网上签约。

三是拓渠道。基层历来是大学生就业的重要渠道。各地进一步扩大基层就业数量，鼓励应届毕业生到基层、中西部和艰苦边远地区建功立业。“特岗教师”“三支一扶”计划各增加 5000 人。中组部等七部门也引导和鼓励高校毕业生到城乡社区就业创业，围绕社区服务需求就业创业。②

---

① “去年我国新增就业 1186 万人，完成全年目标的 131. 8%”，北青网，http：//t. ynet. cn/baijia/30250815. html。

② “打好‘组合拳’全力稳就业”，广州市人力资源和社会保障局网，http：//rsj. gz. gov. cn/ywzt/jycy/gzdt/content/post_5798340. html。

2. “免减缓降”援企稳岗

疫情期间，人社部及时出台涉疫情劳动关系政策和相关解读，支持企业复工复产稳定劳动关系；各地人社部门建立“驻企联企小分队”，全力维护劳动关系和谐稳定。各地通过组织专车、专列、包机等方式，累计“点对点”运送农民工超过600万人返岗复工。

据统计，疫情期间社保“免减缓降”为企业减负1.54万亿元；向608万户企业发放失业保险稳岗返还1042亿元；支出就业补助和专项奖补资金上千亿元。[①] 对纾解企业困难、促进经济恢复增长起到重要支持作用。

3. 灵活就业拓宽渠道

随着“互联网+”的不断发展，网络零售、互联网医疗、线上课堂等新产业、新业态快速成长，为灵活就业创造了更多机会。截至2020年7月底，全国新增返乡留乡农民工就地就近就业1300多万人。其中除在本地企业就业及务农外，还有5%的返乡留乡农民工通过云视频、直播直销等新业态创业就业。[②]

但灵活就业人员存在着规模小、大龄失业人员多等情况，抗风险能力较弱，受疫情冲击更直接，还面临着资金筹集难、场地支持难、服务保障难、能力提升难等问题。对此，国务院办公厅出台了《关于支持多渠道灵活就业的意见》，突出加大对个体经营、非全日制、新就业形态的支持。12月，浙江省杭州市20名外卖骑手通过了相关培训与考试，成功获得“网约配送员”职业技能等级认定初级证书。表明数字经济新业态下产生的新职业也开始得到政府层面的重视。

---

① “中国去年社保‘免减缓降’政策为企业减负1.54万亿元 向608万户企业发放失业保险稳岗返还1042亿元”，中国保险网，http：//www. china - insurance. com/insurdata/20210223/52442. html。

② “截至7月底全国新增返乡留乡农民工就地就近就业1300多万”，中国新闻网，http：//www. chinanews. com/gn/2020/08 -07/9258780. shtml。

二、社会治理法治化

社会治理法治化既是全面依法治国的重要内容，又是提高社会治理水平的有效路径。坚持法治国家、法治政府、法治社会一体建设，既是习近平法治思想的重要内容，又是中国共产党十四五规划和 2035 年远景目标建议的重要内容。2020 年 12 月，中共中央印发了《法治社会建设实施纲要（2020—2025 年）》，进一步强调紧紧围绕坚持和完善中国特色社会主义制度、推进国家治理体系和治理能力现代化总目标，落实总体国家安全观，以共建共治共享为导向，以防范化解影响安全稳定的突出风险为重点，以市域社会治理现代化、基层社会治理创新、平安创建活动为抓手，建设更高水平的平安中国。总结 2020 年社会治理法治化的进程，主要集中在以下几个方面。

（一）社会治理规则体系的修订与完善

1.《中华人民共和国慈善法》修订提上日程

社会治理需要制度支撑。2020 年 8 月至 9 月，全国人大常委会首次实施了慈善法执法检查，执法检查报告提出，要适时修改《中华人民共和国慈善法》。由此，《中华人民共和国慈善法》修改成为公益行业、法律行业关注的焦点。

慈善参与社会治理途径很多，领域很广泛，但最基本、最重要的途径是慈善进村庄、进社区参与社会治理。因为村社（区）是社会最基层的组织，是居民生活的家园，如果在每个社区、行政村都建立慈善组织，传播慈善文化，实施慈善项目，开展慈善公益活动，以慈善的路径和方式践行社会主义核心价值观，将会产生巨大的社会正能量，既推动村社（区）精神文明和美丽乡村建设，也将慈善的根系扎到了社会最基层的组织，助力社会治理。

10 月，中共十九届五中全会提出“发挥第三次分配作用，发展慈善事业，改善收入和财富分配格局。”同时提出“发挥群团组织和社会组织在社会治理中的作用，畅通和规范市场主体、新社会阶层、社会工作者和志愿者参与社会治理的路径。推动社会治理重心向基层下移……”显然，国家“十四五”规划将把慈善事业纳入到国家社会救助和社会治理体系，这是对新时代慈善组织历史使命的明确和肯定。

2. 民法典的出台

民法典于 2020 年 5 月 28 日十三届全国人大三次会议上表决通过，自 2021 年 1 月 1 日起施行。这是新中国成立以来第一部以“法典”命名的法律，对于推进全面依法治国、加快建设社会主义法治国家，对于发展社会主义市场经济、巩固社会主义基本经济制度，对于坚持以人民为中心的发展思想、依法维护人民权益，对于推进国家治理体系和治理能力现代化，都具有重大意义。尤其其中关于社会治理的部分法条，既有利于社会组织治理结构的完善，也有利于促进社会治理的创新。部分法条明确了在中国社会治理结构中起着极为重要作用的政府机关、村民委员会、居民委员会等组织的法律性质和法律地位问题。同时，这部法律把错综复杂的民事关系纳入民法典的管理之中，有利于保护民事主体的合法权益，惩罚民事主体的侵权行为，化解民事主体之间的矛盾冲突，从而使社会治理朝着和谐、有序的方向发展。

总之，民法典作为规则体系的建立令社会治理有法可依、有规可循。同时，民法典自身的立法过程也充分体现了人民群众的意志，具有广泛的社会基础，能确认和保护公民各项民事权利，有利于增强治理主体的法治意识，促进法治国家、法治政府和法治社会的一体建设，从而为社会治理奠定牢固的法律基础，确保社会治理的稳定性。[①]

3. 信用体系的建设

社会治理的核心是通过政府和公民合作来对公共生活进行管理。这种合作管理关系的基础是政府和公民之间能够相互信任、相互尊重。因此，社会诚信体系建设显得尤为重要。2020 年政府工作报告在深化“放管服”改革部分明确提出要完善社会信用体系。5 月，《中共中央国务院关于新时代加快完善社会主义市场经济体制的意见》提出，构建适应高质量发展要求的社会信用体系和新型监管机制。完善诚信建设长效机制，推进信用信息共享，建立政府部门信用信息向市场主体有序开放机制。健全覆盖全社会的征信体系，培育具有全球话语权的征信机构和信用评级机构。实施“信易 +”工程。完善失信主体信用修复机制。9 月，中央财经委员会八次会议也提出，要完善社会信用体系，加快建设重要产品追溯体系，建立健全以信用为基础的新型监管机制。

12 月 7 日，中共中央发布的《法治社会建设实施纲要（2020—2025 年)》提出，加快推进社会信用体系建设，提高全社会诚信意识和信用水平。完善企业社会责任法律制度，增强企业社会责任意识，促进企业诚实守信、合法经营。健全公民和组织守法信用记录，建立以公民身份证号码和组织机构代码为基础的统一社会信用代码制度。完善诚信建设长效机制，健全覆盖全社会的征信体系，建立完善失信惩戒制度。结合实际建立信用修复机制和异议制度，鼓励和引导失信主体主动纠正违法失信行为。加强行业协会商会诚信建设，完善诚信管理和诚信自律机制。完善全国信用信息共享平台和国家企业信用信息公示系统，进一步强化和规范信用信息归集共享。加强诚信理念宣传教育，组织诚信主题实践活动，为社会信用体系建设创造良好环境。

---

① 周小毛：“民法典的社会治理价值”，搜狐网，https：//www. sohu. com/a/411480529_645366？_trans_ =000014_bdss_dkjhl。

12 月 18 日，《国务院办公厅关于进一步完善失信约束制度 构建诚信建设长效机制的指导意见》正式发布。提出按照依法依规、保护权益、审慎适度、清单管理的总体思路，进一步规范和健全失信行为认定、记录、归集、共享、公开、惩戒和信用修复等机制，推动社会信用体系迈入高质量发展的新阶段，更好发挥社会信用体系在支撑“放管服”改革和政府职能转变、营造公平诚信的市场环境和社会环境等方面的积极作用。

（二）社会治理法治宣传逐步深入

社会治理离不开正确的规范指引。全国各地在落实“七五”普法的过程中，将社会治理方面的法律法规宣传列为重点，社会各个领域形成自觉守法、遇事找法、解决问题靠法的良好氛围，尤其是随着法律普及的深入推进，居民社区矛盾纠纷、企业劳资矛盾、医疗纠纷等矛盾化解逐步趋向法治道路和法治途径。

如浙江省宁波市印发《2020 年全市普法依法治理工作实施意见》，制订年度守法普法协调小组成员单位法治宣传教育责任清单，发动各普法责任单位、普法工作室、普法讲师团、普法志愿者队伍开展宣讲活动 500 余场次。法治宣传的主要内容包括：一是围绕疫情防控和复工复产开展法治宣传教育。疫情期间，宁波市出台《保障企业复工复产法律服务八条措施》，启动“百家律所千名律师进万企”专项行动，组织普法志愿者、网格员、律师、人民调解员等深入企业摸清复工需求和实际困难开展普法帮扶，发放宣传资料 37 万余份，面向企业开展法治宣传 4400 余次，解决法律政策问题 3100 余个，依托微信推送疫情防控有关法治宣传 60 余篇。二是围绕“双下降”开展法治宣传教育。将法律法规学习结合市委市政府开展推动行政争议发案量和败诉率“双下降”专项行动的部署，印发《推动行政争议发案量和败诉率“双下降”法治宣传工作方案》的通知。为进一步规范行政行为，提高全市各级行政机关依法行政水平，营造了良好的法治氛围。三是围绕《民法典》开展法治宣传教育。有力推进《民法典》宣传系统化、常态化，促进全市各地各单位积极开展民法典的学习宣传活动。全市 80 多家机关单位平均每月民法典学习一次，实现了干部学法的全覆盖。各区县（市）也结合本地区实际特点，形式多样地送民法典进校园、进企业、进乡村、进社区，为人民群众讲解民法典知识，共开展民法典专题学习讲座、网络直播、法治文艺巡演、巡回展览等各类宣传活动 5000 余场，发放各类宣传资料 10 万余份，参与人次突破百万。四是围绕《社区矫正法》开展法治宣传教育。开展《社区矫正法》网络有奖知识竞答。邀请专业人员进行《社区矫正法》解读。[①]

（三）基层公共法律服务更加普及

公共法律服务是政府公共职能的重要组成部分，是保障和改善民生的重要举措，是全面依法治国的基础性、服务性和保障性工作，对推进法治社会发挥着重要作用。全国范围内的法律服务下基层正在逐步发挥作用，有的地方运用“互联网 +”的思路，将法律顾问集结在网络平台中，真正做到送法下基层，居民、村民可以通过网络平台远程咨询法律问题。[②]

如安徽省合肥市从把握公共法律服务内涵和外延入手，聚焦管理体制、服务供给、人才储备、基础保障等问题，打造全业务全时空服务网络推行智能化服务和便捷高效的公共法律服务超市，为聚焦防范和化解重大风险推行精准式服务。2020 年 3 月，市司法局被司法部授予全国公共法律服务工作先进集体荣誉称号，在全省乃至全国形成“合肥样板”。具体措施包括：一是打造服务平台。依托法律援助中心便民服务大厅建成全市公共法律服务中心实体平台，目前已进驻法律援助、人民调解、法律咨询、司法鉴定、公证、仲裁、

① “‘七五’普法 让法治之光照亮甬城”，澎湃网，https：//www.thepaper.cn/newsDetail_forward_8906603。

② 刘雁鹏：《全面推进社会治理法治化的对策思路》，《中国领导科学》，2020 年第 2 期。

复议案件受理等职能。将市、县（市）区、乡镇（街道）、村（居）四级实体平台的职责分别定位为指挥协调平台、服务综合枢纽、服务主阵地、服务指引。二是拓展服务功能。实体平台开展“5 + X”法律服务。“5”为基本职能，包括法律咨询、法律援助、人民调解、律师服务、公证服务，“X”为拓展职能，各级实体平台根据实际需求设置 1－2 个综合服务岗引入仲裁服务、司法鉴定、法治宣传、复议案件受理等内容。三是创新服务手段。构建“人工智能 + 法律服务”的新型法律服务供给方式。通过信息化手段为群众提供“套餐式”服务，运用大数据推行个性化定制服务，定向挖掘、精准分析用户行为习惯、常见易发纠纷、潜在风险动向等信息，智能推送群众关注度高、涉及公共利益的热点问题等信息。①

（四）公众参与更加普遍

在社会法治治理中引入公众参与、共同治理的理念，有助于通过体制、机制和方法创新，创造和谐稳定的社会环境。

从 2020 年 5 月起，广东省深圳市交通运输局和南都平台合作推出《星期四记路仪》栏目，每周根据群众爆料或代表委员建议，选取正在施工的占道施工点开展突击检查，并邀请人大代表、政协委员、市民代表现场监督执法工作，以加强占用挖掘道路施工事中事后监管为靶向，对道路“开膛剖肚”，人行通道被占用，车辆苦等排长龙；临时红绿灯太低让行人受伤；多个施工井口没有安全防护措施等违法违规行为进行曝光。目前，该栏目已推出 14 期，通过突击检查、阳光执法、公众监督等方式，推进施工单位直面问题、及时整改，改变了占道施工的不良现象，成为公众参与执法监督的一个创新案例。②

① “秀出法律公共服务‘暖’实力”，https：//www. 163. com/dy/article/G1A4MR9F0514T9G7. html。

② “开执法监督之眼，直击占道施工违规”，深圳市司法局网，http：//sf. sz. gov. cn/xxgk/xxgkml/gzdt/content/post_8284594. html。

同时，在全国部分地区，社会法治治理的公众参与与网络技术相结合，极大地扩展了公民参与的范围、广度和深度。如浙江省嘉兴市南湖区在开展法制监督工作时，除了走访调研，区人大常委会还结合“双联”制度，开展“代表接待日”活动，借助“南湖人大微信公众号”“南湖人大 App”，线上线下多渠道倾听民意诉求，全面了解掌握社会治理的新情况、新问题，广泛征求意见建议。[①]

（五）存在问题

尽管持续取得进步，但目前中国社会治理法治化建设的进程仍然存在很多问题，运用法治思维和法治手段解决社会治理问题的能力还有待提高。

1. 法律体系仍不健全

社会治理涉及面极广，已制定的法律法规不足以涵盖社会治理的方方面面，大量的领域仍然存在无法可依。

其一，在信用体系建设方面缺少国家层面统一立法。

尽管我国社会信用体系建设取得了重要进展，但是，社会诚信缺失和信用交易风险问题仍比较突出，严重失信、债务违约和跑路案件时有发生，已成为制约经济社会高质量发展和人民追求美好生活的重要因素，也是我国与成熟市场经济国家的主要差距所在。究其根本原因是国家层面的信用立法相对滞后。虽然截至 2020 年 12 月初，上海、河北、辽宁、浙江、山东、河南、湖北、陕西、天津 9 个地方已出台省级社会信用相关的地方性法规，但在国家层面，除 2013 年颁布的《征信业管理条例》和 2014 年颁布的《企业信息公示暂行条例》外，没有出台新的全国性信用法规，信用立法严重滞后于社会信用体系建设的实践。此外还存在着覆盖全社会的征信系

---

① 朱弼瑜：《区人大以立体式法制工作监督助推法治南湖建设》，《嘉兴日报》，2021 年 2 月 22 日第 9 版。

统尚未建成、信用联合奖惩机制不够健全、黑名单法律规制较为薄弱等问题。[①]

2020 年，长租公寓平台爆雷、卷款跑路的新闻不绝于耳。长租公寓的本质是以低价从房东处获取房源，再以较高的价格出租给租客，从中赚取一定的差额，达到持续经营的效果。但大部分长租公寓并没有采取这种商业模式，而是选择“高进低出”“长收短付”的经营模式，并且有部分平台瞄准了房租“一进一出”的巨大差额并用以向外急剧扩张，为长租公寓平台爆雷埋下伏笔。在互联网时代，为了获得资本方的青睐，平台追求规模和流量，不过，当投资方停止资金注入，平台将面临严重的资金链断裂的问题，进而公司的正常经营难以维持。面对这种情况，一些平台选择卷款而逃，最终让整个行业的信誉受到影响。

其二，劳动就业领域的法律无法动态适应时代需求。

中国现行《中华人民共和国劳动法》于 1994 年通过，在二十多年的时间里面，中国社会的各个方面都发生了深刻的变化，市场经济更加成熟，就业格局、就业形式也发生显著的变化，城镇化的发展、社会保障的发展以及国际趋势都对劳动关系的调整提出了新的要求，虽然《中华人民共和国劳动法》在 2009 年、2018 年进行了一定的修改，但都属于小修小补，无法适应新时代的变化。

武汉市的饿了么众包兼职骑手肖某 2020 年 5 月猝死在送餐途中，最后仅得到保险理赔 3 万元。其家属曾就工伤赔偿一事提出劳动仲裁，但武汉市黄陂区劳动人事争议仲裁委员会认为，此案并非传统型劳动用工关系，而是通过互联网平台终端的一种新型用工模式，肖某与涉事公司不存在紧密的人身和经济从属性，缺乏长期、持续、稳定的职业性特征，因此被认为双方不存在劳动关系，肖某的工亡赔偿申请也被驳回。

在我国现有的关于劳动者的各种保障体制里，基本都以劳动关

---

① 王珏玢、潘晔：《失信行为“箩筐化”之忧》，《新华每日电讯》，2020 年 7 月 13 日第 5 版。

系的建立作为前提。而外卖平台跟骑手的法律关系则主要有四种：即平台与骑手之间具有直接的劳动关系；平台与骑手形成劳务派遣关系，由劳务派遣公司将骑手派遣到平台；平台把业务发包给第三方公司，由第三方公司与骑手形成劳务关系；App 平台的众包。

以前在处理这四种法律关系时，会根据不同情况去适用不同的法律规定，适用《中华人民共和国劳动合同法》《中华人民共和国民法通则》《中华人民共和国侵权责任法》，最高院关于人身损害的司法解释等。但只要是平台与骑手之间不被认定为劳动关系，外卖骑手基本就无法获得有力的权益保障。就外卖骑手的权益保障而言，只有在《中华人民共和国劳动法》的框架下，才可能达到最大限度的保护。[①]

其三，校园安全领域法律规定过于零散。

2020 年 6 月 10 日，成都理工大学一女生在毕业典礼上砍伤两名室友，一女生脸部被划伤。2020 年 12 月 28 日，广东石油化工学院一男生因矛盾纠纷，用化学试剂致 3 名女同学受伤。校园安全是教育高质量发展的基石，关系到每一位学生的健康成长，联系着千千万万的家庭。然而，目前关于校园安全的法律法规，散见于《中华人民共和国未成年人保护法》《中华人民共和国预防未成年人犯罪法》《中华人民共和国侵权责任法》《中华人民共和国义务教育法》等，[②] 限制了法律效果的正常发挥，无法完全满足校园安全的法律需求。

其四，弱势群体保护领域法律规定可操作性较差。

2020 年曝光了多起虐待儿童事件。如黑龙江一名 4 岁女童因遭继母虐待进入医院治疗；内蒙古赤峰一女子因不满女儿长时间玩手机，发生口角后对女儿进行殴打，后在女儿想要逃离的时候把女儿抱进屋内活活掐死；陕西宝鸡某男子因酒后跟女友争吵孩子抚养问

① “外卖员‘用生命裸奔’背后：新型用工模式不适用现行法律”，腾讯网，https：//new. qq. com/omn/20210118/20210118A013RL00. html。

② “除了对校园欺凌说不，我们还能做什么”，大河网，https：//news. dahe. cn/2018/03 – 16/281951. html。

题，将2岁半的孩子抓起来砸在沙发上致使孩子重伤。尽管已经颁行了《中华人民共和国未成年人保护法》《中华人民共和国老年人权益保障法》《中华人民共和国妇女权益保障法》和《中华人民共和国残疾人保障法》，但从现实状况来看，在未来的立法过程中要增强其可操作性，明确法律责任，确保严格执行。

2. 法治思维尚待加强

善于运用法治思维就是对待事务要善于守住法治底线，牢记法律依据和法定程序，做到办事依法、遇事找法、解决问题用法、化解矛盾靠法。中国区域发展不平衡，不同地区面临的社会治理难题也各不相同，部分地方在解决实际问题过程中的一些举措尚缺少法治思维的指引。

如疫情防控期间的一些社区治理存在着违反法治的现象和做法。例如在农村有封路的现象，在城市有对隔离对象封门的情况，以及透露疑似患者私人信息的现象。当前应该以法治国家、法治政府、法治社会一体建设为契机，持续提高基层领导干部、公务人员、志愿服务者和居民（村民）等基层社会治理队伍的规则意识、程序意识、责任意识和边界意识，形成以法治思维和法治行动推动基层社会治理的自觉。①

3. 运用法治手段的水平有待提高

2020年，媒体曝光了多起城管与个人的冲突事件，如江西城管用秤杆捶女菜贩事件、武汉城管队员殴打配送员、深圳外卖员遭5名城管拖行等事件，说明在实践中，部分基层没有很好运用法治手段，有的处理方式简单粗暴，缺少公民参与和进行必要的论证。

针对上述问题，当前要牢固树立法治理念，着眼于加强社会治

---

① 类延村：《2021战略与预测：以法治力量推动基层社会治理》，《小康》，2021年2月上旬刊。

理的制度供给，在确保统一法治前提的同时，严格规范公正文明执法，提高司法公信力，运用法治思维和法治方式行使公权、保障权利、化解矛盾、防控风险，依法解决社会治理中的痼疾顽症，运用法治方式预防社会风险、处理社会纠纷、破解治理难题、及时化解各类社会矛盾。

三、社会治理数字化

随着互联网、大数据、人工智能为代表的新技术、新业态不断涌现，数字技术在加强和创新社会治理中的广泛应用，将深化我们对智能社会运行规律及其治理规律的认识。在此背景下，积极推进社会治理体系智能化，运用先进的理念、科学的态度、专业的方法、精细的标准提升社会治理效能，有助于增强社会治理的预见性、精准性和高效性。从已有实践看，数字技术对社会治理的支撑体现为内在机制优化和外在手段创新，主要有以下四种方式：

（一）构建基于“一张网”的社会治理平台

所谓“一张网”是指利用数字技术将人、地、物、事、组织及其变化信息等全部纳入对应网格，推动政府层级间、部门间信息互联互通，并通过数据共享协同提升社会治理水平。2018 年，上海市开始探索施行政务“一网通办”。即依托一体化在线政务服务平台，通过规范网上办事标准、优化网上办事流程、搭建统一的互联网政务服务总门户、整合政府服务数据资源、完善配套制度等措施，推行政务服务事项网上办理，推动企业群众办事线上只登录一次即可全网通办。2020 年，在联合国全球城市电子政务评估排名中，上海首次进入前十，位列第九，“一网通办”的经验作为经典案例被写入《2020 联合国电子政务调查报告》。

“一网通办”在中国多个城市探索实施以来效果比较突出。下一步，将探索城市或地区间政务跨区域的联合办理，打破行政壁垒，加快区域一体化高质量发展，也为下一步在全国范围实现电子证照互认或“一网通办”积累经验。在2020年9月举办的世界制造业大会数字政府建设论坛上，《长三角地区电子证照互认应用合作共识》正式发布，沪苏浙皖宣布将共同推进身份证、驾驶证、营业执照等高频电子证照在跨地区、跨部门、跨层级业务场景中的共享互认。

事实上，早在2019年，长三角地区就携手开通了政务服务“一网通办”，通过“一网通办”、无感漫游和电子证照互信互认等的改革创新，打通跨区域、跨部门以及各层级间的数据壁垒，构建常态化信息联动机制和平台，推动治理协同，服务联动，提升政府服务效能和社会治理水平。①

（二）数字技术赋能社会治理

数字技术具有先发优势，可以有效整合各类平台，夯实信息资源基层基础，不断创新智慧便民场景应用，有助于推进市域社会治理数字化系统建设，促进基层治理精准化和便民服务智慧化。

1. 推动社会群体的再组织化

网格微信群作为全国市域社会治理现代化试点的工作任务，是充分发动人民群众积极参与基层社会治理，降低社会治理成本、提升社会治理效能的有益探索，更是创新社会治理方式，更好预防化解矛盾、防范社会风险、促进平安建设的有力举措。在这方面，广东省汕头市濠江区达濠街道进行了实践和探索。

为深化网格化服务管理，达濠街道率先打造“网格化＋公众号＋微信群”居民服务模式，在全街道10个社区中进行推广。其中

① 王菲、胡锐：《数字赋能重塑长三角社会治理新格局》，《经济参考报》，2020年9月29日A05版。

网格居民微信群基于社区中网格或小网格建立，由社区干部网格员牵头组建和管理。根据工作需要，加入三人小组成员（网格员、民警、医生）、执法队员、保洁员、志愿者、慈善机构等工作和社会力量，形成“一格多员”架构，协助网格服务管理。网格中每户居民以及工厂企业、商户、场所等其他单元各安排一名代表加入群作为群成员。

同时，网格居民微信群服务对象以实际居住或工作地所在网格为标准，不论户籍，确保管理到所有常住人口、流动人口；专项群众服务群如党员群、残疾人服务群、智障监护人群、企业管理服务群、娱乐场所管理群等，基于各项服务管理工作的需要，进行补充建立。两者互为补充，达到网格服务全覆盖。

以上举措在社会治理实践中取得了良好的反响。实践证明，网格层级越多，许多群众反映的问题可以在网格内得到化解和消化，提高了解决问题的效率，减少行政成本，对干群关系的促进有非常明显作用。①

2. 推动政商关系的良性循环

近年来，政府职能逐步由重审批向强监管、优服务转变，通过构建一体化政府大数据平台，让简政放权持续释放改革红利，投资审批便利度和协同监管效能不断提升，“互联网 + 政务服务”实现深度融合。

如广东省广州市深入推进“放管服”改革，优化营商环境，以简政放权、优化机制为重点，高质量完成各项改革任务。“十三五”期间，广州市市场监管局以商事登记制度改革为切入点，从制约百姓投资创业的第一道门改起，涉企证照大幅取消整合，投资开办企业时间大幅缩减，新增市场主体持续大幅增长，市场准入制度性成本大幅降低，营商环境大幅改善。2020 年，按照市优化营商环境

① “你进群了吗？小小网格‘微信群’发挥社会治理大作用”，汕头市濠江区人民政府网，http：//www.haojiang.gov.cn/gkmlpt/content/1/1732/mpost_1732791.html？jump = false#156。

3.0 改革规划，广州市全面推行企业“一网通办、一窗通取”新模式。截至 2020 年 12 月，全市实有市场主体 269.67 万户，同比增长 15.78%，其中企业 158.43 万户，疫情防控期间仍保持 24.06% 的高位增长态势。①

（三）通过轨迹追踪实现社会风险的源头治理

数字技术能够通过采集不同场景、不同类型的数据加以分析，形成人员活动路径与行为轨迹，通过大数据算法可以更好地精准定位社会治理风险点。

2020 年度上海市公众安全感和公安工作满意度两项数据连续第 8 年实现“双提升”。目前上海 95% 的居民小区和所有商务办公楼宇完成智能安防建设，相关区域基本实现了可防性案件的“零发案”。社会治安防控最小单元防护圈不断完善，城市安全风险精准感知、精准识别、精准处置能力显著提升。2020 年，全市入室盗窃案件发案同比下降 72%，破案同比上升 23%。

而在交通方面，依托上海城运系统公安道路交通管理子系统（IDPS），警方得以实时评估区域交通运行底数，动态调节管控强度，充分释放路网通行潜力，为市民群众提供更好的出行体验。目前，得益于 IDPS 系统在全市的推广应用，城市交通运行更加科学化、精细化、智能化。2020 年，上海道路交通事故数、死亡数同比分别下降 5.4 %、28.8%。②

（四）在突发事件应对中实现精准治理

数字技术的应用，可以对各类应急突发事件的起因、现状和发

---

① “广州数字政府建设成效显著”，广州市政务服务数据管理局网，http：//zsj.gz.gov.cn/zt-gz/mtbd/content/post_7091742.html。

② “城市级静态交通平台：赋能城市治理数字化转型”，搜狐网，https：//www.sohu.com/a/446854079_120011370。

展趋势进行建模分析，研判突发事件（自然灾害、社会安全事件等）发生的概率及影响，进一步提升未雨绸缪的能力。一旦潜在事件发生可能性提升到门槛值，智能化的预警预报与精准化的应急干预功能自动开启。对涉及人员的动态状况、交通管理、物流供应链、应急灾备、信息溯源、时态评估等实行全面数据化，从而构建起及时的信息监控、合理的判断和处理机制，精准地做好有效的防控工作，将以人为本、生命至上的理念以及将制度优势和技术优势转化为最大治理效能的价值诉求充分地体现出来。[①] 在新冠肺炎疫情暴发后，浙江省在全国率先启动重大突发公共卫生事件一级响应，充分发挥数字技术在疫情监测、医疗救治、物资保障、复工复产等方面的重要作用，数字战疫取得显著效果。

尽管数字技术为社会治理提供了有力支撑，但技术介入治理也可能带来新的风险与治理困境。如基于信息技术的社会高度互联为个体提供了不在场行动可能，原有的属地治理方式不再有效；数据安全、隐私保护、责任认定等制度规范仍不健全等。对此，要客观理性看待数字技术参与社会治理的利弊，坚持技术应用与制度保障并重、政府监管与平台自律并重、社会智治与民主协商并重的原则，在有效防范技术风险的前提下加快社会治理数字化转型。

四、社会力量参与社会治理

随着中国社会主要矛盾发生变化，社会利益主体呈现出复杂化、多元化趋势，公众对个人权益的维护意识不断增强，对基层治理、公共服务的需求呈爆发式增长。在此情况下，政府首先要保障的是人民群众对基本公共服务的需求，对于非基本公共服务，则离不开

① 龙海波、王伟进：《更好发挥数字技术对社会治理的支撑作用》，《经济日报》，2020 年 7 月 29 日第 10 版。

群团组织和社会组织以及市场主体、新社会阶层、社会工作者和志愿者等的积极参与。当政府的作用难以完全适应社会治理各方面的需求时，客观上要求在党的领导下，政府、社会、市场和公民个人之间建立起一种合作与良性的互动关系，积极构建社会各方参与社会治理的平台和载体，扩大和完善群团组织和社会组织参与基层社会治理的制度化渠道，从而凝聚多元共治合力，建设人人有责、人人尽责、人人享有的社会治理共同体。

（一）社会力量贡献度的提升

群团组织和社会组织是推动中国社会建设的重要力量，具有政府和营利性组织所没有的非行政性、非营利性和志愿性、公益性等独特属性，尤其是社会组织，其量大面广，分布在各个领域，团结凝聚着众多群众，是党和政府联系服务群众的桥梁和纽带。其中一些社会组织汇集了大批专家学者，可以为党和政府决策的出台提供研究咨询；一些社会组织可以有效地化解矛盾纠纷，成为促进社会和谐的辅助性中间力量。简言之，群团组织和社会组织是社会治理的重要参与者和实践者，在了解和反映民生需求、调解公共冲突等方面充当着重要角色。

2020 年是群团组织和社会组织履行职责，广泛实践的一年，从抗疫到扶贫，从国家层面到社区层面，从政策咨询到参与行动，社会力量充分发挥了其在社会治理中的重要作用。

1. 弥补国家政权组织治理资源不足

疫情发生后，社会力量主动参与疫情防治行动。从交通管制到小区管控，从环境卫生到社区服务，大量群团组织和社会组织作为政府与市场的重要补充，及时请战参战、广泛募集资源、精细提供服务，不仅解决了许多抗疫工作的实际问题，也在建言献策、科学宣传、心理咨询上发挥了不可替代的作用。据不完全统计，疫情发生后，全国共有 5289 个慈善组织、红十字会开展了慈善募捐，累计筹集捐赠资金 396.27 亿元，捐赠物资 10.9 亿件。疫情稳定之后，社会组织积极助力构建疫情防控常态化和全面恢复生产生活秩序。此外，社会组织积极参与全球抗疫行动，活动范围覆盖 100 余个国家。不仅对外捐赠大批医疗物资，还以设立专项基金、搭建在线医疗平台、开展跨国志愿服务、编写新冠肺炎疫情防治手册等多种形式支持全球抗疫事业，成为人类团结协作、共克时艰的重要力量。2020 年 9 月 8 日，全国抗击新冠肺炎疫情表彰大会上，一批来自社会组织领域的集体和个人获得表彰，3 名社工获评全国抗击新冠肺炎疫情先进个人。①

2. 协调利益群体的关系

社会力量作为群众共建、公民共享的重要平台和载体，为活跃地方经济、发展民主政治、推进社会建设等发挥了重要作用。一些社会组织发挥自身专业优势，帮助协调政府与公众之间、政府与法人之间、人与人之间、利益群体之间等各种关系，以避免摩擦、减少矛盾、消除对抗，最终达到双赢及整个社会的安定和谐。

1963 年，浙江省绍兴市诸暨县枫桥镇的干部群众创造出发动和依靠群众，就地化解矛盾，坚持矛盾不上交的“枫桥经验”。进入新时代，当地派出所、社区党员干部和集镇治安积极分子又进一步依靠和发动群众，创新发展“枫桥经验”，把枫桥打造成为城乡发展战略中基层社会治理的样板。

“红枫义警”是诸暨市枫桥镇内有志于平安、警务志愿活动的社会公众自愿组成，开展群防群治和辅助性警务活动的社会组织。成立以来，积极投身治安防范、法制宣传、安防教育、纠纷调解、文明劝导和帮困解难等工作之中，先后组织 225 名平安志愿者开展治安巡查 550 余次，先后参与调解各类矛盾纠纷 179 件，调解成功率

① “关注！2020 年社会组织十件大事”，腾讯网，https：//new.qq.com/omn/20210113/20210113A0CJRQ00.html。

达98%，组织社区服刑人员参与集中教育254人次，实现社区服刑人员期满后100%解矫，同时在巡逻过程中排查安全隐患319处，协助公安机关抓获违法犯罪人员13人，破获各类治安刑事案件13起，年均参与活动人次近3000人，志愿服务总时长达13万多小时，为枫桥辖区的经济社会发展做出了贡献。①

3. 回应社会需求

2020年是全面打赢脱贫攻坚战收官之年。在助力农村地区脱贫、民政兜底保障服务中，社会工作发挥了重要的专业作用。通过实施社会工作教育对口扶贫计划，全国已有百余所高校社会工作院系师生深入贫困地区开展服务。截至2020年年底，民政部社会工作专业人才服务“三区计划”8年来为“三区”选派7700名社工，培养4000多名社工专业人才；社会工作服务机构“牵手计划”3年来从社会工作先发地区遴选了332家社工机构一对一牵手帮扶贫困地区，培育发展了300家社工机构。②

在实施精准扶贫过程中，易地扶贫搬迁是一个重要组成部分。2020年3月，贵州省在64个易地扶贫搬迁安置点新设街道启动社会工作和志愿服务站项目；12月，四川省启动“彝路相伴”三年行动计划，在凉山州6个易地扶贫搬迁大型社区助推社会工作参与社区治理和后续发展。

据不完全统计，2018年至2020年，全国社会组织实施脱贫攻坚项目90124个，社会组织自身及引入各类资金投入总额达1245.18亿元，受益人口达1.1亿人次。

---

① “社区社会组织参与基层社会治理典型案例（二）”，澎湃网，https：//www.thepaper.cn/newsDetail_forward_8592592。

② “盘点二０二０社工领域十大事件”，澎湃网，https：//www.thepaper.cn/newsDetail_forward_10935613。

4. 推动社会治理专业化

当前中国社区类型发生了极大变化，社区承载的功能如便民服务、拥军优属、养老助残、疫病防控、慈善救济等，都需要社区治理相关方具备专业应对能力。可以说，社区治理的专业化水平，很大程度决定了城市基层治理的效能。

河南省三门峡市湖滨区人民法院在工作实践中，主动凝聚基层社会治理合力，探索出既符合“党委领导、政府主导、社会调解优先、法院诉讼断后”的理念，又具有地区特色的诉源治理新模式。

一是主动靠前化解纠纷，联合建立人民调解中心，实现民调诉调无缝对接。湖滨区法院成立人民调解中心驻法院工作室，引进专职人民调解员入驻法院参与调解并根据调解员特长分组进行管理。对事实清楚、双方无争议的民事纠纷，在诉讼前采取多元化调解。在诉讼服务大厅设立民调窗口，利用诉调、民调两个平台，实现诉调民调互动。调解成功的，均依法进行司法确认或出具调解书；调解不成的，导入诉讼程序。诉讼中，法官也可委托人民调解员或委派诉前调解员，对审理中的案件进行调解，调解不成的及时返回审理程序。

二是构建“1＋X”调解联动体系。依托诉调对接平台，进一步加强与行政机关、群团组织、行业协会等单位的协作配合，与劳动争议、家事、医疗纠纷调解委员会等专业调解组织对接，建立“1＋X”调解联动体系。

三是提高社区治理方式，打造三门峡市第一家社区多元解纷服务站——建北社区多元解纷服务站。依托网格员组建的社区人民调解员队伍，将社区工作延伸到法院的诉前调解、文书送达、矛盾化解、财产调查等环节以及司法局的矛盾纠纷排查调处工作，充分发挥了社区网格在社会矛盾纠纷中的源头化解作用。[①]

---

① “三门峡市首家社区多元解纷服务站成立”，河南省人民政府网，http：//www.henan.gov.cn/2020/09－04/1763615.html。

（二）治理主体地位进一步明确

当今中国社会的利益主体多元化和阶层分流分化日趋明显。寻求更多积极、理性的力量参与到社会治理中来，不仅能吸纳民智、完善决策，也能凝聚民心、加强互动，使政府、市场和社会在多向维度上得到最大程度的发育与成长。中国共产党和政府在社会建设中贯彻这一精神，通过顶层设计和制度框架的建设，夯实了社会治理的基础，进一步明确和肯定了社会力量在治理体系中的主体地位。

2020 年 2 月，习近平总书记在统筹推进新冠肺炎疫情防控和经济社会发展工作部署会议上强调，要发挥行业协会、商会等社会组织的作用，指导和帮助企业等会员单位科学精准防疫、有序复工复产。

5 月，十三届全国人大三次会议通过的《中华人民共和国民法典》明确了社会组织的法人地位，给予社会组织非营利法人分类的精准定位；引入“捐助法人”概念，为社会组织分类规范提供了明确依据；提出组织机构设置等治理要求，为社会组织治理重塑提供了法治保障。民法典的颁布为走好中国特色社会组织发展之路奠定了重要的法治基础，也对新形势下做好社会组织立法工作指明了新方向、提出了新要求。

8 月，中共中央办公厅、国务院办公厅印发《关于改革完善社会救助制度的意见》，对社会救助制度的完善做出总体设计。提出“积极发展服务类社会救助，形成‘物质 + 服务’的救助方式”“加强专业社会工作服务，帮助救助对象构建家庭和社会支持网络”“引导社会工作专业力量参与社会救助”等，成为社会工作介入社会救助的行动指南。

11 月，国务院印发《关于深入开展爱国卫生运动的意见》，明确提出：建立健全政府、社会组织、专业机构、高等院校和科研院所共同参与的心理健康咨询服务机制，充分发挥“互联网 +”作用，为群众提供方便可及的心理健康服务；通过政府购买服务等方式，支持社会组织、专业社会工作者和志愿者积极参与；充分发挥社会组织、专业机构、高等院校和科研院所等作用，加强爱国卫生工作技术指导、政策咨询和宣传引导。社会组织的参与加快了爱国卫生与基层治理工作融合，推动形成自上而下行政动员与自下而上主动参与结合、平战结合的群众动员机制。

12 月，《法治社会建设实施纲要（2020—2025 年）》发布。其中在“完善社会重要领域立法”部分提到“健全社会组织、城乡社区、社会工作等方面的法律制度，进一步加强和创新社会治理”。同时，还提及“加强对欠发达地区专业法律服务人才和社会工作者、志愿者的政策扶持”，“发展心理工作者、社会工作者等社会心理服务人才队伍，加强对贫困人口、精神障碍患者、留守儿童、妇女、老年人等的人文关怀、精神慰藉和心理健康服务”。

在顶层设计的主导下，一年来，在基层政府层面开展积极实践，不仅大力扶持基层社会力量的建立和发展，进一步明确社会力量在基层治理中发挥的重要作用，而且以制度形式将扶持的相关政策细化和落实。如 2020 年 5 月，广东省深圳市正式出台《关于大力支持社会力量参与粤港澳大湾区和中国特色社会主义先行示范区建设的意见》，支持社会力量参与粤港澳大湾区和中国特色社会主义先行示范区建设。明确提出将在“深化改革开放”“丰富‘一国两制’事业”等九大领域支持社会力量参与“双区”建设。这份文件是落实党中央、国务院、省委文件精神和深圳市委要求的重要政策创新，也是深圳 40 年改革开放再出发继续深化改革的重要举措。

（三）社会力量的规范化建设

改革开放 40 多年来，一批有能力、有作为的社会组织脱颖而出，成为动员社会力量、维持社会秩序、增强社区活力、服务当地居民的重要组织力量。但还有相当的一批社会组织，由于组织定位不清、专业能力欠缺、组织结构不完整、组织行为不规范而形成停滞或生存危机。在社会治理的大背景下，规范和提升社会主体的参与能力，激活社会力量，适时出台相应培育计划和鼓励政策，激励社会组织增能增效的同时，对于那些违反社会规范，不作为、滥作为的社会组织应给予纠正和处理，目的是积极探索和创新社会组织管理体制机制，优化社会组织培育扶持手段。[①] 这是规范提升社会组织专业化能力的有效方法，也是从源头提升社会组织参与社会治理专业化能力的必要手段。

5 月 21 日，财政部、税务总局、民政部联合发布《关于公益性捐赠税前扣除有关事项的公告》。要求具有公开募捐资格的社会组织，前两年度每年用于公益慈善事业的支出占上年总收入的比例均不得低于 70%；不具有公开募捐资格的社会组织不得低于 8%。具有公开募捐资格的社会组织，前两年度每年支出的管理费用占当年总支出的比例均不得高于 10%；不具有公开募捐资格的社会组织不得高于 12%。该公告对社会组织的规范性运作要求作出更为细致的规定，为社会组织后续发展方向提供引导。

7 月 2 日，国务院办公厅印发《关于进一步规范行业协会商会收费的通知》。要求针对部分行业协会商会乱收费和监管不到位等突出问题，从严监管、综合施策、标本兼治，全面规范各类收费行为，进一步完善监管机制，做到对违法违规收费“零容忍”，促进行业协会商会健康有序发展。通知的发布有利于规范我国行业协会商会治理，整体优化营商环境。

8 月至 9 月，全国人大常委会《中华人民共和国慈善法》执法检查组分赴辽宁等 5 省区，根据法律特点和慈善特点，对慈善法实施情况进行了检查。这是慈善法实施四年多来全国人大常委会第一次对该法实施情况进行检查。执法检查组发布的检查报告指出，慈善法促进了慈善事业稳步发展，对实施方面的一系列问题应有针对性地加以改进，确保实现慈善立法目的，发挥慈善事业功能。

2021 年初，北京市民政局对“中国艺术发展研究会”“中国传

---

① 张杰：《探索社会组织参与社会治理新路径》，中国社会科学网，http：//www. cssn. cn/zx/bwyc/201908/t20190802_4950297. shtml。

统艺术交流协会”“建党伟业文艺奖组委会”等 19 家未在民政部门登记，擅自以社会组织名义进行活动的非法社会组织予以集中取缔。该 19 家非法社会组织伪造印发国家级社会组织红头文件并加盖伪造印章，以举办全国性评选活动为名，授予个人文化艺术方面的荣誉称号和奖项，颁发荣誉证书以及价值数千元的奖杯、奖品，再由获奖者支付部分费用进行诈骗敛财。① 据统计，2020 年以来，北京市民政局先后立案调查非法社会组织 167 家，取缔 55 家；联合民政部社会组织监督管理局关停取缔 32 家非法社会组织网站，从源头规范提升了社会治理主体的能力和水平。

（四）社区社会组织的发展及专业化建设

社区社会组织是指以社区为活动范围、以社区居民为成员或服务对象、以满足社区居民的不同需求为目的而成立的各种社会组织。它是随着社区功能的逐渐完善而发展起来的新型群众组织形式，介于社区主体组织（社区党组织和社区居委会）和居民个体之间。

在当前中国的社区治理实践中，行政化的自上而下的治理模式具有一定的优势，如社区层面的疫情防控，即当目标统一、明确、简单的时候，行政效率非常高。但是，面对多样和个性化的需求，市场和社会的力量比行政力量更为有效。如疫情期间，因饲养宠物的主人被隔离而导致大量流浪猫狗的出现，这时有社区社会组织发动志愿者帮助喂养。这也是社会力量发挥作用的优势所在。

2020 年 10 月，民政部召开加强乡镇（街道）社会工作人才队伍建设推进会。强调加快建立健全乡镇（街道）社会工作人才制度体系，力争在“十四五”末，实现乡镇（街道）都有社工站，村（社区）都有社会工作者提供服务，这表明社会工作的作用得到更加充分发挥，社会工作者地位得到普遍认可。

---

① “北京取缔 19 家非法社会组织，其伪造印发国家级社会组织红头文件及诈骗敛财”，搜狐网，https：//www. sohu. com/a/451447140_114778。

12 月，民政部印发《培育发展社区社会组织专项行动方案（2021—2023 年）》，明确从 2021 年起，用 3 年时间，开展培育发展社区社会组织专项行动，通过实施培育发展计划、能力提升计划、作用发挥计划、规范管理计划“四大计划”，进一步提升质量、优化结构、健全制度，推动社区社会组织在建设社会治理共同体中更好发挥作用。

当前在基层社区的治理实践中，一些社会组织工作者年龄结构偏大、文化程度偏低，尤其是专业能力偏弱，导致为民服务本领不足、解决问题水平不高。2020 年，社区社会组织着重补上专业人才这块短板，让专业的人做专业的事，从而达到有效提高社区治理现代化水平的目标。

1. 培养专业化人才队伍

社区直接面对所服务的群众，需要数量充足、专业扎实的人才去推动落实各项工作，因此保持社区人才队伍稳定非常重要，要保障工资待遇，畅通晋升渠道，实现招得来、留得住、干得好。在专业能力培养方面则针对管理服务、专项业务等方面内容，开展常态化培训教育，有效提升社区工作者的专业化能力。江苏省如皋市司法局实施专职社工“星级”管理，对全市 82 名社矫安帮专职社工进行星级评定，专门拨出资金对各星级社工进行差别化补贴，每年发放星级补贴 70 余万元。提升专业水平，目前专职社工中 18 名获得国家初级社会工作师、6 名获得中级社会工作师、8 名获得三级心理咨询师资格。①

2. 引入专业化社会力量

为提升社区居民自我管理、自我教育、自我服务的能力，应不

① 张学忠：《三方面入手 推进社区矫正队伍建设专业化》，《江南时报》，2020 年 12 月 15 日第 A03 版。

断创新政府购买服务方式，倡导专业社工进社区，使医务社工、心理社工、物业社工等常态化参与社区治理。引导有专业能力的社区居民积极参与社区事务，积极培育孵化志愿服务组织。

2020 年初湖北省武汉市因新冠肺炎疫情的影响，在长期封控之下，部分新冠肺炎病亡者家属、康复患者家庭、受疫情影响的特殊困难家庭、一线社区工作者及医务人员家庭等积累了较为严重的心理问题，存在较大社会风险隐患。

3 月 19 日，中国社会工作联合会"心社联动送安心"公益行动首批工作队赶赴武汉，进行系列走访调研，根据一线实际情况，定下心理援助策略：立足社区，服务全国，以"安心小屋"为载体，通过"社工 + 心理"，提供一站式系统化心理援助服务，有序推动武汉和全国其他地区的心理援助工作。同时，同步关注个体心理和社会心理，包括民众生活信心和社会关系的重建等，营造良好的社区氛围，化解疫情可能产生的戾气和社会矛盾，助力社会心理服务体系建设和基层社会治理创新。

4 月 20 日，首批"安心小屋"落地武汉市江岸区和东西湖区。充分利用信息化手段，通过预警评估、AI 自助、分级转介、个案咨询、危机干预、培训督导等八大服务系统，心理 + 社工，线上 + 线下，立足社区为各类重点群体和一般社区居民提供一站式心理服务。

作为立足社区的心理服务载体，除了专业实用的心理减压、情绪宣泄、团体活动等设施设备，"安心小屋"还配备了 AI 心理自助智能服务系统，居民可通过小程序与"安心密友"机器人进行对话聊天，舒缓压力，改善心理状态。同时，组建"社工 + 心理健康工作者 + 一般志愿者"服务团队，扎根社区、服务社区。目前全国已有 29 个省市的 800 余家社工机构和心理服务机构报名"心社联动送安心"公益行动，其中有 523 家通过审核公示，纳入全国服务体系。[①]

---

① "'安心小屋'落地武汉开展一站式心理服务"，中华人民共和国民政部网，http://www.mca.gov.cn/article/xw/mtbd/202004/20200400027060.shtml.

3. 加强高校应用型人才培养

随着社会治理对专业人才需求的增长，社会工作专业“政产学研用”一体化的人才培养模式为专业人才培养提供了教育保障。

近年来，济南大学制定出台了《济南大学服务山东新旧动能转换重大工程行动方案》《关于深化产教融合提升服务企业水平的实施意见》《关于共建研究院助推县域经济社会发展的意见》等一系列制度性文件，进一步深化服务社会工作，做好产学研融合这篇“大文章”。

同时，积极调整专业方向，努力构建与山东“十强”产业发展相适应的特色专业体系。新增网络空间安全、智能制造工程、大数据管理与应用等 6 个本科专业，在合成化学、文化产业、云计算等产业专业方向设置校企合作项目 8 个，获批教育部产学合作协同育人项目 114 个、新工科研究与实践项目 1 个，山东省教育服务新旧动能转换专业对接产业项目专业（群）5 个、山东省高等学校对接产业类协同创新中心 1 个，入选教育部“互联网 + 中国制造 2025”产教融合促进计划建设单位。①

① “济南大学：产学研融合服务经济社会发展”，青岛新闻网，http://www.qdvya.com/snxw/70637.html.

第八章　中国政治发展的国际反馈

2020 年，全球蔓延的新冠肺炎疫情深刻改变了中国政治发展的内外环境。疫情全面而深刻地重塑了全球生产和社会生活方式，口罩甚至成为 2020 年年度标志之一。以分工合作为主要标志的经济全球化正越来越受到部分国家的单边主义、保护主义的影响，逐步向“竞争性的全球化”发展。在此过程中，世界力量对比深刻调整，国际环境日趋复杂，不稳定性不确定性明显增加，世界进入动荡变革期。根据世界经济论坛与 Marsh & McLennan Companies 联合发布的 2020 年《全球风险报告》，疫情和大国之间经济对抗的日益加剧使得全球正面临“新的风险格局”。此外，值得注意的是由大数据互联网、社交媒体、人工智能为主要内容的技术革命带来的智能全球化。科技革命，给我们带来了深刻的人类学变化，也为我们创造了全新的空间。但是科技革命也给我们带来了更为严峻的全球经济失衡和社会隔阂与撕裂以及更为严重的技术治理不足。

从中国自身发展而言，2020 年也是极不平凡的一年。2020 年，新冠肺炎疫情全球大流行加剧了全球政治经济的不确定性，中国也正面临着全面开启新征程的重要机遇期；数字化技术的飞速发展、全球气候变化加剧以及“十四五”新征程的开启等诸多因素，正在加速“新常态”的重塑。疫情、洪水等突发公共事件让世界再次见证了中国共产党领导下的中国政府如何以人民至上、生命至上的理念有效应对风险、管控危机，从而提升国家治理能力。同时，在经济社会领域，中国同样取得了显著的成绩，在全球经济下行发展的图景中，中国经济发展逆势上扬，受到全球社会的高度关注和肯定。

根据中国国家统计局公布的2020年度经济数据，中国GDP总量首次突破100万亿，年度经济增长率为2.3%，在世界主要经济体中率先实现了经济正增长。

回顾2020年，中国在中国共产党的领导下，经济实力、科技实力、综合国力跃上新的大台阶，经济运行总体平稳，经济结构持续优化，脱贫攻坚成果举世瞩目。历经8年，中国实现了现行标准下近1亿农村贫困人口全部脱贫，832个贫困县全部摘帽的脱贫攻坚任务。在科技发展领域，“天问一号”“嫦娥五号”“奋斗者”号等科学探测实现重大突破。深圳等经济特区建立40周年、上海浦东开发开放30周年、海南自由贸易港建设快速推进，由先行先试发展成了创新引领，改革开放持续深化扩大……在欣喜于骄人战绩的同时，我们未来发展面临的环境更为复杂，道路更为艰险。中国共产党领导下的中国如何应对日益增强的全球风险和长期外部挑战和竞争，中国经济政治社会未来如何发展，中国共产党自身如何在全球风险的强压之下寻找下一个百年的发展道路，这些问题的答案将对中国和世界产生深刻和长远的影响。

一、危机亦是机遇：新冠肺炎疫情治理提升中国的国际影响力

对世界各国的政府、人民及全球公卫体系而言，持续蔓延的新冠肺炎疫情无疑是继西班牙大流感之后最为严重的全球危机。危机往往会带来重大机遇，面对未来经济、社会、环境和全球秩序的多变性、频发性，中国发出了自己的声音。对中国而言，作为新冠肺炎疫情的首个受害国，没有先例和成功经验可循之下，在中国共产党领导下，政府与民众上下一心，众志成城，率先从新冠阴霾下走出走上全面复苏之路。在自身成功实现疫情治理的同时，化危机为机遇，为世界提供了中国经验，有效提升了中国的国际影响力。外

国舆论和民调都表明，新冠肺炎疫情危机将提升中国影响力，正如西班牙驻泰国大使埃米利奥·德米格尔·卡拉维亚所说："中国在很大程度上扮演了美国过去的角色，而后者对此次危机不仅反应迟钝，还缺乏战略眼光。"①。

第一，新冠肺炎疫情加速了国际力量对比演化，其中中国的相对实力进一步攀升。中国经济在国内疫情得到有效控制和治理之后开始逐步走向复苏。根据最新的统计数据，2020 年中国经济不仅年度增长率实现正增长，是世界主要经济体中增速最高的国家，经济总量还将达到美国的 73%，由此刷新了 20 世纪日本经济总量占美国 71% 的最高比例，成为近百年来首位与美国经济总量最为接近的国家。相较新冠肺炎疫情冲击之下的全球经济，中国的经济增长率已经优于世界上绝大多数国家。就如德媒所言，与正遭受又一波疫情肆虐的众多其他国家相比，中国俨然"风景这边独好"：经济在增长、疫情基本得到控制。耶鲁大学教授、摩根士丹利亚洲区前主席罗奇为《世界报业辛迪加》做评论时指出，中国对 2008 年金融危机和目前大流行的反应有出人意料的相似之处。他认为后新冠肺炎疫情时期，中国将再次领先。中国像在 2008 年全球金融危机后带头推动世界经济复苏一样，今天也发挥着类似的作用。新冠肺炎疫情暴发后，中国经济呈强劲复苏势头，但发达国家却处于不稳定状态。他承认，两次危机的性质不同，但两种情况下，中国的危机应对策略都比美国的有效得多。罗奇提醒道，2008 年过后的 5 年年均增长时间里，中国每年 GDP 平均增长 8.6%（按购买力平价）。尽管与从前 5 年年均增长的 11.6% 相比要慢些，但比美国 2010—2014 年危机后的 2.1% 高出 3 倍。当然，国际观察者也提醒中国未来仍将受限于全球经济的普遍疲软。在他们看来，尽管中国拥有强劲而广阔的国内市场，但目前中国经济依然高度依赖出口贸易。事实上，2020 年

① 《疫情全球冲击观变》，《瞭望》，http://www.xinhuanet.com/world/2020-05/06/c_1125945867.htm。

涉及疫情防控物资的出口为中国经济全年实现正增长贡献诸多。[①]

同时，根据联合国贸易和发展会议（UNCTAD）最近发布的报告显示，2020 年中国外国直接投资额增长 4%，达 1630 亿美元，中国超过美国成为全球外国直接投资流入国。美国 2020 年的外国直接投资额约为 1340 亿美元，同比减少 49%。俄罗斯媒体援引俄罗斯专家的观点认为，外国投资更青睐中国的原因是经济和政治稳定，其保障了中国对外国直接投资的吸引力。[②] 此外，作为世界第一大经济体的美国，疫情持续恶化、国内政局不稳和社会撕裂严重等是大量外资流向中国避险的间接原因。

根据澳大利亚的洛伊国际政策研究所（Lowy Institute）发布的2020 亚洲实力指数报告，中国在亚太地区的实力虽然仍屈居美国之后排名第二，但是美国与中国两国的实力差距，因为新冠防疫措施的差异而缩小。美国仍是亚太地区影响力最高的国家，不过与另外25 个调查中的国家相比，美国的影响力指数下跌幅度最大。报告显示，美国虽然在军事能力、防御网络与文化影响三大领域都在亚太地区占据首位，但是在经济关系、经济实力与外交影响力等领域，中国都已成为领跑者。[③]

这可能也要归功于中国经济从疫情中复苏的能力。中国是世界各国当中，经济最快恢复到正增长的国家。亚太实力指数报告预估，各国的经济复苏速率会影响到未来十年各国的全球实力。

报告分析，美国在亚太地区失去影响力是因为其新冠防疫成效不佳，以及美国总统特朗普退出多个国际组织与多边条约。

第二，全球防疫物资“断供”危机再次凸显中国世界制造大国

① 德国之声中文网，https://www.dw.com/zh/%E5%96%9C%E4%B8%AD%E6%9C%89%E5%BF%A7-%E4%B8%AD%E5%9B%BD%E7%BB%8F%E6%B5%8E%E5%BF%90%E5%BF%91%E8%BF%88%E5%85%A52021/a-56125251。

② 俄罗斯卫星通讯社中文网，http://sputniknews.cn/economics/202101261032961316/。

③ 德国之声中文网，https://www.dw.com/zh/%E6%BE%B3%E6%99%BA%E5%BA%932020%E5%B9%B4%E4%BA%9A%E6%B4%B2%E5%AE%9E%E5%8A%9B%E6%8C%87%E6%95%B0-%E7%BE%8E%E4%B8%AD%E5%B7%AE%E8%B7%9D%E9%80%90%E6%B8%90%E7%BC%A9%E5%B0%8F/a-55319641。

的影响力。全球疫情持续蔓延令许多国家医疗物资供应和生产能力受到极大考验，中国作为世界制造业大国，显示了工业种类齐全和产业链相对完整的优势。[①] 现在中国的许多制造业企业正在进行跨界调整，转而生产抗疫物资。依靠强大的生产能力，中国积极向全球提供医疗防疫物资，包括口罩、防护服、呼吸机、检测试剂和消毒凝胶等。中国的一些地方政府，企业和民间机构也向韩国、日本、意大利等国捐赠物资。在新冠肺炎疫情之下，中国成为了全球防疫物资的"供应商"。为了有效防控新冠肺炎疫情，世界各国政府普遍采取实行社会距离战略、暂停中小学课堂、关闭大学院校、推荐弹性工作制等措施来减低人与人之间的接触。这在很大程度上影响了企业生产尤其是依赖人工的制造型企业的生产，导致全球供应链断崖式的塌陷。同时，全球范围内的市场需求下降也进一步加剧了全球供应链的危机。外媒普遍认为，中国作为全球供应链的供应商地位毋庸置疑，甚至可以说新冠肺炎疫情的冲击在很大程度上强化了中国全球供应商的市场地位。

第三，中国"口罩外交"凸显中国"负责任"大国的国际形象。中国生产全球一半的口罩。在 2020 年 1 月初，即武汉卫健委第一次官方宣布疫情时，中国的口罩日产量约为 2000 万个。1 月到 2 月，中国接受了近 80 个国家和 10 个国际组织的捐赠，包括口罩和其他医疗物资。2 个月内中国的口罩生产局面得到扭转，疫情也得到控制。与此同时，疫情开始在海外极速传播和扩散，许多国家在中国疫情暴发初期向中国捐赠物资、中国海外团体"买光"他国资源，以及其他国家日产量和储备有限等因素，造成多国包括口罩在内的资源紧缺的现状。中国通过捐赠援助口罩等防疫物资、派遣医疗专家团队等方式扭转此前因抗疫不足造成的被动局面。据不完全统计，中国在自身承受防疫巨大压力的情况下，向世界卫生组织提供两批共 5000 万美元现汇援助，向 32 个国家派出 34 支医疗专家

① BBC 中文网：《肺炎疫情："一带一路"放缓世界工厂中国继续挑战西方团结》，https：//www. bbc. com/zhongwen/simp/chinese - news - 52063695。

组，向150个国家和4个国际组织提供283批抗疫援助，向200多个国家和地区提供和出口防疫物资，充分展现了中国精神、中国力量和中国担当。正如美国彭博社报道所言，海外观察者普遍认为中国“口罩外交”在构建中国大国形象方面起到了“四两拨千斤”的作用。口罩捐赠仅是中国为他国提供人道主义援助的一小部分，但是作用显著。

第四，中国式新冠肺炎疫情防控凸显中国治理模式优势。中国尽管是第一个遭受致命疾病打击的国家，但中国政府与人民秉持生命至上理念，举国同心、舍生忘死、尊重科学、命运与共，迅速有效地控制了境内新冠肺炎疫情。严格的抗疫措施，早期的大规模检测以及大量的个人防护手段把死亡率保持在了相对较低的水平。中国成功的抗疫斗争显现了中国国家治理体制的高效率、面对突发公共事件中国共产党超强的社会动员能力以及政府在治理过程中广泛的新技术运用能力。

从抗疫防疫本身来看，中国经验是首先通过公共卫生措施，将其公民与致病性感染者隔离开来，遏制和减轻疾病的传播。海外媒体高度赞赏中国政府“人民至上，生命至上”的疫情治理理念。在他们看来，此举高度显现了中国政府的政治道德高度。中国是引领国际抗疫合作的重要力量。面对危机，不同国家的治理策略存在多样性差异。在诸多挑战和新的不确定性面前，中国发挥引领作用，促进世界各国的团结合作，共同抗击新冠肺炎疫情对人类健康和生命的威胁，尽可能地减少疫情对全球经济的打击，是中国作为一个大国的责任与担当。与中国形成鲜明对照的是美国政府的防疫不当，政治操作全球公共卫生事件以及漠视生命等。美国媒体指出，美国联邦政府官员在应对新冠肺炎疫情时基本没有提及对民众负责和抗击疫情的共同目标，也没有为遏制病毒传播发挥全球领导作用。全世界都注意到美国政府把大部分外交努力用在了病毒更名上，以反华言论“甩锅”，还指责、威胁并断供世卫组织，凸显出其政治道德水准之低。美国战略思想界人士指出，过去70年里，美国作为全球领导者的地位，不仅建立在其财富和实力的基础之上，也建立在其全球公共产品供给和协调全球应对危机的意愿和能力之上。但如今，对美国来说，其在面对全球疫情时的领导能力，已经成为一个“灾难品牌”。美国外交学会的米拉·拉普-胡珀指出，美国政府一直把自己的公民置于不必要的危险之中，同时不愿发挥应对全球危机的领导作用。新冠肺炎病毒危机可能在多个方面改变国际秩序的性质。其对美国声望造成的破坏，会比 2003 年入侵伊拉克更持久。正如意大利国际事务研究所所长纳塔莉·托奇所言：“在意大利，人们关于谁是世界领导者的认知将永远改变，而这个领导者将不再是美国。”

从新冠肺炎疫情防控常态化之后的经济社会治理而言，中国的国家干预治理模式再次成为全球的榜样。耶鲁大学教授、摩根士丹利亚洲区前主席罗奇认为，中国在应对新冠肺炎病毒引发的公共卫生危机时，首先尊重科学，运用公共卫生政策来隔离遏制病毒的传播。然后，理性地运用货币和财政政策，加快隔离后社会经济运行的恢复。这与美国的方法大不相同。在美国，讨论的重点是更多地运用货币和财政政策，而不是采取公共卫生措施来遏制病毒的传播。有西方舆论认为这种对比，让人们相信由国家主导的治理模式更有能力应对“黑天鹅”事件，并将对整个西方道路、理念、治理模式构成明显挑战。

联合国开发计划署驻华代表处发布的《新冠肺炎疫情对中国企业影响评估报告》[①] 高度肯定了中国政府在政策层面促进社会经济复苏，企业恢复生产的有效支撑。报告认为，尽管中国企业与全球其他企业一样受到了来自贸易大量减少、交通运输管制、人员流动管制、资本市场疲软、消费需求下降及产业链供应不畅等诸多不利因素的影响，但是中国政府快速反应，从金融支持、税费优惠、复产复工、优化服务和降低成本五个面向出台政策，有效帮助中国企业快速恢复生产经营活动，尽可能降低新冠肺炎疫情的不良影响。

很长时间以来，全球形成了以美国为首的新自由主义治理偏

① https：//www. undp. org/content/dam/china/docs/Publications/CH _ Assessment% 20Report% 20Impact% 20of% 20COVID - 19% 20Pandemic% 20on% 20Chinese% 20Enterprises. pdf.

好——政府全面退出市场，实施彻底的市场经济。塞浦路斯欧洲大学校长科斯塔斯·古利亚莫斯指出，新自由主义的社会经济治理模式以及贸易政策，摧毁了原有的保障公民经济和社会福祉的机构网络。不少西方学者和舆论认为，在应对诸如新冠肺炎疫情的“黑天鹅”事件时，中国式的国家干预和全员动员模式的治理效能明显大于秉持减少政府干预的新自由主义治理模式。他们认为，当前而言，政府干预力度过小带来的风险远大于干预过度。

二、全球瞩目中共十九届五中全会

中国共产党第十九届中央委员会第五次全体会议（简称中共十九届五中全会）于2020年10月26日至29日在北京召开。全会由中共中央政治局主持，听取和讨论了习近平受中央政治局委托做的工作报告，审议通过了《中共中央关于制定国民经济和社会发展第十四个五年规划和二〇三五年远景目标的建议》。全会充分肯定了中国共产党的十九届四中全会以来中央政治局的工作，高度评价决胜全面建成小康社会取得的决定性成就，深入分析了中国发展环境面临的深刻复杂变化，并提出了到2035年基本实现社会主义现代化远景目标和“十四五”时期经济社会发展主要目标，引发了全球的广泛关注。英国广播公司、路透社、法新社、美联社等国际主流媒体以及一些国际政要和学者中共十九届五中全会的议程和主要内容进行了全面的报道和关注。国际社会主要聚焦中共十九届五中全会召开的国内外特定背景、会议的相关热点议题以及会议对中国未来政治经济社会发展的具体影响等。他们认为，中共十九届五中全会的重点在于提出要加快构建以国内大循环为主体、国内国际双循环相互促进的新发展格局，以应对“世界百年未有之大变局”。[①]

① 《人民日报》，2020年11月8日。

“高质量发展”“科技创新”和“绿色减排”是此次全会描绘未来中国发展蓝图的关键词。海外媒体普遍注意到，中共十九届五中全会强调高质量发展，提出加快构建以国内大循环为主体、国内国际双循环相互促进的新发展格局，“为中国实现高质量发展指明方向”。同时，全会还显示了中国坚持创新在现代化建设全局中的核心地位，把科技自立自强作为国家发展的战略支撑。事实上，科技创新已成为中国经济发展的重要驱动力之一。中国还提出降低碳排放强度，支持有条件的地方率先达到碳排放峰值，制定 2035 年前碳排放行动方案。在强调高质量发展的同时注重生态与发展之间的平衡。

首先，国际舆论热议中共十九届五中全会召开的特殊背景。在此议题下，国际社会的讨论维度主要分为当下和未来。2020 年当下特殊的新冠肺炎疫情背景、美国总统大选引发的全球政治不确定性和政治不稳定性以及由前两者引发的“百年未有之大变局”是国际社会关注中共十九届五中全会的重要背景之一。《中共中央关于制定国民经济和社会发展第十四个五年规划和二〇三五年远景目标的建议》提出：中国发展环境面临深刻复杂变化。当前和今后一个时期，中国发展仍然处于重要战略机遇期，但机遇和挑战都有新的发展变化。当今世界正经历百年未有之大变局，新一轮科技革命和产业变革深入发展，国际力量对比深刻调整，和平与发展仍然是时代主题，人类命运共同体理念深入人心，同时国际环境日趋复杂，不稳定性不确定性明显增加，新冠肺炎疫情影响广泛深远，经济全球化遭遇逆流，世界进入动荡变革期，单边主义、保护主义、霸权主义对世界和平与发展构成威胁。全球大变局将在很大程度上影响中国未来发展的方向和路径。中共十九届五中全会号召全党要统筹中华民族伟大复兴战略全局和世界百年未有之大变局，深刻认识错综复杂的国际环境带来的新矛盾新挑战，增强机遇意识和风险意识，立足社会主义初级阶段基本国情，保持战略定力。因此，国际社会普遍关注中国政府如何就“百年未有之大变局”做出中国的应对和布局，“办好自己的事”。英国广播公司报道认为中美关系的深刻变化以及新冠肺炎疫情的大流行决定了“经济复苏”和“减少美国的影响”

是中共十九届五中全会的主题。[①] 英国媒体援引国际观察者的论述认为，在中美贸易战仍未解决，科技战迫在眉睫，美国将疫情归咎于中国等诸多因素的叠加之下，中国可能会以减少对美国的潜在依赖为目标。在五中全会召开之前英媒预测中国会宣布诸多新的措施来加大科技投资、支持国内企业发展、加大市场开放来应对外部的糟糕情况。

从未来的维度看，中共十九届五中全会审议通过的《中共中央关于制定国民经济和社会发展第十四个五年规划和二〇三五年远景目标的建议》是形塑中国政治经济社会发展的全景图，具有纲领性的意义。在一些国际观察家看来，五年规划虽然起初效仿于苏联模式，但中国在具体运行中注入了诸多中国特殊因素，使得五年规划成为中国式治理的重要组成内容。在计划经济时代，五年规划的显著特点是为工农业生产制定详细定量指标，而随着中国特色社会主义市场经济体制改革，中国近年来的五年规划更多的是从政策目标和发展路径上宏观规划社会经济发展。在对比“十三五”规划之后，国际社会认为“十四五”中国发展将更注重质量而非经济增长速度，这是中国对当前国内外形势变化所带来的新要求、新挑战的正面回应。

其次，国际舆论关注中国新的发展格局。《中共中央关于制定国民经济和社会发展第十四个五年规划和二〇三五年远景目标的建议》提出，中国未来要坚持扩大内需这个战略基点，加快培育完整内需体系，把实施扩大内需战略同深化供给侧结构性改革有机结合起来，以创新驱动、高质量供给引领和创造新需求。立足国内大循环，发挥比较优势，协同推进强大国内市场和贸易强国建设，构建新发展格局。中国谋求构建“双循环”发展新格局受到国际社会的高度关注。国际舆论普遍认为，“双循环”发展模式或者说发展格局充分表明中国旨在立足自身，加强创新，扩大内需，从而有效“应对未来中美全面脱钩”。部分中国研究者则认为，“双循环”新发展格局实

① BBC 中文网，https：//www. bbc. com/zhongwen/simp/chinese - news - 54646203。

际上是中国共产党自力更生政治传统的再现。外国观察者提醒西方社会注意，中国“双循环”新发展格局虽然在很大程度上强调自力更生，办好自己的事，但这并不是“闭关锁国”式的倒退之举，回到“自力更生”的计划经济时代。其实质是中国经济将更集中于本国的生产、贸易与消费，通过发挥内需潜力，使国内市场和国际市场更好地联通，内外需相互促进，综合发力。① 一部分海外观察家则认为“双循环”新发展格局本身是中国改革开放战略在新背景下的调适。在他们看来，如果说四十多年前中国改革开发的战略指向是对外，那么“双循环”新发展格局的战略指向则是对内。这意味着中国共产党将国内市场作为中国未来发展的驱动轴心，同时仍会继续坚持对外开放与合作。简而言之，就是一方面加强内需，另一方面扩大出口，努力实现“两条腿”发展。

此外，一些国际机构和智库认为，中国“双循环”新发展格局将对中国后疫情时期经济治理方式产生重大影响。在他们看来，“双循环”的实质是注重高质量的发展，因此未来中国政府不太会出台大规模的财政刺激措施，上马大型基建项目，撒钱式的大水漫灌从而实现虚假的经济增长。②

最后，国际舆论关注中国新的发展理念。《中共中央关于制定国民经济和社会发展第十四个五年规划和二〇三五年远景目标的建议》提出，坚定不移贯彻创新、协调、绿色、开放、共享的新发展理念。把新发展理念贯穿发展全过程和各领域，构建新发展格局，切实转变发展方式，推动质量变革、效率变革、动力变革，实现更高质量、更有效率、更加公平、更可持续、更为安全的发展。国际舆论对绿色中国发展理念给予高度关注。此前召开的 2020 年联合国大会上，国家主席习近平通过视频发表讲话称，中国二氧化碳排放力争于 2030 年前达到峰值，并争取 2060 年前实现碳中和。这意味着届时中

① 赵超：《国际社会对中共十九届五中全会的关切和认知》，《国外理论动态》，2020 年第 6 期。

② https：//www. deloitte. com/cn/zh/pages/about - deloitte/articles/voice - of - asia - issue - 8. html.

国的净碳排放将减至零。

此番讲话引起了国际社会尤其是欧盟国家的普遍关注和广泛讨论。对比美国一意孤行退出全球气候治理机制，拒绝承担减排义务，中国领导人负责任地表态无疑受到国际社会的热烈欢迎。中国不仅仅向世界承诺，而且切实履行自己的减排义务。国际媒体注意到，根据中国生态环境部统计数据显示，2020 年，中国 PM2. 5 平均浓度为 33 微克/立方米，同比下降 8. 3%，全国地级及以上城市优良天数比率为 87%，显示中国正逐渐减少煤炭使用量。①

中共十九届五中全会在中国未来发展规划蓝图中再次承诺逐步谋求实现碳中和目标，并明确具体时间表。国际舆论和环保人士高度赞赏中国的承诺。他们指出，中国此举不仅意味着对国际气候治理贡献中国力量，更意味着中国经济发展模式和发展理念的整体转型。法国国际广播电台援引相关专家的研究和估算，中国为实现 2060 年实现碳中和目标，至少在 2025 年实现能源结构重组，煤炭占比不能超过 50%。在他们看来，中国能源转换问题上增加资金和技术以及再生能源占比都不是难点，关键在于全社会培育绿色发展理念并实现绿色社会转型。正如习近平主席在联合国大会上所言，“人类需要一场自我革命，加快形成绿色发展方式和生活方式”。鉴于全球排放量在各国因疫情实施封锁期间仍持续上升，中国宣布的减排目标受到各方欢迎，被认为是 2015 年巴黎协定以来，为本世纪中期前实现碳中和做出的最重要承诺。② 不仅如此，国际社会认为北京在绿色发展上的积极作为在全球范围内创造了正面的“溢出效应”，这种效应对周边国家尤为显著。在中国发出承诺不久之后，日本承诺达到净零温室气体排放，韩国则表示将在 2050 年前实现碳中和。根

① 俄罗斯卫星通讯社北京 2 月 25 日电。

② 德国之声中文网，https：//www. dw. com/zh/% E4% B8% AD% E5% 9B% BD% E8% 83% BD% E5% 9C% A82060% E5% B9% B4% E5% AE% 9E% E7% 8E% B0% E7% A2% B3% E4% B8% AD% E5%92%8C% E5%90%97/a－56710951。

据绿色和平组织[①]的数据，中日韩三国 2018 年的排放量占全球的 1/3。

国际观察家指出，中国订立的脱碳目标，规划绿色发展蓝图，证实了中国的发展模式已经从“世界工厂”转向注重高附加值的绿色清洁的科技创新策源地。联合国环境规划署气候变化项目协调人哈格尔伯格（Niklas Hagelberg）认为，北京已透露出解决严重污染危机的政治意愿，中国有可能摆脱煤炭并快速实现能源转型。即使兴建新的煤炭发电厂，也可能要淘汰旧发电厂以抵消这一增长。

中共十九届五中全会公报提出，要在 2035 年达成“关键核心技术实现重大突破，进入创新型国家前列”的远景目标。国际社会高度关注创新发展理念在中国经济发展中的作用。国际观察家指出，中共十九届五中全会公报多次提及“科技”与“创新”，将会为中国下阶段经济定下以科技创新驱动高质量发展的基调，科技创新将在未来驱动经济发展中扮演关键角色。在过去的 5 年间，中国科技进步贡献率从 55.3% 提升到 59.5%，在全球 131 个经济体创新能力排名中升至第 14 位。科技创新正在成为引领发展的第一动力。中国工业和信息化部公布的数据显示，2020 年前三季度，信息传输、软件和信息技术服务业生产指数增长 10.1%，增速比上半年加快 2.2 个百分点，云计算、大数据、数据中心、物联网等业务收入快速增长。在中国，以 5G 为代表的新型信息基础设施投资力度正在加大。截至 2020 年 9 月底，中国开通 5G 基站超过 60 万个，用户达 1.5 亿。北京、上海、广州、杭州等城市实现 5G 网络城区连片覆盖。正如外媒报道所言：“从高铁到太空探索，从新能源汽车到移动支付，中国在科技领域的长足进步改变了人们的生活，也促使人们以更加科学的方式思考和实践，进一步释放社会创新活力。”从人工智能到

① 绿色和平（英语：Greenpeace）是在超过 40 个国家设有分部的非政府环保组织，总部设立在荷兰的阿姆斯特丹。该组织在联合国经济及社会理事会拥有一般咨询地位，是国际非政府组织责任宪章组织的创始者之一。绿色和平组织以其直接行动闻名，被认为是当今最经常在大众视野中出现的环保组织。该组织将环境议题引入公众的视野，在个人层次和公共层次都具有一定影响。

5G 技术、自动驾驶汽车、芯片等，中国未来五年仍将专注于科技创新，这将加速中国的产业升级。[①] 美国《福布斯》双周刊网站刊文说，中国互联网和高科技企业已超越模仿时代，成为投资和研发的全球领先者，中国的科技巨头进入了全新的创新时代。美国科技界高度关注中国科技创新进展，许多受访者表示，美国企业应在大数据、人工智能等领域与中国加强合作，而不是排挤和对抗。美国纽约大学战略预测教授埃米·韦布认为，中国政府对科技产业的重视和政策上的支持极大促进了这些高科技企业的跨越式发展。移动通信、电子商务、数字支付、医疗健康等领域的新技术不断涌现，并被广泛应用。在美国媒体和研究者看来，中国政府对科技创新的支持不仅体现在制定相关扶持政策方面，更体现在治国理政的现实场域广泛运用科技创新的成果。他们认为中国新冠肺炎疫情防控的成功，很大程度上得益于大数据在政府治理过程中的广泛运用。

三、全球视野中的中国式治理面面观

任何一种国家形式，不管其权力结构的特殊性和普遍性的源泉是什么，其存续都与其国家治理能力的发挥，面对危机、风险挑战的掌控能力相关。

首先，中共自身治理能力建设受到国际社会的普遍肯定。国际观察家和研究者表示，抛开意识形态的偏见，仅从治理效能和治理创新层面客观考察中共的执政成绩，或许全世界只有中共才是真正符合“民意”的执政党。

美国哈佛大学肯尼迪政府学院阿什民主治理与创新中心（Ash Center for Democratic Governance and Innovation）于 2020 年 7 月发布的《理解中国共产党韧性：中国民意长期调查》（Understanding CCP

① 《人民日报（海外版）》，2020 年 11 月 23 日。

Resilience：Surveying Chinese Public Opinion Through Time）的报告就是从治理效能的视角探寻中共的成功秘笈。报告显示，中共在改善公共服务、反腐倡廉以及加强生态保护方面展现了其惊人的治理效率，得到了中国民众的广泛肯定。

该报告的研究者在 2003 年—2016 年间对中国城市和农村地区的各 5000 名受访者进行了 8 次独立的数据采集，并进行了超过 31 次的访谈，以追踪中国公民在不同时期对中国各级政府的满意度。民调结果显示，自 2003 年调查开始以来，中国公民对政府的满意度实际上已经全面提高。从广泛的国家政策的影响到地方城镇官员的行为，中国公民的评分表明政府比以往任何时候都更有能力和效力。

西班牙中国问题专家胡利奥·里奥斯同样认为中共的治理效率和“已被证明过的能从容应对最复杂挑战的能力”是中共长久有效执政的支撑之一。在他看来，中国共产党不仅具有超强的治理能力，而且更为可贵的是中共对提升治理能力的重视和强调。作为一个极度强调学习和自我提升能力的政党，中国共产党能够灵活适应国内和国际层面不断发生的变化，识别新的趋势、格局和周期。俄罗斯科学院世界经济和国际关系研究所副所长亚历山大·洛马诺夫认为，中国共产党显示出令人难以置信的生命力，具有适应不断变化的情况的能力。

其次，国际社会关注中国贫困治理成就，赞赏脱贫攻坚成果。随着中国政府的不断政策导向和财政投入，地区之间发展不平衡的差距正在逐渐缩小。但是贫困问题依然长久困扰中国特色社会主义建设。

随着 2020 年 11 月中国贵州省宣布最后剩下的 9 个县已经从全国贫困地区名单中除名，标志着中国国务院扶贫办确定的全国 832 个贫困县全部脱贫摘帽，全国脱贫攻坚目标任务已经完成。此后，中国国家主席习近平在全国脱贫攻坚总结表彰大会上发表讲话，宣布现行标准下的 9899 万农村贫困人口全部脱贫，“区域性整体贫困得到解决，完成了消除绝对贫困的艰巨任务”。通过历时 8 年的奋斗，中国脱贫攻坚战最终交出了世人瞩目的成绩单。在过去 8 年中，全国贫困人口的收入水平显著提高，全部实现“两不愁三保障”，即：脱贫群众不愁吃、不愁穿，义务教育、基本医疗、住房安全有保障，饮水安全也都有了保障。贫困地区的经济实力、基础设施也有了显著提升。“新改建农村公路110万千米，新增铁路里程3.5万千米。贫困地区农网供电可靠率达到99%，大电网覆盖范围内贫困村通动力电比例达到100%，贫困村通光纤和4G比例均超过98%。790万户、2568万贫困群众的危房得到改造，累计建成集中安置区3.5万个、安置住房266万套，960多万人‘挪穷窝’，摆脱了闭塞和落后，搬入了新家园。”在过去8年中，中国中央以及地方财政累计投入了近1.6万亿元人民币的专项扶贫资金，此外还有土地增减挂指标跨省域调剂和省域内流转资金4400多亿元，扶贫小额信贷累计发放7100多亿元，扶贫再贷款累计发放6688亿元，金融精准扶贫贷款发放9.2万亿元，东部9省市共向扶贫协作地区投入财政援助和社会帮扶资金1005亿多元，东部地区企业赴扶贫协作地区累计投资1万多亿元。国际媒体根据同期中国GDP数据推算中国在脱贫攻坚任务上总计投入了2%的国民生产总值。

国际社会对此表示高度肯定和赞赏。法国总统马克龙表示，中国已经让7亿人口脱贫，未来还将有更多人摆脱贫困，这项“充满政治想象力”的政策实效使其受到“深深的震撼”。美国《华尔街日报》报道称，中国宣布已在全国范围内消除绝对贫困，这是中国共产党减少社会不平等政策的一项重要成就。虽然也有部分媒体和研究者对中国贫困标准有所质疑，但是正如联合国机构国际农业发展基金东亚主管马泰奥（Marchisio）所言，外界对确切的贫困率吹毛求疵可能会忽略这样的全局——即中国已在几年内设法将数亿人口的收入提高到贫困线之上。德国媒体认为，虽然中国现行贫困标准略低于国际标准，但有鉴于各国货币实际购买力的不同，所谓的贫困国际标准没有实际的比较意义。美国《外交》杂志报道称，事实上，中国过去40多年的经济改革和增长，已经从根本上改善了8亿多中国人的生活条件。但此前大部分时间，政府的努力主要集中在扶贫，而不是消除贫困。直到2013年，中国领导人开始制定具体、可衡量、有时限的目标——到 2020 年消除绝对贫困。中国政府定义的“贫困”指的是极端农村贫困人口，基于收入、衣食住行、基本医疗服务、教育和住房等基本需求。政府派出了数十万名官员在全国范围内对所有农村家庭进行调查，以确定他们是否符合贫困标准——这本身就是一项壮举。中国在消除极端贫困方面取得了真正的进展。

最后，世界关注中国国内国际双循环的国际布局。2020 年 11 月 15 日，涵盖 15 个成员国的区域全面经济伙伴关系协定（RCEP）在 RCEP 第四次领导人会议期间签署。世界上人口数量最多、成员结构最多元、发展潜力最大的自贸区就此诞生，该协定的签署引发国际社会的特别关注。美国《纽约时报》报道称，经过 8 年的谈判，中国、日本、新西兰、缅甸等 15 个国家正式签署了世界上规模最大的区域自由贸易协议。RCEP 协定覆盖了 22 亿人口，比以往任何一个区域自由贸易协定覆盖的都多，有助于中国进一步巩固其作为周边经济主导力量的形象。这是中国推动形成以国内大循环为主体、国内国际双循环相互促进的新发展格局的重大举措之一。

区域全面经济伙伴关系协定（英语：Regional Comprehensive Economic Partnership，缩写为 RCEP）是由东南亚国家联盟十国发起，由中华人民共和国、日本、韩国、澳大利亚、新西兰等与东盟有自由贸易协定的五国共同参加，共计 15 个国家所构成的高级自由贸易协定。此协议也向其他外部经济体开放，比如中亚国家、南亚及大洋洲其他国家。RCEP 旨在通过削减关税及非关税壁垒，建立统一市场的自由贸易协定。经批准生效后，“各成员之间关税减让以立即降至零关税、10 年内降至零关税的承诺为主”。

RCEP 标志着中国首次加入如此规模的多边自由贸易协定。随着 RCEP 签署，诸多国家将通过自由贸易和经济一体化搭上中国经济增长的快车，恢复和促进受到疫情冲击的本国经济增长，这是中国和其他 RCEP 签署国的基本共识和利益所在。

同时，通过 RCEP，中国和日本、韩国分别达成了双边关税减让协议。在东亚经济体中，中日韩三国经济互补性最强，合作前景最广。在 RCEP 框架中，中日韩打破了彼此间的一些贸易壁垒，这对中日韩未来达成一套经济一体化的方案大有助益。英国《金融时报》认为，RCEP 寻求在覆盖世界三分之一人口和经济产出的地区减少贸易壁垒，标志着各方朝着地区经济一体化迈出重要一步。国际经济学家们指出 RCEP 的另一重要意义在于其是将中国、日本和韩国汇集到一起的首份贸易协定，三国之间能够摒弃历史问题和民族仇恨，最终达成一致，颇具有法德之于欧洲经济一体化的意义。

在 RCPE 协定达成之后，中国构建国内国际双循环新发展格局再次获得令人瞩目的突破。经过近 7 年漫长的谈判，欧盟和中国终于就双边投资协议达成了共识。2020 年 12 月 30 日，中国国家主席习近平同欧盟轮值主席国德国总理默克尔、法国总统马克龙、欧洲理事会主席米歇尔以及欧盟委员会主席冯德莱恩举行了视频会晤并就双边投资贸易协定达成共识。国际舆论普遍认为，中欧投资协定是历史性的贸易投资协定，开启了欧洲与庞大的中国市场之间的新丝绸之路。该协定和此前的区域全面经济伙伴关系协定（RCEP）共同为经济全球化发展提供新的驱动力。欧盟委员会主席冯德莱恩认为，中欧投资协定是推进中欧关系的关键一步，为欧洲投资者提供了前所未有的进入中国市场的机遇，推动企业发展并带动就业，从根本上促进中欧经济关系的平衡发展。外媒认为，吸引欧洲方面的投资将是中国“国内国际双循环”新发展格局的关键所在，中国将通过外国投资提振国内产业。对中国而言，中欧双边投资贸易协定和 RCEP 将共同助推新发展格局的构建，也将进一步增强中国的国际影响力。

四、世界关注《香港国安法》：“一国两制”制度实现“系统扩容”

《中华人民共和国香港特别行政区维护国家安全法》（以下简称

《香港特别行政区国安法》）于 2020 年 6 月 30 日由全国人民代表大会常务委员会通过，同日以全国性法律形式纳入《香港特别行政区基本法》附件三中，在香港特别行政区公布实施。《香港特别行政区国安法》是一个主权国家为了维护自身的国家主权、安全和发展利益，围绕着作为地方行政区域的特别行政区的国家安全事务进行的专门立法。

《香港特别行政区国安法》明确规定了香港特别行政区维护国家安全的职责和机构，分裂国家罪、颠覆国家政权罪、恐怖活动罪、勾结外国或者境外势力危害国家安全罪四类罪行和处罚，案件管辖、法律适用和程序，中央人民政府驻香港特别行政区维护国家安全机构等内容，为推进香港特区维护国家安全相关制度机制建设、加强香港特区维护国家安全执法，中国此次从国家层面立法，强调中央政府对香港特别行政区的依法治理，体现了国家安全属"一国两制"下的中央事权。

首先，国际观察者认为，《香港特别行政区国安法》的立法目的是确保"一国两制"行稳致远，是中国"一国两制"政治制度的"系统扩容"。他们指出，该法第一章总则第一条开宗明义地提出制法立规的目的是"为坚定不移并全面准确贯彻"一国两制"、"港人治港"、高度自治的方针，维护国家安全，防范、制止和惩治与香港特别行政区有关的分裂国家、颠覆国家政权、组织实施恐怖活动和勾结外国或者境外势力危害国家安全等犯罪，保持香港特别行政区的繁荣和稳定，保障香港特别行政区居民的合法权益"。俄罗斯卫星通讯社刊文称，香港特别行政区维护国家安全法是新形势下坚持和完善"一国两制"制度体系的重要标志性法律，将切实有效维护国家安全，保障香港长治久安和长期繁荣稳定。

同时，国际舆论认为，《香港特别行政区国安法》是为了保证国家稳定，制止香港激进分子的乱港行为。国际社会关注香港过去一年间发生的持续混乱状况对香港作为全球金融中心地位的影响。一些外国观察家甚至以"香港问题"来标志香港 2019 年以来持续发生的街头示威和暴乱。从 2019 年开始，香港的许多激进分子在长期示威活动中经常瞄准城市基础设施，破坏公共交通工具、交通设施，与港警发生暴力冲突，对香港经济社会发展造成了严重破坏和影响。根据英国智库机构 Z/Yen 和中国综合开发研究院（CDI）2020 年 3 月共同发布的国际金融中心指数（GFCI，Global Financial Centres Index）显示，香港排名第六，比去年 9 月份下降三个名次；东京上升三个名次至第三名；中国上海排名第四；新加坡排名第五。国际社会注意到，随着《香港特别行政区国安法》的颁布实施，许多香港激进分子开始担心会被判刑而立即退出相关活动，企业也纷纷开始清除他们曾经支持抗议活动的迹象。在国际观察者们看来，《香港特别行政区国安法》的颁布能够有效地减少乱港活动。英国广播公司承认香港过去一年发生的暴力示威，越来越接近“恐怖主义”，中国有必要维持香港稳定。韩国外交部发言人金仁澈就《香港特别行政区国安法》颁布实施表示，韩国政府尊重《中英联合声明》和《香港基本法》，支持香港在“一国两制”制度之下实行高度自治。他表示，香港特别行政区与韩国之间有着频繁的经贸往来和密切的人文交流，香港保持稳定发展至关重要，也符合韩国的国家利益。他认同中国制定实施《香港特别行政区国安法》旨在保障香港市民的安全及维护香港社会的稳定发展。

许多海外媒体注意到，在《香港特别行政区国安法》通过之后，多个“港独”组织纷纷瓦解，成员作鸟兽散。英国广播公司报道，“港独”分子黄之锋、周庭及罗冠聪 6 月 30 日纷纷宣布退出“港独”组织香港众志，该组织随后直接宣布解散并停止一切会务。另一个“港独”组织“香港民族阵线”也宣布，即日起遣散所有香港地区成员。国际舆论认为，“港独”组织的瓦解，暴力示威活动的消散都充分显示了《香港特别行政区国安法》的法律震慑作用，从这个意义上而言，“北京胜利了”。